KB252536

공겁인

空劫人

공겁인

空劫人

한국의 유마 백봉 거사와 제자들

1판 1쇄 펴낸 날 2011년 9월 23일
개정판 1쇄 펴낸 날 2016년 5월 25일

저자 최운초
발행인 김재경
기획 · 편집 김성우
디자인 최정근
마케팅 권태형
제작 대명인쇄

....

펴낸곳 도서출판 비움과소통
서울시 구로구 구로동 487-36번지 1층(구로동로 206)
전화 (02)2632-8739
팩스 0505-115-2068
이메일 buddhapia5@daum.net
트위터 @kjk5555
페이스북 ID 김성우
홈페이지 http://blog.daum.net/kudoyukjung
출판등록 2010년 6월 18일 제318-2010-000092호

....

ⓒ 최운초, 2011
ISBN : 978-89-97188-98-7 03220

....

공겁인
空 劫 人

한국의 유마 백봉 거사와 제자들

| 저자 최운초 |

비움과소통

스승의 언행은 실상(實相)을 전하는 깨달음의 향기

몇 년 전이었다. 갑자기 석가모니 부처님의 삶이 궁금했다. 부처님은 하루를 어떻게 보내셨는지, 설법은 언제 어떤 경우에 하셨고 설법을 하지 않으실 때는 어떻게 계셨는지, 옷은 어떻게 입으셨고 빨래는 어떻게 하셨는지, 여행은 어떻게 하셨으며 잠은 어떻게 주무셨는지, 출가 후 정반왕, 야소다라, 그리고 라훌라와는 어떤 관계를 유지하셨는지 등이 알고 싶었다.

나는 서점에서 꽤 많은 전기를 사서 읽었다. 그러나 궁금증은 그리 풀리지 않았다. 대부분의 전기는 신체적 행위가 아닌 법문을 중심으로 되어 있었고 기술된 행위에서 사실과 허구를 가려내기도 어려웠다. 급기야 나는 영문으로 된 부처님 전기들을 아마존에서 구입해 읽었다. 부족함이 역시 많았지만 그래도 이 전기들은 상좌부의 관점을 많이 따르고 있어 보다 상세했고 비교적 경율에 근거한 서술을 하고 있어 믿을만 했다.

　나는 구글 어스에 들어가 룸비니, 바이샬리, 부다가야, 사르나트, 라즈기르, 슈라바스티 등 부처님이 머물렀던 장소를 하나하나 따라 가며 책을 읽었다. 나는 점차 석가모니 부처님의 삶을 그릴 수 있게 되었으며 그분이 머물렀던 그 곳에 가서 그분을 느껴보고 싶은 갈망을 갖게 되었다. 어느새 나는 석가모니 부처님을 사모하고 있었다. 그 후 《화엄경》을 읽으며 나는 보살이란 부처님을 사모하는 존재임을 알았다. 보현 보살의 십대원은 부처님에 대한 사모의 노래였다. 그와 동시에 나는 내가 환영을 사모하고 있음을 알았다. 그렇게 해서 상사병에서 벗어났다.

　내가 부처님의 삶에 대해 관심을 가졌던 것처럼 나의 스승인 백봉 김기추 거사님의 삶에 대해 궁금해 하는 사람들이 많다. 나는 스물아홉 살에 백봉 거사님을 만났다. 우연찮게 본 한 불교신문에 실린 ‘하계 철야정진 안내’라는 작은 광고가 나를 그분에게 이끌었다. 나는 그분에게 매료되어 이듬해 봄부터 늦가을까지 그분이 선수행을 지도하는 보림선원에 머물며 가르침을 받았다. 선원을 나온 후에도 그분이 입적하실 때까지 틈틈이 찾아 뵙고 가르침을 받았으며 가르침을 받은 대로 수행하기 위해 노력하여 왔다.

　백봉 거사님은 《금강경강송》, 《유마경대강론》, 《백봉 선시집》, 《절대성과 상대성》, 그리고 15권의 《선문염송요론》 등 많은 저술을 남겼다. 그분의 설법을 녹음한 테이프가 300여 개나 되고 제자들은 그 테이프에서 추출한 내용으로 《도솔천에서 만납시다》와 《허공법문》이라는 책을 출판하기도 했다. 그래서 그분의 가르침이 무엇인지는 책에 자세히, 반복해서 설명되어 있다. 그러나 그분을 만나지 못한 사람들은 나와 같이 그분의 발 아래서 공부한 사람을 부러워한다. 그리고 그분이 어떻게 제자를 지도하셨는지, 어떤 행동을 하시고 어떤 수행을 하셨는지, 그리고 하루를 어떻게 보내셨는지 등등을 궁금해 한다.

왜 우리는 큰 스승의 삶에 대해 알고 싶어하는 것일까? 석가모니 부처님은 연꽃을 들어 보임으로써 실상을 전하셨다. 유마 거사는 입을 열지 않으시고 둘이 아님의 법문을 하셨다. 이처럼 연꽃을 들어 보이거나 침묵으로써 법을 보일 수 있다면, 그분들의 행위는 그저 단순한 행위가 아니다. 법을 보이는 것이며 실상을 전하는 것이다. 아침에 일어나 세수를 하시는 것, 옷을 갖춰 입으시는 것, 음식을 드시는 것, 걸음을 걸으시는 것, 글을 쓰시는 것, 일을 하시는 것 등 모든 행위가 모두 그 자리를 드러내는 소식이며 부처의 지혜가 드러나는 순간이다. 그러니 스승과 일상을 함께하거나 스승의 일상에 대해 듣는 것이 바로 수행이 아닐 수 없다.

그래서 백봉 거사님을 모시고 공부한 몇 명의 제자들이 이 책을 기획했다. 그리고 필자가 이 일을 주관하게 되었다. 이 책에는 백봉 거사님께 직접 지도를 받은 열한 명 제자들이 스승을 모시고 수행한 이야기가 담겨있다. 열한 명이라는 것에 특별한 의미는 없다. 당초 책으로 내기에는 열 명 정도가 좋다고 보았는데 진행을 하면서 한 명이 더 늘어난 것뿐이다. 또 이 책에 나온 열한 명이 제자를 대표한다거나, 또는 가장 뛰어난 제자라는 상상은 적절하지 않다. 백봉 거사님께 인가를 받은 제자가 30인 가까이 되지만 이미 세상을 떠난 분들도 많다. 이 책이 좀 더 일찍 기획되었다면 새로운 인물이 많이 포함되어 있었을 것이다.

인터뷰에 응해 주신 도반들에게 감사드린다. 여전히 수행의 과정에 있어 세상에 보일만한 것이 없다는 분도 계셨고 독자들을 자칫 그릇된 길로 안내할 수 있다며 고사한 분도 계셨지만 끝내는 모두 진술하게 자신의 수행을 드러내 주셨다. 아상, 아만이 가득 찬 사람이었다면 자신을 속속들이 드러내는 인터뷰에 결코 응하지 않았을 것이다. 열한 분에게 경의를 표한다.

이 책이 나오기 까지 가장 큰 역할을 한 분은 보림선원 서울선원장으로 있는 청봉 전근홍 거사나. 그는 2005년에 뜻을 세우고 도반들에게 각자의 수행기를 쓰도록 요청했다. 그 때 쓴 수행기를 읽으며 우리는 인터뷰를 구상하고 진행했다. 인터뷰 여행에 동참한 대도성 김정애 보살과 명각 이민형 거사에게 감사드린다. 대도성 보살은 녹취를, 이민형 거사는 비디오 촬영과 편집을 맡아주었다. 두 분과 함께 하는 인터뷰 여행은 언제나 즐겁고 행복했다.

2011년 8월
탕흉대 아래에서 스승께 분향하며
운초 합장

'한국의 유마' 백봉 김기추 거사 행장(行狀)

　백봉 김기추(白峰 金基秋, 1908~1985) 거사는 20세기 '한국의 유마 거사'로 추앙받는 불교계의 큰 산맥이다. 그는 50세를 훌쩍 넘겨 불교에 입문했지만 용맹정진으로 단기간에 큰 깨달음을 얻었고, 이후 20여 년간을 속가(俗家)에 머물면서 거사풍(居士風) 불교로 후학지도와 중생교화에 힘쓴 탁월한 선지식이다. 많은 지식인들이 그를 따랐으며, 그의 자비심에 넘치는 열정적인 설법은 많은 사람에게 인생의 존엄성을 알게 하였다. 그리하여 닫힌 마음이 열리고 눈에서 분별의 비늘이 떨어졌으며 망상을 내려놓아 참다운 자유와 안심을 얻은 제자들이 적지 않았다.

　1908년 부산 영도에서 한의원집의 아들로 태어난 백봉 거사는 1923년 부산 제2상업학교에 입학, 뒤늦게 설립한 일본계 학교를 '부산 제1상업학교'라고 부르는데 반발해 동맹휴학을 주도하다 퇴학당했다. 이후 본격적인 수난의 세월이 시작된다. 20세 때 부산청년동맹

3대 위원장직을 맡아 독립운동을 하다가 1931년 형무소에 수감되고, 만기출소 후에도 일경의 감시가 끊이질 않자 만주로 망명, 동만산업개발사를 설립해 운영하던 중 다시 구금됐다.

당시 만주는 일제의 잔학이 극에 이른 곳이었다. 백봉 거사가 살아생전 고백했던 것처럼 아무런 죄 없는 사람들을 고문과 폭력으로 반죽음을 만들거나 칼로 머리를 자르는 잔혹한 일들이 비일비재했다. 이런 상황에서 독립운동 전력이 있던 백봉 거사가 만주의 감옥에서 살아나온다는 것은 도저히 불가능해보였다. 당시 불자는 아니었지만 그는 사방의 벽에 빈틈이 없을 정도로 '관세음보살'의 명호를 쓰고 염송했다. 그 때문일까. 기적이 일어났다. 불자였던 일본 간수의 도움을 받아 구사일생으로 목숨을 건질 수 있었던 것이다.

그렇게 힘겹게 맞이한 해방. 그러나 조선건국준비위원회 간사장을 맡았던 그는 극빈자들에게 쌀을 무상으로 배급하다 또다시 감옥 생활을 하게 된다.

이런 백봉 거사가 수행에 힘 쓴 것은 1963년 6월, 그의 나이 56세 때다. 백봉 거사는 충북 심우사 주지스님에게 "요술이나 좀 가르쳐달라"고 할 만큼 불법엔 무지했다. 그러나 그는 마음이 순수했고, 무엇을 하든지 철저하게 했다. 주지스님으로부터 '무자(無字)' 화두를 받고 용맹정진을 하던 그는 1964년 1월, 도반들과 함께 보름간 정진하기로 하고 다시 심우사로 갔다. 이때는 밥도 먹지 않고 잠도 자지 않았다. 백봉 거사에게 어떤 변화가 생기고 있음을 감지한 도반들이 몰래 그를 돌보기 시작했다.

도반들이 법당에서 예불하고 참선하는 사이 백봉 거사는 남몰래 나

와 눈 내리는 바위 위에서 좌선에 들었다. 시간이 얼마나 흘렀을까. 4~5
리쯤 떨어진 아랫마을 사람들이 어느 집 사랑방에서 놀다 집으로 가던
중 암자가 있는 곳에서 불빛이 솟구치는 것을 보았다. 마을 사람들은 그
런 광명이 솟는 곳엔 금광이나 금불상이 있다는 속설을 들었기에 삽과
곡괭이를 들고 올라갔다. 그 빛이 나는 곳에 가보니 정작 바위 위엔 눈
에 싸인 사람의 코만 빠끔히 나와 있었다. 살펴보니 온 몸이 얼어붙은
채 숨소리만 가늘게 내뿜고 있었다. 사람들이 꽁꽁 언 그를 방으로 옮겨
뉘어 주물렀다. 한 도반이 선사의 어록을 가져와 읽어주었다.

"마음도 아니고, 부처도 아니다[非心非佛]."

그 순간 백봉 거사가 깜짝 놀라며 벌떡 일어섰다. 그 때 그의 몸이 눈
부시게 빛나기 시작하였다. 또다시 방광이었다. 바로 그 때 암자 아랫
마을로부터 예배당의 새벽 종소리가 울려 퍼졌다. 그 순간 백봉의 몸이
텅 비고 욕계, 색계, 무색계도 비고, 천당과 지옥마저 비어 툭 터져 버렸
다. 몸이라는 감옥에서 벗어나 일체가 허공인 경지를 체득한 것이다.

홀연히도 들리나니 종소리는 어디서 오나
까마득한 하늘이라 내 집안이 분명허이
한 입으로 삼천계를 고스란히 삼켰더니
물은 물은, 뫼는 뫼는, 스스로가 밝더구나

忽聞鐘聲何處來
廖廖長天是吾家

一口呑盡三千界

水水山山各自明

백봉 거사는 깨달음을 이렇게 읊었다. 56세에 화두를 잡은 이래로 1년도 되지 않아 '확철대오'를 함으로서 거사는 육조혜능 선사처럼 돈오(頓悟)를 체현한 것이다. 한 도반이 바로 백봉 거사에게 《금강경》을 한 구절씩 들려주자 단 하루만에 이를 명쾌하게 풀어냈다. 이것이 백봉의 《금강경 강송》이다. 그 때까지 백봉 거사는 《금강경》한번 읽어본 적이 없었다. 혜능 대사가 행자인 거사의 신분으로 깨달았듯이 백봉 거사 역시 재가자의 신분으로 선종(禪宗)의 맥을 충실히 잇는 전승자가 된 셈이다.

백봉 거사가 대오(大悟)했다는 소식은 승가에까지 전해졌다. '욕쟁이 도인'으로 유명한 춘성 선사는 백봉을 가리켜 출가자가 아닌 거사의 몸으로 무상대도를 이룬 유마 거사에 빗대 '이 시대의 유마 거사'라고 불렀고, 탄허 스님은 '말법시대의 등불'이라고 칭송했다. 백봉 거사를 달마와 육조의 후신으로 믿는 묵산 신사는 보림선원을 개설해 백봉의 선풍 선양에 앞장섰다. 이때 거사에게 출가를 권유한 청담 등의 스님과 재가 설법을 권유한 혜암 등의 스님으로 갈렸는데, 백봉 거사는 "불법(佛法)이 머리를 깎고 안 깎고에 있지 않다"고 하면서 재가에서 법을 펴기로 하고, 이후 재가수행단체인 보림회를 결성해 85년 열반에 들 때까지 쉼 없는 설법으로 중생들을 제도함으로써 거사로서 한국불교에 커다란 발자취를 남겼다.

백봉 거사는 "눈이란 기관을 통해서 보는 놈이 누구냐, 귀라는 기관을 통해서 듣는 놈이 누구냐?"며 "빛깔도 소리도 없는 바로 그 자리, 허공이 본바탕이고 법신"이라 강조하며 거사풍(居士風)의 수행가풍을 드날렸다.

백봉 거사는 경전이나 선어록에 대해 자구(字句) 해석이나 전통적인 해설보다는 철저히 자신의 살림살이를 토대로 종횡으로 막힘없이 설법했다. 특히 자신이 살았던 전통시대와는 패러다임이 전혀 다른 현대인들을 위해 불법의 정수를 알리기 위해 늘 고심하면서 법문을 베풀었다. 예를 들면, 종래의 소극적이고 수동적인 이해에 머물던 공리(空理)의 방편을 보다 적극적이고 창조적으로 개진해서 '허공으로서의 나'를 모든 상대성을 넘어선 절대적이고 주체적인 근원으로 제시했으며, 이 '허공으로서의 나'가 근본적인 바탕이기 때문에 태어나고 죽는 것도 우리의 권리로서 주체적으로 하는 것이라고 설했다.

특히 백봉 거사는 이 '허공으로서의 나'를 근간으로 삼아서 전통적인 화두의 방편을 개혁하여 새로운 화두라는 뜻의 '새말귀'를 제창했다. 전통적인 화두 수행이 승려를 위한 것이라면 새말귀는 일상생활 속에서 바쁘게 일하는 재가 수행자를 위해 창안된 것이다. 즉 '허공으로서의 나'를 철저히 이해하면 밥을 먹든, 세수를 하든, 운전을 하든 일상생활 전부를 화두로 들 수 있다는 것이 새말귀의 이념인데, 이는 전통적인 화두를 대체했을 뿐 아니라 바쁜 현대인에게 적합한 새로운 수행 방법에 대한 토대를 제시했다.

아울러, 백봉 거사 시대의 변화에 부응해서 재가수행자에게 어울리는 계율과 수행 방법을 제시했다. '열 가지 하지 말아야 할 계율'이란 뜻을 가진 〈십물계(十勿戒)〉에서 "비록 아내와 자식이 있다 해도 쏠려 보는데 떨어지지 말라", "비록 가업을 이어가더라도 잘못된 이익을 탐하지 말라", "비록 세상의 법도와 함께 해도 대도(大道)를 버리지 말라", "비록 천하에 노닐면서도 법성(法性)을 무너뜨리지 말라"등 열 가지의 계율을 통해 재가에서 생활하는 거사로서 가져야 할 기본적인 자세를 설하기도 했다.

20여 년간 수많은 사람들을 교화했던 그는 1985년 8월 2일 지리산 산청 보림선원에서 여름 철야정진 해제 법어를 마치고 당신의 방에서 제자들이 지켜보는 가운데 마침내 '모습놀이'를 거두고 적멸에 들었다. 백봉 거사가 하얀 천 위에 써서 선원 입구 대나무 장대 위에 걸어둔 당신의 게송 '최초구(最初句)'가 열반송이 된 셈이다.

가이없는 허공에서 한구절이 이에 오니
허수아비 땅 밟을새 크게 둥근 거울이라.
여기에서 묻지 마라 지견풀이 가지고는
이산이라 여섯이요 삼삼이라 아홉인 걸.

無邊虛空一句來
案山踏地大圓鏡
於此莫問知見解
二三六而三三九

정리 · 편집부

– 1908년 2월 2일(음), 부산 영도에서 탄생.

– 1923년 3월, 부산 영도국민학교 졸업.

– 1925년 6월, 부산상고 중퇴. 교명(校名) 호칭관계로 동맹휴교사건 주모자로 퇴학처분.

– 1931년 4월, 항일운동단체인 부산청년동맹(釜山靑年同盟) 위원장 역임.

– 1931년 9월, 일정(日政)이 소요죄(騷擾罪)로 징역 1년을 선고. 부산형무소에서 복역.

– 1933년 3월, 만주로 피신하여 동만산업개발사(東滿産業開發社) 자영(自營).

– 1935년 2월, 귀국.

– 1945년 8월, 해방 후 건국준비위(建國準備委) 간부로 활약중 미군정청(美軍政廳)이
  법령위반죄로 징역 5년을 선고. 부산형무소에서 복역중.

– 1947년 9월, 재심(再審)에서 무죄로 석방.

– 1950년부터 부산남중학교 및 부산남고등학교를 설립.

– 1963년 6월, 인천 거사림(居士林)의 친구들과 같이 충북 청주의 심우사(尋牛寺)를
  찾아가서 수련회에 참가함. 그해 가을부터 무자화두(無字話頭)로 수행 시작.

– 1964년 1월, 청주 심우사에서 견성(見性) 오도(悟道)함.

– 1964년 10월,《금강반야바라밀경강송》발행. 인천 거사림에서《금강경》강의 시작함.

– 1965년 여름, 태릉에 위치한 절에서《금강경》강의를 시작함. 재가(在家) 수행단체인

보림회(寶林會)를 설립함. 후에 서울 정릉3동 배밭골 도사암(道師菴)으로
설법장소를 옮김.

- 1968년 여름, 서울 근교 금곡에서 제1회 철야정진대회를 개최. 이후 경기도 도농으로
거처를 옮김.

- 1969년 2월,《유마경 대강론(維摩經大講論)》발행

- 1970년 1월, 대전 심광사(心光寺)를 거쳐 유성 죽동으로 거처를 옮김. 보림선원 개원.

- 1972년 7월, 부산 영도도서관에서《금강경》강의.

- 1973년 5월, 부산 남부민동으로 보림선원 이전.

- 1973년 가을, 사직동으로 이전.

- 1975년 2월, 광안동으로 이전.

- 1975년 7월,《선시집(禪詩集)》발행.

- 1975년 8월,《절대성과 상대성》발행.

- 1976년 10월, 남천동으로 이전.

- 1979년 4월,《선문염송요론(禪門拈頌要論)》제1권 발행 (10~15권은 입적 후 발행).

- 1984년 11월, 경남 산청군 시천면으로 이전.

- 1985년 8월 2일, 지리산 산청 보림선원에서 입적.

백봉 김기추 거사 진영.

백봉 거사님 설법 모습(1982년 부산 남천동).

❶ 74년 제1회 일주일철야용맹정진후 기념 촬영.
❷ 74년 철야정진 휴식중에.

❶ 백봉 거사님 설법 모습(1982년 남천동).
❷ 77년 하계철야정진 회향후 기념촬영.

❶ 78년 2월 남천동 보림선원에서 일요법회를 마치고 도반들과 함께.
❷ 80년 1월 남천동 보림선원에서 〈선문염송〉 집필하시는 모습.

❶ 80년 1월 부산 금정사 법당에서 〈금강경〉 강의하는 모습.
❷ 81년 10월 정릉 보림사 석불 봉안식.

❶ 81년 하계철야정진중 백봉 선생님 법문을 듣고 있는 도반들.
❷ 81년 5월 11일 공양시간. 늘 대중과 함께 하셨던 선생님.

❶ 82년 하계 철야정진을 마친 후 정릉에서.
❷ 무박3일 정진을 마치고(1982년 남천동).

❶ 83년 어느날 남 거사 부부와 함께.
❷ 83년 동계철야정진 회향 후.

❶

❷

❶ 83년 3월 3일 남천동 보림선원에서 백봉 선생님 생신날.
❷ 83년 5월 보림사에서 묵산 스님, 최 대원경 보살과 함께.

❶ 83년 동계철야정진 모습.
❷ 85년 8월 1일 하계철야 회향 전야 다과회.
(입적 하시기 전날 대중과 함께 용맹정진 회향 다과회)
❸ 85년 3월 부산에서 온 도반들과 함께 산청에서.

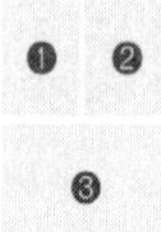

85년 7월 산청 보림선원의 유마탑 낙성식.

홀연히도 들리나니 종소리는 어디서 오나
까마득한 하늘이라 내 집안이 분명허이
한 입으로 삼천계를 고스란히 삼켰더니
물은 물은, 뫼는 뫼는, 스스로가 밝더구나

忽聞鐘聲何處來
廖廖長天是吾家
一口吞盡三千界
水水山山各自明

1922년 제주도 중문에서 출생했다. 열아홉에 중문 원만암
으로 출가하고 3년 후 한림 광명사에서 금륜 스님을 은사로
사미계를(법명 원종 · 圓宗), 다음 해 장성 백양사에서 만암
스님을 계사로 비구계를 수지했다. 정릉 도사암 주지로 있
을 때(1965) 백봉 김기추 선생을 만나 선생이 입적할 때까
지 의리를 지켰다. 현재 정릉 보림사 회주로 있다. 법호는
묵산(默山), 자호는 강혜(剛慧)다.

인터뷰 일시 | 2010년 8월 28일 오후 2시~5시 30분
인터뷰 장소 | 서울 정릉 보림사

※ 청각장애가 심화되어 스님과의 대화는 필담(筆談)에 의존해
야 했다. 인터뷰를 위한 질문을 미리 준비하였다가 하나씩 스님
께 보여드리고 답변을 듣는 방법으로 진행했다.

허공을 부수어라!

먼저 출가하신 일에 대해 듣고 싶습니다.

소승의 고향은 제주도입니다. 저는 어머니를 세 살에, 아버지를 열한 살에 여의고 조부모 밑에서 자랐습니다. 열네 살에 할아버지께서 돌아가신 후에는 출가할 때까지 할머니와 힘께 살았습니다. 우리 집안은 불교를 믿는 집안이었습니다. 조부님은 거사였는데 한라산 영실에 금강암이란 암자를 지어 놓고 《금강경》, 《팔왕경》을 외웠습니다. 저를 보시고는 "너는 마을에 살 자격이 못 된 놈이다. 중노릇이나 해라."라고 말씀하시곤 하셨습니다. 아닌게 아니라 중노릇을 하게 되었지요.

고향에 원만암이라는 절이 있었는데 그리로 출가를 했습니다. 19살이었습니다. 그런데 일가친척들이 절로 찾아와 중노릇을 그만두라고 간청하는 겁니다. 제가 중노릇을 하면 대가 끊어진다는 거죠. 친척들의 간청에 못 이겨 부득이 하산했습니다. 하산했으나 고향에는 할 일이 없었습니다. 그래서 이리저리 떠돌았습니다. 배를 탄 적도 있습니다. 떠돌며 고생하다 다시 절로 돌아왔지요. 성산포에 있는 일광사라는 절이었습니다.

거기서 공양주 노릇을 하며 공부를 했습니다. 그러나 주지스님과 마음이 맞지 않아 남원면, 지금의 남원읍에 있는 선광사로 갔습니다. 일본에서 교육을 받은 현제봉 스님이란 분이 창건한 절이었는데 거기서 여덟 달 동안 행자생활을 했습니다. 우물이 먼데다 경사가 가팔라서 물을 길어 오느라 고생을 많이 했습니다. 상좌스님이 한 분 있어서인지 머리를 깎아 주지 않았습니다.

그래서 그 곳을 떠나 제주읍, 지금의 제주시에 있는 운주당으로 갔고 거기서 큰 인연을 만났습니다. 주지인 이일선 스님 밑에서 지도를 받고 있을 때 49재가 들어 왔는데 그 때 재를 잘 지내고 강론을 잘 하신다는 한 스님을 초청했습니다. 이세진 스님으로 금강산에서 공부한 유명한 강사스님이었습니다. 그분이 재에서 법문을 하는데,

구처진애중(久處塵埃中: 티끌가운데 오래 머물면)

매각본분심(昧却本分心: 본분심을 잃어버리게 되나니)

금일수만행(今日收萬行: 오늘 만행을 거두고)

속환산중래(速還山中來: 속히 산으로 돌아오라)

란 말씀이 있었습니다. 그 법문이 계합이 되었습니다. 그 때는 참선법도 몰랐고, 아무 것도 모를 때였는데도 그 구절이 마음에 쏙 와 닿았습니다. 그래서 '이 스님을 모시고 공부해야 겠다'고 생각했고 결국 그 스님을 따라가 시봉을 하며 지냈습니다. 그러나 그 스님과의 인연은 그리 길지 못했습니다.

이세진 스님과 작별한 후 수산사라는 절에 있다가 금륜 스님을 만났습니다. 금륜 스님은 백양사 출신의 선승(禪僧)이셨는데 한림에 있는 광명사의 주지셨습니다. 그분을 쫓아 광명사로 갔고 거기서 머리를 깎았습니다. 절 이름이 지금은 황룡사로 바뀌었지요.

광명사에 있을 때 한 스님을 만났는데, 이 스님이 제게 또 큰 인연이 되었습니다. 삼양에 있는 원당사의 주지이신 송재술 스님이었는데 이 스님이 "제주도에 있으면 큰 교육을 받지 못하니 장성 백양사로 가라"고 저에게 권하셨습니다. 그분 역시 백양사에서 출가하시고 공부하신 분이었지요. 그래서 저는 제주도를 떠나 백양사로 갔습니다. 백양사에서 송만암 스님을 모시고 시봉했습니다. 스님에게 글도 배웠습니다.

해인사에서 수행하시던 일, 효봉(曉峰) 스님과 있었던 일에 대해 말씀해주십시오.

백양사에서 한 3년 지냈는데 해인사 소문이 들립니다. 가야총림이 생겼는데 선방을 크게 하고 수좌들을 제도한다는 겁니다. 그래서 지운이란 도반과 함께 해인사로 가기로 하고 백양사를 떠났습니다. 그런데 교통이 매우 불편했습니다. 그 때 여순반란사건이 일어났거든요. 고생 끝에 해인사에 도착했는데 받아주지를 않는 겁니다. 결제 날 다음날 도착했는데 하루 늦었다고 안 받아주는 겁니다. 그래서 우리는 김천 직지사로 가서 겨울 한철을 보내고 다시 해인사로 갔습니다. 바로 선방에 보내주지 않더군요. 부목을 하던지 공양주를 하던지 해야 선방에 보내준다는 겁니다. 저 보고는 부목을 하라고 합디다. 그래서 나무해다 불 때는 부목을 했습니다. 나와 함께 부목을 산 스님이 운문 스님입니다. 지금 세검정에 운문사라는 절을 지어 거기 계시지요. 저와는 사형·사제간입니다. 둘이 해인사에서 인곡 스님의 제자가 되었습니다. 부목을 하며 인곡 스님을 모시고 수행을 했습니다.

한 철 부목을 살고 나니 여름 안거철이 왔습니다. 그래서 선방에 들어가 앉았지요. 아무 생각도 없이 그저 앉아 있었습니다. 공부를 어찌해야 할런지도 몰랐지요. 그러다 문득 '조실스님을 찾아가 법문을 묻자'는 생각이 들었습니다. 그래서 효봉 스님께 갔습니다.

문을 노크하니 "누구냐?"고 하시더군요.

"종 수좌입니다. 법문을 여쭈러 왔습니다."라고 대답했습니다. 사람들이 저를 '종 수좌'라고 불렀기에 그리 대답한 것입니다.

큰스님이 "들어와라!"라고 말씀하셨습니다. 저는 문을 열고 들어가 삼배를 하고 여쭈었습니다.

"사대오온이 어찌해서 생겼습니까?"

스님은 바로 대답하셨습니다.

“조주 무자 해라.”

저는 스님께 버럭 큰 소리를 쳤습니다.

“조주가 불성이 없다고 말할 때 내가 옆에 있었다면 조주 목아지를 짤라버렸을 겁니다.”

그렇게 호통을 치고 저는 방을 나왔습니다.

여름 한철을 지내고 해제의 날이 왔습니다. 큰스님이 해제법문을 하셨습니다. 현당(玄堂)이란 아주 커다란 방이었습니다. 비구, 비구니, 사부대중이 다 모여 큰스님의 법문을 들었습니다. 스님이 법문 중 “해제를 하면 모두 제방으로 돌아갈텐데 노자가 없으니 내 몸뚱아리를 팔아서 노자를 해주어야겠다.”라고 말씀하셨습니다. 참 굉장한 법문이죠.

그 때 제가 앞으로 나갔어요. 큰스님들도 계시고, 우리 스님도 계시고, 사부대중이 다 모인 자리였는데 제가 앞으로 나갔습니다.

그리고 “그 썩은 몸뚱아리 안 삽니다.”하고 소리를 질렀습니다.

그랬더니 큰스님은 “저 수좌는 장판 때 묻은 옷이나 빨고 가거라.”라고 하시대요.

큰스님은 “제방납지는 촌초(寸草: 한 치의 풀. 번뇌 · 망상을 상징)도 없는 곳으로 향해서 나아가라.”라는 말씀으로 해제법문을 마치셨습니다. 참 좋은 법문이었습니다.

그 때 나는 묻는 것이 공부인 것을 알게 되었습니다. 그래서 많은 선지식을 찾아뵈었습니다. 박고봉 스님을 찾아간 적도 있습니다. 당시 스님은 광나루에 있는 한 비구니 절에 머물고 계셨습니다. 몸이 아주 비대하고 훌륭하게 생긴 분이었습니다. 방안으로 들어가 스님께 여쭤었습니다.

"본래 둘이 아닌데 어찌 둘이 되었습니까?"

"왜 분별하느냐?"

"스님하고 나하고 이렇게 둘이 앉았는데 어찌 분별하지 않을 수 있습니까?"

"이놈의 새끼! 이빨도 안 생긴 것이 사람 떠보러 다니는구나. 썩 나가거라!"

"어디로 나가야겠습니까?"

스님은 아무 말이 없었습니다.

향곡 스님도 찾은 적도 있습니다. 저는 스님께 "무명이 어찌 생겨났습니까?"하고 여쭈었는데 만족할만한 대답을 듣지 못했습니다.

법당에 인곡(麟谷) 스님의 사진이 걸려있습니다. 인곡 스님과는 어떤 인연이 있었습니까?

예, 제가 해인사 장경각에서 인곡 스님을 시봉했지요. 인곡 스님은 제가 백양사에서 모셨던 만암 스님의 속가 생질(甥姪) 되는 분입니다. 누이의 아들이죠. 그래서 해인사에서 스님을 모셨습니다. 이 어른이 평소 솔잎을 많이 드셨습니다. 그래서 다리에 건조병이 생겼어요. 그 증세가 등으로 퍼졌을 때 마른 기침을 시작하셨어요. 그러자 사람들은 "스님이 폐병에 걸리셨다"고 하면서 스님에게 올 때는 마스크를 하곤 했어요.

그러나 나는 마스크를 하지 않았습니다. "도인이 무슨 폐병이냐? 그런 소리하지 마라" 라고 사람들에게 말했습니다. 당시 자운 스님이 해인사 주지를 할 때였습니다. 자운 스님과 인곡 스님은 사형사제간입니다. 저기 사진이 있지 않아요? (스님은 방 한쪽에 걸린 네 장의 흑백사진을 가르켰다.) 저기 인곡, 자운, 고암, 경성 스님 모두 용성 스님의 제자들입니다.

인곡 스님께 가르침을 받으려고 여러 번 여쭈었지만 스님은 항상 조실 스님께 여쭈라고 하셨습니다. 그러나 저에게 주신 가르침이 있습니다. 인곡 스님의 한 법문이 저에게 큰 인연이 되었습니다. (스님은 책상 위에 놓인 펜을 찾아 글을 쓰셨다.)

師姑元來女人做(사고원래여인주: 연로한 비구니는 본래 여인이다)

나는 스님에게 이 법문을 처음으로 들었습니다. 그리고 굉장한 인연이 되었습니다. 이 법문이 어디서 나온 것인가 하면, 조주 스님 회상에 15세 된 사미승이 있었어요. 이 사미승이 무자 화두를 깨달았다고 밤에 잠도 안 자고 소리 지르고 돌아다녔어요. 소주 스님이 아침 공양 끝에 물으셨지요.

"밤에 누가 그리 떠들었는가?"

15살 사미가 나와

"제가 그랬습니다."라고 대답했습니다.

"왜 그랬느냐?"

"무자를 깨달았습니다."

"어떻게 깨달았는가? 일러봐라!"

"사고원래여인주(師姑元來女人做)입니다."

거기서 나온 법문입니다. 인곡 스님은 이 법문을 하신 후 저에게 그 뜻을 물으셨습니다. 저는 아무 말도 못했습니다. 그러나 지금 인곡 스님이 다시 물으신다면 그를 물으시는 인곡 스님의 입을 맞출 것입니다. 인곡 스님은 저의 법사(法師)이십니다. 묵산이라는 호를 스님이 주셨습니다.

전강(田岡) 스님과도 법거량(法擧量)을 하셨지요?

예, 전강 스님께 '만법귀일 일귀하처(萬法歸一 一歸何處)' 화두에 대해 물은 적이 있습니다. 《선요(禪要)》를 지으신 분이 고봉원묘 스님인데 이 스님이 이 화두를 참구해서 깨달은 분입니다. 이 화두에 대해서 조주 스님이 답을 하셨는데,

"내가 청주 땅에서 장삼을 하나 만들었는데 무게가 일곱 근이 나갔느니라"고 답변했어요. 그런데 고봉원묘 스님이 이를 쳐요.

"나에게 '만법귀일 일귀하처'를 묻는다면 나는 '개가 혓바닥으로 끓는 솥 바닥을 핥는다'고 하겠다"는 겁니다.

전강스님을 찾아가 이 법문에 대해 물었지요.

"장삼 무게가 일곱 근 나갔다는 조주 스님 법문하고, 개가 혓바닥으로 끓는 솥가마를 핥는다는 고봉원묘 스님하고 어떻습니까?"

"똑같다."

나는 "똑같지 않습니다"라고 말하고 나와버렸습니다

무차선법회(無遮禪法會)에서 진제(眞際) 스님과 법거량을 하셨다구요.

예, 부산에서 사람이 한 오천 명이나 모였습니다. 그때도 내가 귀가 시원찮았지만 먼 데서 들으니 조사법문을 읊어요. 그래서 내가 "법문 그만하고 내려와라!"라고 소리를 질러 버렸지요. 허허허!

(이는 당시 법거량의 일부일 따름이다. 법거량의 전말은 이러했다.)

2002년 10월 20일 부산 해운정사에서 한중일 무차선법회가 열렸다. 그 때 진제 스님의 법문이 있었는데 법문이 끝나고, 묵산 스님이 마이크를 잡고 물었다.

"오늘 이 법회가 무슨 법회요?"

[진제] "만 천하에 가득합니다. 소승의 허물이."

[묵산] "입을 열 적에 그르쳤다. 내려와!"

[진제] "차ㅏ 한 잔 지서요."

[묵산] "내려와!"

[진제] "억!"

[묵산] "내려와!"

[진제] "억!"

[묵산] "이 법회는 무차법회가 아니다."

이제 백봉 선생님을 만나신 이야기를 여쭙겠습니다. 선생님이 정릉으로 찾아오셔서 만나게 되셨다구요?

어느 보살이 정릉3동에 있는 도사암(道師菴)이라고 하는 암자를 사주어서 그것을 운영하고 있을 때였습니다.

가을 날이었어요. 백봉 선생과 백운, 송암, 소정, 백우 선생 이렇게 다섯 분이 찾아왔어요.

"청량리 밖에 있는 절에서 법문을 하는데 길이 멀고 소삽해서 다니기가 불편하다. 도사암에서 하면 어떻겠느냐? 절에서 점심도 먹고 얘기도 하고 할 수 있겠느냐?"고 묻더군요.

저는 "그렇게 하라."고 대답했습니다.

그 때부터 일주일에 한번씩 오셔서 설법을 하셨습니다. 그 어른이 오시면서부터 절 이름도 보림사로 바꾸었지요. 보림회(寶林會)에서 딴 것입니다. 백봉 선생을 모시고 공부하는 그 단체 이름이 보림회였습니다.

대학교수, 신문기자, 주필 이런 분들 20명이 따라다녔어요. 동아일보 주필인 나절로 선생도 그중에 한 사람입니다. 참 굉장한 분들이었습니다. 법회가 끝나면 절에서 점심을 자시고 대개 종로로 가서 커피나 술을 드셨습니다. 한 때 나도 일행과 함께 종로에 있는 다방에 갔습니다.

그 자리에서 백봉 선생이 나에게 '만법귀일 일귀하처'를 묻더군요.

그때 백봉 선생께서 담배를 물고 계셨어요.

그래서 제가 선생께 "그 담배 한대 주시요."라고 답했지요.

그랬더니 놀라시면서 "아, 이 수좌! 보통 수좌가 아니구나." 그러시대요.

백봉 선생님이 입적할 때까지 선생님과 함께 했던 대원경 보살도 스님이 인연이 되었지요?

예, 그렇습니다. 우리 절에 다니는 신도중에 종로에 사는 분이 있었는데 어느 날 그 집에 갔더니 마침 최대원경 보살이 놀러와 있었습니다. 대원경 보살에게 백봉 선생을 소개했지요. 도인이라고. 훌륭한 지식인들이 따라다닌다고. "그러면 나도 가서 법문을 들어야 겠다."고 하더군요. 최대원경 보살은 오대산 한암 스님, 덕숭산 만공 스님, 고봉 스님과 같은 큰 스님만 시봉하던 보살입니다. 열린 것은 아니었지만 큰스님만 시봉하다 보니 견문이 깊었습니다. 그래서 백봉 선생 이야기를 듣자 만나고 싶어 했지요. 그래서 대원경 보살이 도사암에 오게 된 겁니다.

첫 날 법회 후에 점심을 먹고 차를 한잔씩 돌리는데, 아! 백봉 선생하고 대원경 보살하고 서로 춤을 추고 난리가 벌어진 겁니다. 이십 여명이 있는 자리에서 말이죠. 허허허!

백봉 선생님이 대원경 보살에게 "그동안 공부한 것 내 놓아봐라" 하니, 대원경 보살이 찻잔을 뒤집었다고 들었는데요.

그랬지. 찻잔을 주고 받고 했지. 그러니까 대원경 보살도 지견이 있긴 있었던 모양이야. 그때서부터 두 분이 안 떨어지는 거야. 당장 대원경이 백봉 선생 따라다니고. 백봉 선생도 대원경 싫어하지 않고….

스님은 백봉 선생님을 만나기 전에 이미 선(禪)에 깊이 들어와 있으셨지요? 인곡, 효봉과 같은 선사의 지도도 받으셨고요. 선 수행을 한 수좌(首座)로서 거사인 백봉 선생을 인정하기가 어려울 수도 있었는데요. 백봉 선생님에 대한 존경심이 그때도 똑같았나요?

해인사에서 효봉 스님과 문답을 하는 가운데 소견이 좀 트이게 된 겁니다. (스님은 다시 펜을 잡으셨다.)

無面目者是本然(면목이 없는 것, 그것이 바로 근본일세)

頭頭物物從此來(만물이 이로부터 나왔구나)

秋月春花君知否(가을 달, 봄 꽃을 그대는 아는가?)

石女吹笛木人舞(돌 여인은 피리를 불고 나무 사람은 춤을 추는구나.)

내가 이 글을 지어 백봉 선생께 보여드렸더니 선생이 "좋다"고 하십디다. 또 내 일생의 큰 보람을 느끼는 일이 있는데, 바로《금강경 노래》를 지은 것입니다.《금강경》 32분에 대해 한 분씩을 묶어 노래를 지었습니다. 그 노래를 선생님이 인가해 주셨습니다.

《금강경 노래》를 책으로 만들려고 원고를 써서 백봉 선생님께 보여 드렸습니다. 선생이 읽어 보시고 "아주 좋다"고 칭찬을 해주셨어요. 또 책의 서문을 써 주셨습니다. 노래가 시원찮았다면 서문을 써주시지 않았을 겁니다.

엊그제 꿈에서 백봉 선생님을 만났습니다. (스님은 팔을 뻗어 책과 종이 더미 속에서 무엇인가를 찾았다. 그리고 시가 적혀있는 종이를 끄집어내어 내 앞으로 내미셨다.)

萬疊靑山遊峰日 (만첩이나 되는 청산에 해 뜨는 것을 만났다)
落花流水蒼底月 (꽃 떨어지고 물 흘러가는데 그 밑에 달이 떴다)

이게 몽중시(夢中詩)입니다. 허허허! 선생님을 꿈에 만나 꿈속에서 내가 지은 시입니다.

선방에 가면 백봉 선생님께 절 세 번 꼭하지요. 저기 사진 모시고 있잖아요? (스님은 몸을 돌려 등 뒤에 걸린 사진을 가르켰다.) 예전에 선생님이 부산에 게실 때 내가 부산에 가면 나보고 대중들에게 얘기 좀 하라고 해요. 한 칠팔십 명 모여 있지만 모두 거사와 보살이지 중은 나뿐이에요. 중들은 참례 안 해요. '거사가 무슨 법문하느냐?' 하면서. 대중들에게 얘기할 때 나는 백봉불(白峯佛)이라고 칠판에 써 놓고 법문했어요.

'백봉 부처' 다 이거여. 백봉 선생을 만나지 못했다면 내가 지견을, 《금강경 노래》를 인가받을 데도 없고, 백봉 선생을 만나지 못했다면 내가 지견을, 확실히 내가 이제 마음으로 인정을 못했을 겁니다. 《금강경 노래》를 인정해 준 것이 나에게는 큰 보람이라요. 그것이 제일 기쁩니다.

백봉 선생님이 서울을 떠나시면서 만날 기회가 없었겠네요. 대전에 계실 때 만나셨나요?

아, 그때는 못 만났지요. 대전에 오래 안 계셨습니다. 부산에 가끔 내려갔고 산청 보림선원에 계실 때 내려갔지요. 거기서 한철 용맹정진하고 그 이튿날 돌아가셨습니다. 전 용맹정진이 끝나자 바로 서울로 올라왔지요. 그런데 다음날 야청이 전화를 걸어 "선생님이 돌아가셨다"고 하더군요. 용맹정진 때 산청에 갔을 때 이상한 것을 보았습니다. 보림선원 옆에 대밭이 있지 않아요? 거기서 대를 베어다가 끄트머리에 새카만 헝겊을 달고 세워 놓았어요. 그래서 '이상하다. 사람이 죽은 뒤에나 이런 기를 세우지 보통 때는 이런 기를 세우지 않는데?' 내려가 장례를 모셨지요. 선생님이 산청에 계실 때 가끔 '내가 죽으면 요 앞에 묻힐 것이다' 라고 말씀하셨는데 거기에 모셨지요. 49재까지 다 모셨습니다. 늘 있을 수는 없었지만 끝나는 날 제가 가서 모셔드렸습니다.

(스님은 잠시 말씀이 없으셨다. 그리고 입을 여셨다.)

대원경 보살도 내가 다 화장해 드렸습니다. 삼양동에서 돌아가셨습니다. 재도 뿌려드렸습니다. 야청 선생이랑. 예전 대원경 보살 집에 지금 비구니가 살고 있어요. 대원경 보살이 내게 집문서를 주었어요. 내가 그것을 선학원에 갔다주었지요. 그래서 선학원에서 비구니를 보내어 살게 한 겁니다.

선생님이 부산에 계실 때 선생님과 있었던 일들을 들려주십시오.

왜정 때 부산상고 다니면서 왜(倭) 경찰들에게 맞아가지고 한 쪽 다리를 잘 못써요. 혈토(血吐)를 하시고. 그래도 법문은 계속하셨습니다. 제가 언제 내려가서 보니 선생님 얼굴이 핼쓱해졌어요. (스님은 잠시 멈추시고 화제를 바꾸셨다.)

김수로 왕 아드님이 열두 분인데 일곱 분이 출가했어요. 그 일곱 분이 지리산 칠불사에서 견성을 해서 절 이름이 칠불사입니다. 거룩한 도량입니다. 나도 거기서 겨울 한 철을 난 적이 있습니다. 그 때 통광 스님이 주지였는데 그 주지스님이 자신 앞으로 《경허스님 어록》이 한 권 들어왔다고 하면서 한번 보라고 내게 가져왔습니다. 그 어록에 이 글이 있어요.

法本法無法(법이란 본래 법은 법이 없는 것이다)
無法法亦法(없는 법이란 법 또한 법이나)
今付無法時(이제 없는 법을 부촉할 때에)
法法何曾法(법이라는 법이 어찌 일찍이 법이겠느냐?)

부처님이 가섭 존자에게 전한 전법게송이에요. 영산에서 꽃을 들어 마음으로 법을 전하시기도 하셨지만 이렇게 말로도 전하셨습니다. 이 법문이 경허어록에 있었는데 이 법문을 읽을 때 큰 환희심이 일어났습니다. 그래서 부산 가서 백봉 선생님 생일밥을 얻어먹고는 부산 남천동에서 서울까지 천리를 걸어 왔어요. 허허허!

'부처님 눈이 어디 붙었습니까?' 하고 물으실 때가 그 때였지요?

예, 백봉 선생이 설법할 때 내가 물었지요.

"석가 눈이 어디 붙었습니까?"

그러니까 내 눈을 가르키면서 "거기 붙었다." 그래요.

그 법문을 듣고 너무 좋아서 거기 앉아있을 수가 없는 거예요. 그래서 선원을 나왔지요. 백봉 선생이 내 마음을 알고 나를 잡았어요.

"강혜, 갈려고 한다. 붙들어라!"

라고 했지요. 그렇지만 있을 수가 없어요, 안절부절해서. 가만이 있어야 하는데… 무게가 무거워야 하는데… 그냥 보따리 챙겨서 나와버렸지! 그 때 눈에서 하얀 실 날 같은 것이 흘렀어. 길이가 일곱 자쯤 되는 것이… 차를 타도, 산길을 걸어도 앞에 있는 거야. 그러다 한 주일쯤 지나서 없어지더라고. 백봉 선생님 법문이 그렇게 거룩하고 백봉 선생님 법력이 그렇게 장한 어른입니다.

스님은 종종 '새말귀'가 참으로 높은 법문이니 모두 새말귀를 들라고 말씀하셨습니다. 스님은 한동안 종단의 전통에 따라 선수행을 하셨는데, 그 때는 화두를 잡으셨을 것으로 생각합니다만 백봉 선생님을 만난 후에는 화두를 잡지 않으셨는지요?

예, 내가 주장하는 것은 '이 뭐꼬?' 화두입니다. 지금도 '이 뭐꼬'를 합니다. 예! 지금도 '이 뭐꼬?'를 해요. 새말귀도 '이 뭐꼬?'나 다름이 없습니다. 말만 다를 뿐이지 뜻은 똑같아요.

새말귀나 화두나 모두 의심이 일어나야 합니다. 의심을 하라고 하는 것이 '이 뭐꼬?'입니다. '이 뭐꼬?'는 육조 스님 법문입니다. 남악회향 선사가 육조 스님에게 법문을 들으러 갔더니 육조 스님이 "뭐꼬?(어떤 물건이 이렇게 왔는가?)"하고 물었습니다.

남악회양 선사가 대답을 하지 못했습니다. 그리고 물러나 8년을 참구했습니다. 8년 만에 깨어 다시 육조를 찾아갔습니다. 육조는 8년 전과 같이 "뭐꼬?" 하고 물었습니다.

남악회양은 "설사 한 물건이라 해도 맞지 않습니다." 이렇게 답변한 거여.

그러니까 육조가 다시 물었습니다.

"닦아서 증득하였는가?"

"닦아 증득함은 없지 않거니와 오염시킬 수는 없습니다."

남악이 이렇게 대답해서 바로 인가를 받았어요. 6조 스님 직계제자지.

새말귀를 어떻게 잡아야 합니까?

모두 방하착 해야 해! 새말귀나 묵은 말귀나 다 필요가 없어요. 보림 삼관에 이런 말씀이 있어요. (스님은 다시 펜을 잡으셨다.)

若論今日事(만약 금일의 일을 논하려 한다면)
忽亡久時人(오랜 옛 사람을 잊지 말라)

이게 모든 것을 뭉개버리는 소리야! 싹 뭉개버리는 소리야, 이게! 그러니까 새말귀고 무어고… 그러니까 나를 잘 굴리자는 것이 이게…
(스님은 다시 펜을 잡으셨다.)

"나를 잘 굴리자. 타협하지 말라."

이것이면 법문 다한 거야… 그럼요!

선생님의 많은 가르침중에서 스님에게 가장 큰 느낌을 주었던 가르침은 무엇이었습니까?

타협하지 말라! 타협하지 말라! 마음에 딱 들어온 거여.

스님이 백봉선생님에게 받은 은혜는 무엇입니까? 스님은 생사문제를 해결하셨습니까?

(스님은 책상에서 새 펜을 가져와 쓰기 시작했다.)

虛空性(허공성)

다 쓰시고 펜으로 글씨를 툭툭 치시며 말씀하셨다.

"허공성! 더 이상 없어요."

스님은 "허공이 내 살림이다. 내가 허공이고 허공이 바로 나임을 느꼈다."고 말씀하셨는데 그 느끼신 이야기를 듣고 싶습니다.

허허허! 강원도 소릿골이란 곳에 가서 내가 한 6년 있었거든요. 거기서 허공이 무너지는 것을 내가 보았거든. 그래서 허공이 무너진다는 소리를 내가 하는 거여.

"허공을 부수어라!"

하는 소리를 그래서 내가 하는 거야. 허허허! 강원도에서. 허허허!

스님의 삼매에 대해 말씀해 주십시오.

(스님은 다시 펜을 드셨다.)

無事(무사: 일 없음)

(무슨 말씀이 나오시려나 궁금했다. 그러나 그저 침묵뿐이었다. 말 없이 스님을 응시하는 나를 바라보시다가 스님은 웃음을 터트리셨다.) 허허허!

스님은 한동안 염불을 하신 것으로 압니다. 탑골공원에서 '관음

정진(觀音精進)'을 하시기도 하셨습니다. 선(禪)을 강조하십니다만 염불수행에 대해서도 말씀해주시지요.

그렇지요. 많이 했지요. 그래서 관세음보살을 친견했어요.

해인사에서 여름을 보내고 서울 대각사에 왔는데 거기서 강화 보문사 주지인 동암 스님을 만났습니다. 대각사는 우리 노스님, 즉 용성 스님이 세운 절입니다. 동암 스님도 용성 스님 제자지요. 대각사에 머물던 수좌 여러 명이 동암 스님을 따라 보문사로 갔습니다. 그리고 3년 결사를 했습니다. 참선공부하는 결사입니다. 한 열 사람이 결사를 맺었습니다. 그런데 6·25가 터지고 인민군이 무장을 하고 동네에 들어오니 절에 있을 수가 없어요. 그래서 모두가 보문사를 떠났습니다. 뿔뿔이 흩어졌지요. 개중에는 객사한 사람도 있습니다.

보문사의 전 주지, 우리는 그를 대주지라고 불렀습니다만, 그분을 시봉하는 보살이 나를 잘 보았습니다. 그래서 그분과 같이 인천으로 피난을 나왔습니다. 그리고는 홀로 걸어서 남쪽으로 향했지요. 그러다 대전에 도착했습니다. 그 때는 사랑방이 비어 있어도 사람을 재워주지 않았습니다. 그래서 잠을 자려면 절을 찾아야 했지요. 사람들에게 절을 물으니 식장산 고산사를 가르쳐주더군요.

그렇게 해서 고산사에 도착했는데 절을 보니 정이 있었습니다. 마치 오래 지낸 절 같았고, 엊그제까지 지낸 절 같았습니다. 참 좋았습니다. 최학성이란 스님이 주지였는데 이 분은 대전 보문중학 서기를 보고 있어 절에 안 계셨습니다. 노인네 두 분이 계셨는데 주지의 아버지와 어머니였습니다. 그분들에게 "하룻밤 쉬어 가겠습니다."라고 말하니 그러라고 하면서 방을 가리켰습니다. 방에 들어와 보니 장판을 새로 하고 콩때음을 한 후 불을 때어 장판을 말리는 중이었습니다. 걸망을 내려놓고 쉬는데 배가 고팠습니다. 마나님이 콩때음을 한 찌갱이를 수채에 버리려 하는 것을 보고 나는 그분에게 요청했습니다.

"내버리지 말고 냄비에 지져 주십시오. 제가 먹겠습니다."

마나님이 냄비에 지져다 준 것을 허겁지겁 먹었습니다. 그런데 문제가 생겼습니다. 배고프다고 너무 급하게 먹었더니 그만 체해버린 겁니다. 꽉 막혀버려 내려가지를 않았습니다. 배가 몹시 아팠습니다.

'아이고, 이것 큰일났구나.'

아랫복에 손을 대보니 따끈했습니다. 거기에 배를 대고 엎드려 누웠는데 그 아픈중에도 잠이 들었습니다. 피난 길 돌아다니느라 지쳐있었던 까닭입니다. 잠을 자며 꿈을 꾸었습니다. 꿈 속에 하얀 옷을 입은 할머니가 나타나 저에게 물었습니다.

"어디가 아파서 그러느냐?"

"가슴이 아파서 그렇습니다."

할머니는 뜨개질하는 대처럼 기다란 대 꼬챙이 9개를 가슴에 들이박았습니다. 어찌나 아픈지 '아이구, 아파!'라고 소리를 지르다가 깨어보니 꿈이었습니다. 그런데 체한 게 없어진 거예요. 그 뿐만이 아닙니다. 제가 전생에 나쁜 짓을 많이 해서 열네 살부터 각혈을 했습니다. 어디가서 얘기할 수도 없었고 그저 혼자 걱정을 많이 했지요. 그런데 그 때 꿈에서 대바늘 아홉 개 맞은 후부터 각혈이 사라졌습니다. 허허허! 내가 관세음보살을 친견한 겁니다. 대전 고산사에서 친견을 한 거요.

관음정근을 하면 좋다 하시고 가피를 입어야 한다고 하셨는데, 참선도 가피를 입어야 합니까?

참선도 가피를 입어야 참선이 잘 돼요. 가피를 입어야 해요. 염불과 참선이 둘이 아닙니다. 염불이 참선이고 참선이 염불이라요. 중생이 다 복이 엷으니 불보살의 가피를 입지 않으면 중생이 우리말을 인정해 주지 않습니다. 가피를 입어야 덕력(德力)이 생깁니다. 덕력이란 것이 바로 법력(法力)이고 불력(佛力)이고 그렇습니다. 그러니 덕을 닦아야 해요. 내 업장을 내 스스로 녹여야 해요. 탐·진·치 삼업을 녹여야 합니다. 이것이 녹으면 계·정·혜가 됩니다.

그렇게 하기 위해서는 염불이 좋다는 말씀이시지요?

그렇지요. 내 힘으로 (스님은 가슴을 툭툭 치셨다), 즉 중생의 힘으로는 중생을 교화 못합니다. 그래서 우리가 부처님을 모시는 겁니다. 쇠로 도 모시고, 동으로도 모시고, 옥으로도, 흙으로도 크게…. 부처님 힘이 라야 중생이 교화가 됩니다.

위로는 보리를 구하고, 즉 부처님에게 '보리심을 깨닫게 해주십시 오' 하는 원력을 세워서 보리를 구하고, 또 하화중생, 보리를 구해서 밑 으로 중생을 교화합니다. 그럼요! 내 힘만으로는 안됩니다. 그러니 원

력이 필요한 겁니다. '여래 십대 발원문'도 있지 않습니까? 부처님도
발원문을 세웠습니다.

스님의 원(願)은 무엇입니까?

(스님은 펜으로 아래와 같이 쓰셨다.)

多生父母恩惠報答(다생의 부모님 은혜에 보답하고)

未來際(미래제)가 다하도록 大修行 大願力 大苦行(대수행 대원력 대고

행 하며)

盡力爲法亡軀(법을 위해 몸을 희생하겠다)

소심중생(小心衆生)이 되면 안돼요. 대심중생(大心衆生)이 되어야 합
니다. 대심중생이 되어야 해. 허공을 먹어야 해. 허공을 걷어잡아야 해.
허공에 꽉 차야 해. (스님은 다시 펜을 잡아 글을 써내려 가셨다.)

法身遍滿百億界(법신이 백억계에 꽉 차)

普放金色照人天(널리 금색광명을 인간과 천상에 비추어)

應物現影潭底月(물에 응해 그림자가 나타나는 듯)

體圓正座寶蓮臺(체가 원만하여 반듯이 앉으니 보배로운 연꽃자리라)

報化非眞了妄緣(보신·화신불은 참이 아니니 망령된 인연 요달하라)

法身淸淨廣無邊(법신은 청정하고 넓어 가이 없으니)

天江流水天江月(천강에 물 흐르면 천강에 달 나타남과 같고)

萬里無雲萬里天(만리에 구름이 없으면 만리가 다 하늘이다)

그러니까 중생을 교화하려고 화신 부처님이 천백억이 있지. 중생을 교화하려고 안 한다면 천백억 화신이 필요가 없어. 그러니까 오늘날 여기에 부처님이 나타난 거여. 전부 우리 마음에 부처님이 나타나서 우리가 부처님 말씀을 하고, 보살님 말씀을 하는 거여. 이 부처님 법문 이야기를 하고 하는 것이 부처님이 우리 입을 빌려 이야기하는 거여. 우리의 지견으로는 이런 법문을 할 수가 없어. 우리 소견으로는 이런 법문이 나올 수가 없어.

요즘 선사(禪師)들은 통상 옛날 선사들의 이야기를 들 뿐 자신의 법을 밝히지 못합니다. 스님은 '자기 살림'을 가져야한다고 종종 말씀하십니다. 왜 자기 살림을 갖는 것이 그렇게 중요합니까?

내 부처, 내 자성불 자리를 관조하고 항상 내 살림을 잘 굴려가는 것이 그게 수행인으로서는 가장 고귀하고 가장 빈틈없는 살림을 굴리는 거요. 누워도 내가 눕는다, 일어나도 내가 일어난다, 걸어도 내가 걷는다, 밥을 먹어도 내가 밥을 먹는다 해서 이 진아(眞我), 참된 나를 망각하지 말고 생활해 나가야 해.

그러니까 남의 방편에 의지해 가지고 공부를 하는 건데, 화두를 잡는

다든지, 염불을 한다든지, 주력을 한다든지, 경을 외운다든지, 《금강경》
이나 《법화경》을 외운다든지, 이렇게 해서 공부하는 사람들이 많습니다.
그러나 우리가 《금강경》을 외운다고 해도 내 《금강경》을 외울 줄 알아야
해. 《법화경》이나 《화엄경》을 외워도 내 법화경을 외울 줄 알아야 돼.

가장 중요한 것이 모든 경계에 쏠려 들어가지 말아야 해. 물욕, 애욕
이런데 쏠려 들어가지 말아야 해. 내가 내 자성불을 항상 관찰하고 망
각하지 말아야 해. 그게 가장 중요한 겁니다. 일상생활에서 내 부처를
망각해버리면 모두 물질 경계에 쏠려 들어가는 살림살이밖에 안 되는
겁니다. 팔정도 법문이 그래서 나온 겁니다. 백봉 선생 법문에서도….

見聞臭談觸行住坐臥(견문취담촉행주좌와)

이게 예백 구선(曳白九禪)입니다. 견선, 문선, 취선, 담선, 촉선, 행선,
주선, 좌선, 와선. 바로 볼 줄 알고, 바로 들을 줄 알고, 바로 냄새를 맡을
줄 알고, 바른 말을 할 줄 알고, 바르게 닿질릴 줄 알고, 바르게 행할 줄
알고, 바르게 머물 줄 알고, 바르게 앉을 줄 알고, 바르게 누울 줄 아는
겁니다. 이게 예백 구선입니다. 바로 생활선입니다. 예백이 되어야 합
니다. 어떻게 해야 예백이 됩니까? 어떤 것이 예백입니까?

이번 생은 스님의 법계 유행(遊行)에 어떤 의미가 있습니까?

(스님은 주저없이 펜을 드셨다.)

寂而照

照而寂

이게 생활입니다. 우리 불교에 적멸궁이 있지 않습니까? 통도사에 가면 적멸보궁이 있지. 부처님을 안 모셨지요. 아무 것도 없는 겁니다. 그래서 백봉 선생이 '동그랑땡'이라고 하셨습니다.

(스님은 '白峯法門 동그랑땡'이라고 쓰신 후 동그랑땡을 동그라미로 감쌌다.)

이거요. 동그랑땡. 백봉 선생님 법문 동그랑땡이에요. 허허허!

瞳子(눈동자)도 똥그랑

콧구멍도 똥그랑

입도 똥그랑

똥구멍도 똥그랑

모공도 똥그랑입니다

(다 쓰고 난 스님은 잠시 주춤하시더니 이어 쓰셨다.)

無始無終(시작도 없고 끝도 없으며)

無凡無聖(범부도 없고 성인도 없다)

고개를 드신 스님의 얼굴에는 장난기 어린 미소가 가득했다.

초발심을 낸 사람이 불법을 공부하려고 할 때 가장 중요한 것이 무엇입니까?

(스님은 다시 펜을 드셨다.)

대선지식(大善知識)을 친견(親見)하고 법문(法門)을 바르게, 철저하게 문질(問質)하시오.

지수화풍(地水火風)은 아무 감동(感動)이 없습니다.

바로 내 마음을 느끼고 항상 자성심(自性心)을 돌이켜 보는 노력을 하십시오. 그래야 눈꼽만큼씩 무엇이 잡힐 겁니다.

상대성(相對性)에 속지 말고 절대성(絶對性)을 느끼려고 간절히 노력하시오.(스님은 고개를 들며 껄껄껄 웃으셨다.)

우리 나라에 하나님 믿는 사람 많아요. 대통령도 그렇지요? 다 상대성이에요. 우리 불교도 상대성으로 믿는 사람 많습니다. 절이나 하고, 부처에게 시주나 하고, 공양미 사셔나 밥 올리고, 떡 올리고… 그거 우리 중들이 신도들에게 잘못해서 그렇습니다. 오죽하면 통도사에 법당을 크게 지었지만 부처를 안 모셨을까? 그래도 몰라요!

(스님은 큰 소리로 탄식한 후 잠시 침묵했다.)

그래도 몰라! 그래도 몰라요! 얼마나 어리석은지 말도 못해요! 기가 막힙니다!

如是如是是如是(여시여시시여시)

如是外別無如是(여시외별무여시)

世人不知是如是(세인부지시여시)

左往右往覓如是(좌왕우왕멱여시)

白峯居士法門(백봉거사법문)

백봉 선생《금강경》법문 아닙니까? 몰라요! 이렇게 가르쳐줘도 몰라요! 무슨 말인지 몰라요! 중생들이 얼마나 어리석은지 몰라요! 얼마나 어리석은 불자가 많은지 모릅니다! 오죽하면 내가 이것을 아주 많이 찍어서 조계사 앞에 가서 나누어 주는데 "이거 나누어주지 말라"는 거야!'

(스님은 백봉 선생님이 만든〈예불문〉을 들어 올리셨다.)

이런 좋은 법문을! 나눠주지 말라는 거야! 그래서 내가 저 남산 고개로, 서울역으로 다니면서 많이 나누어 주었어요. 이 거룩한 법문을! 그래도 모릅니다! 중생들이 얼마나 어리석은지 말도 못해요! 오탁악세(五濁惡世)에요. (스님은 다시 펜을 잡으셨다.)

五濁惡世

劫濁(겁탁), 見濁(견탁), 煩惱濁(번뇌탁), 衆生濁(중생탁), 命濁(명탁)

이게 오탁입니다. 세상이 전부 흐려요! 새카맣게 탁해요! 맑은 게 하나도 없어요, 세상이!

(스님의 눈에서는 금방 눈물이 쏟아질 것 같았다.)

이제 끝났습니다. 거룩하신 스님, 고맙습니다.

전부 흐려요! 새카맣게 탁해요! 맑은 게 하나도 없어요, 세상이! 공부해야 합니다! 공부 안하면 안돼요!

❀

1945년에 부산에서 출생했다. 대학 2학년 때 청담 스님의
법문을 듣고 불교로 개종하고 스물 여덟(1972)에 백봉 김기
추 거사를 만나 문하에 들었다. 입문 2년 반 만에 인가를 받
았다. 해양대 명예교수로 현재 부산에서 살고 있다.
hjw4396@daum.net

인터뷰 일시 | 2010년 12월 24일 오후 11시 30분 ~
　　　　　　　 익일 01시 40분
인터뷰 장소 | 보림선원 가양선원(충북 청원)

한번 대를 때리는 소리에 아는걸 다 잊다

어떻게 해서 불교에 입문하게 되셨는지, 그 이야기를 먼저 듣고 싶습니다.

나는 국민학교 5학년 때부터 예수쟁이였어. 세례는 중3때 받았지. 그런데 의심이 있었어. 바이블에 "마음이 가난한자는 복이 있나니 천국이 너희 것이오." 하는 구절이 있는데 그 구절에서 걸렸어. 그게 고1 때라. 영어 바이블를 보는데 그 문장이 현재형으로 돼 있어. 근데 그 다음 꺼, "애통하는 자는 복이 있나니 너희가 위로함을 받을 것이오."는 미래형이야. 그 현재형으로 되어있는 것이 이상하잖아, 의미심장하잖아. 그래서 그걸 들고 목사들을 찾아 다닌 거야. 부산에 있는 목사들 다 찾아 다녔는데, 아무도 답을 안 해. 뭐라 카나, "아! 믿음이 부족하구나,

기도하자", 뭐, 이런 식이야!

그게 문제였는데 대학 2학년 때, 청담 스님이 서울법대에 강연을 하러 왔어. 그때 조계종 총무원장였든가, 아니면 종정이었어. 그 때 도서관에 있었는데, 불교학생회 총무 하는 선배가 와서 나보고 들으라 해.

"나 예수쟁이다" 이러니깐,

"아! 그래도 손님을 모시고 왔는데, 학생들이 없으니 예의가 아니다. 그러니 무조건 와서 들어라!" 하는 거야.

그때가 토요일 날 오후야. 애들이 없어. 다 도망갔어. 그래 갔는데 제대로 걸려들었지. 그 길로 불교공부를 하게 됐어. 2학년 말쯤 탄허 스님이 서울에 나타났어. 동국대학교 이사로 선원장을 하셨다고, 동국대학에서. 선배들 따라서 탄허 스님한테 갔지. 그 뒤로 한참 따라다녔어. 거기서 불교공부 초문(初文)은 다 배웠지.

그 이후에 백봉 선생님을 만나셨죠. 그 만나신 얘기 좀 들려주시죠.

스물세 살 때, 부산대학 옆에서 친구들하고 하숙을 할 때라, 대학 막 졸업하고. 하루는 내 친구가 외출했다가《금강경》책을 들고 왔어. "이거 네가 좋아하는 거 아이가?" 하고 '턱' 던져.

그게 백봉 선생님이 쓰신 책이야. 책장을 '탁' 넘기니깐, 자문자답이 나오는데

"누리의 중심이 어디냐?"

하고 묻고

"상투 끝에 꽂힌 동곳이니라. 히!"

이리 답을 써놓은 기야. '이 양반 견성했구나!' 하는 생각이 '탁' 들더라고. 우리 때는 견성한 사람이 한 100명 있었어, 승속을 포함해서. 일타 스님한테 들었지, 해인사 수련대회에 가서. 그래서 대학 3학년, 4학년 때 견성했다는 스님을 찾아서 많이 다녔거든. 이름난 스님은 대강 다 훑었지. 그니깐, 눈치가 늘었잖아. 선생님 글을 보니깐, 견성한 사람이야. 그런 느낌이 들어서 유념을 해놨지. 유념을 해놨다가 내 동생한테 "백봉 김기추 선생이 강연을 한다고 포스터가 붙으면 나한테 이야기를 해라." 그랬어.

오 년 뒤, 내 나이 스물여덟에 영도도서관에서 설법을 한다고 벽보가 붙었어. 동생이 이야기를 해서 알았어. 바로 밑 동생인데 개도 대학생 불교연합회 열심히 다녔어. 그래서 영도도서관에서 선생님을 처음 만나게 된 거야.

영도도서관에서는 어떤 설법을 하셨습니까?

《금강경 강송》이야. 그때는 선생님 쓰신 책이 다 떨어지고 없을 때야. 그래서 등사해가지고 했어. 원문을 번역하고 게송만 붙였지. 그때 한 200명 모인 걸로 기억을 해. 부산에 유명한 스님들이 많이 왔었어. 내가 아는 스님들이 많았어. 그때 열기가 대단했지. 그걸 주도한 게 자운 선생이야.

그때부터 백봉 선생님은 부산에 머물게 되셨죠. 백봉 선생님이 부산에 자리를 잡게 된 경위 좀 말씀해주시죠.

원래는 남해 보리암 구경한다고 내려오셨는데, 자운 이점준 선생이라고 부산시청에 계셨는데, 이 양반한테 붙들렸지. 자운 선생은 다니구찌가 쓴《생명의 실상》이라는 책을 보고 다니구찌 신봉자가 됐어. 그런데 자운 선생이 우연히《유마경 강론》을 서점에서 구하게 된 거야. 다니구찌가《유마경》을 좋아했거든.

아 그렇군요?

그 책을 보고 '다니구찌'는 아무것도 아닌 걸 알았지. 책이 하도 좋아서《유마경》하나 더 사가지고 처삼촌에게 줬어.
처삼촌이 턱 보더니 "이 사람 괜찮아 보이나?" 하고 묻더래.
그래 "대단한 사람이다" 하니,
"내 꼬치 친구야." 이러더래.
처삼촌이, 일당 선생이라고, 백봉 선생님하고 국민학교 동기생이야. 그래서 "부산오시면 무조건 나하고 좀 만나게 해달라"고 부탁했대. 그랬는데 백봉 선생님이 보리암 구경하러 내려왔다가 부산에 들러 친구들하고 모이게 되니깐, 일당이 전화 한 거야.
"야! 빨리 온나. 니가 좋아하는 백봉 왔다." 그때부터 자운 선생이 매달린 거야. 근데, 억수로 괄시 하더래. 뭘 물어도 답도 안하고, 상대를 안 하더래. 자운 선생이 더 결사적으로 달려들었지. 그렇게 된 거야. 7월말에 영도 법회가 끝나고 나서도 계속 부산에 머무셨어. 그러다 초량 소림사에서《금강경》법문을 또 했지.

그때 백봉 선생님은 어디에 거처를 정하셨습니까?

여관에 계셨어. 그때 좀 계시다가 갈 생각이었던 것 같아. 소림사 설법하실 때도 여관에 계신 것을 보았어. 그때 우리는 시간이 나면 찾아가고 그럴 때니간. 자운 선생이 마련을 다했지.

계속 여관에만 계시진 않으셨을 것 아니에요?

음, 그래. 가을에 송도 횟집, 여름에 횟집하고 가을에 쉬는 그런 장소를 찾아가지고, 비닐로 천막을 친 거야. 이중 삼중으로 비닐을 쳤어. 거기서 가을, 겨울을 나셨어. 남부민동에 있는 보살이 자기 집을 짓는데, 2층에 법당을 마련해서 "선생님을 모시겠나." 하고 공사를 하고 있으니간, 어디 딴 데 거처를 정하기가 어중간했지. 73년 봄에 그 집에 입주를 했지. 송도 계실 때 고생 많이 하셨어. 기관지염 걸리고 그랬지.

남부민동 그 집에도 오래 계시지는 못했어. 한 6개월 있었나? 집주인과 갈등이 생겨서 그 집을 떠나야 했어. 갑작스레 나오시게 되었는데 문제는 가실 곳이 없었어. 그러니 선생님은 대전으로 가신다 하시고.

다들 속수무책 이었지. 그 때 한 보살이 "그럼, 선생님! 우리 집에 갑
시다."하고 모신 거야. 전 보련화 보살이라고, 혼자 사는 사람이야. 자
식도 없고, 남편도 일찍 죽고. 근데 자기 시동생이, 집 장사를 하는 사
람이었는데, 사직동에 집을 하나 마련해줬어, 한 스무 평 될까? 큰방
에 선생님 계시라 하고, 자기는 뒷방으로 가고. 전 보살이 아주 공덕
주지.

선생님이 좀 불편하셨을 텐데, 남의 집에 얹혀 사는 것이.

몰라. 그 걸 알 수 있나? 선생님 원래 태평이니깐 뭐, 또 인물이 좋잖
아? 남들이 보면 고생하는 사람 같지가 않거든, 훤하고 해서.

나는 그 때 스물아홉 살이야, 세상물정 모를 때지, 공부만 한다고 그
랬지. 자운 선생이 고생을 했어. 백봉 선생님 친구가 다 못살아. 그러니
도와 줄 사람도 없어. 심지어 송도 그 비닐하우스에 있을 때는, 침놓는
자산(慈山)이라는 사람이 있었어. 그 사람이 침 놓고 받은 돈으로 쌀하
고 반찬을 사가지고 오는 거야. 그리 살았어. 그리 연명을 했어. 정기법
회를 열 장소도 없었어. 그때 제일 고생했지. 그에 비하면 전 보살집에
있을 때는 그래도 괜찮았지. 회비를 받고, 뭐라고 할까, 종파를 만들 정
도의 세력이 됐어, 집은 작았지만. 돈이 있는 처사들이 한두 명 있어서
그렇게 힘들진 않았어.

그때 백봉 선생님은 어떤 법문을 하셨어요? 《금강경》을 주로 하

셨나요?

《금강경》을 두 번하시고, 남부민동 가서서 《금강경》을 또 새로 시작 하셨지. 그러면서 거기서 《금강경》 증보판을 쓰셨어. 지금 쓰는 《금강경》이 남부민동에서 쓴 거야. 그 《금강경》을 가지고 강의를 하시다가, 사직동 가자마자 《유마경》 강의를 하셨어. 송도 비닐하우스에서도 《유마경》 강의를 했거든, 그러니깐, 사직동 가서 두 번째로 하신 거야. 《금강경》하고 《유마경》을 돌아가면서 하신 거지.

당시 한국을 방문한 빌리 그레이엄 목사와 면담이 추진되었지요?

우리가 그때 기대를 많이 했어. 선생님이 "그 사람과 한번 이야기해 보자. 말 상대가 되는 사람이면 구제해야 된다" 하신 거야. 선생님이 고집이 다른 거야. 보통 종교지도자들은 상대방 종교를 존중하고, 이래 하잖아? 선생님은 안 그래! "그거는 틀린 이론이다. 그 사람이 몰라서 그렇지, 나하고 상담을 하면, 돌이갈 때 정신 차려서 돌아 간다." 이랬 다니깐.

부산일보 이목우 선생이 나서서 주선했지. 부산 MBC 텔레비전에서 자기들이 책임지고 하겠다고 해가지고, 빌리 그레이엄한테 오케이까지 받았어요. 그런데 안 내려왔어. 허허허!

그래서 그때 선생님이 "재수가 없는 사람이다. 불교를 알았더라면, 이 정도 같으면 공부를 했을 텐데."라고 했어. 그런데 "자기가 아는 기독교를 한국까지 와서 이래하는 것을 보면, 성의가 가상하다. 내가 선물을 하나 줘야 될 거 아니냐?" 그래서 쓴 게《절대성과 상대성》이야. 며칠 만에 썼어. 일주일도 안 걸려서 썼지 싶어.

백봉 선생님이 부산에 거처를 정하셨지만 그래도 대전이나 서울에는 종종 가셔서 설법 하셨죠?

대전에는 안 가시고 서울에는 갔어. 서울에는 내 기억엔 두 번 가셨어. 한번은 칠보사고, 한번은 돈화문 옆에 원각사지 싶어. 돈화문을 보고 서면 오른쪽 편에 있는 절이야. 일반 건물인데, 원각사 간판이 붙어 있었어.

그쪽에서의 법회는 어떠셨습니까?

그 원각사는 뭐 그저 그랬고, 청중은 굉장히 많았어. 법당이 쾌 컸는데 거의 찼어. 백 명 이상 들어온 걸로 기억을 해. 그리고 칠보사 이거는, 내가 기억이 나. 칠보사 주지가 누구지?

강석주 스님.

대원경 보살님이 강석주 스님한테 직접 승낙을 받아 거기서 법회를 하게 됐다고, 1주일간. 명목은 서울지부 만든다고 가신 거야. 그런데 갔더니 석주 스님은 출타중이라, 어디를 가셨는지 없어. 그런데 하루 이틀 하고 나니깐, 그 밑에 스님들이 "나가라!" 이거야. "거사가 건방지게 절에 와서 설법을 한다." 이거야. "석주 큰스님이 오케이 했다." 해도 막무가내야. 그래서 이틀하고 그 다음날은 조계사 법당으로 갔지. 사실은 더 큰 데로 간 거지.

그런데 거기에, 그 칠보사에 동광혜두(東光慧頭) 스님이란 분이 나타난 거야. 첫 날 선생님이 보림삼관, 보림오규를 강의 하시는데 계속 박수를 치시더라고. "선재(善哉), 선재!", "잘한다, 잘한다" 하면서. 성태용이가 그 때 옆에 있었는데 보니깐, 동광혜두 스님이더래.

그래 "동광혜두 스님을 어떻게 아냐?"하고 물었더니 그 전 해에 밀양 표충사에 서울대학교 불교학생회 수련회를 갔는데, 거기서 자기들 선(禪)을 가르쳤대. 그럼 보면 알지. 성태용이가 동광혜두 스님한테 아주 귀여움을 받았대. 그때 함께 참석한 부산대학교 최 교수가 그래. "뭐, 그 스님 말이야. 성태용이만 좋아하고, 우리 하고는 이야기도 안 했어." 그럴 정도로 말을 주고 받고 그랬대.

동광혜두 스님은 어떤 분이십니까?

범어사 스님인데, 우리가 알기론, 범어사에서는 그 스님을 잘 몰라. 수덕사 혜암 노장이 "내가 만난 선지식중에서 가장 지혜가 밝은 사람은 동광혜두다." 그리 이야기를 했어. 칠보사 일이 있은 지 2년 후에 팔정사(八正寺)에서 그리 말했어, 서울 성북동에 있는 절이지. 그 때 혜암 노장이 백 살이 넘었어. 아주 깐깐하지, 그 양반이. 그 양반이 동광혜두를 그렇게 쳤어. 그러니 우리가 알지. 그 전에는 몰랐어.

그런 스님이 백봉 선생님을 "선재, 선재"하고 칭찬을 했다고 하면?

"선재, 선재!"할 때는 그런 정도인 줄 몰랐지. 그러고 나서 1976년, 2년 뒤에, 내가 그 이야기를 들었거든, 혜암 노장한테서. 그리고 찾아보니깐 그 때는 이미 종적이 묘연 하더라고. 그런데 하여튼 그 다음날이 문제야. 그 다음날 십자송(十字頌)하고, 십물계(十勿戒) 할 차례였거든. 그리고 무자 화두, 무자 화두 답을, 그때 내가 조수를 했다고,

판서를 맡았군요.

서기(書記)지. 선생님이 쓰라고 하면 쓰고. 그랬더니, 동광혜두 스님이, 성태용이 얘기야, 절을 하더래. 백봉 선생님이 앞에 강의하시는데 일어나서 삼배를 하더래. 큰절로 삼배를 했대. 나는 앞에 앉아 있으니깐, 못 봤지. 그런데 웬 촌 영감이 나한테 왔는데, 내 느낌에, 딱 나무꾼, 그 촌 나무꾼 있지 않나, 옛날에?

네.

그런 느낌이 드는 거야. 오더니 나를 툭툭 쑤셔, 여기 이 다리를.

그러며 "저거, 너 다 알지?"이리 물어.

"아! 그거 모릅니다!" 했더니,

"자식아 알면서 뭐 그래?" 그래.

그러더니 "니 선생 멋지다." 그러고 가더라고.

나는 "별 희한한 중 다 보네" 이랬지. 하여튼 법문 마치고 내가 앞에 나가 광고를 했어. "내일부터는 조계사 법당에서 합니다. 그리 오십시오." 그런데 그 때 그 스님이 앞으로 나오더만 마이크를 달래. 마이크를 잡고 "주지도 없고 해서", 뭐 '주지스님'도 아니야, "주지도 없고 해서 내가 한마디 할게." '딱' 이래.

"옛날부터 거사가 있었는데, 부처님 당시에는 유마 거사가 있었고, 중국에는 유명한 방 거사가 있었고, 우리나라에는 부설 거사가 있었다. 그런데 지금 한국에는 백봉 거사가 있다. 내가 보니깐, 이 사람은 확실히 견성했다. 여러분들 다른 데 찾아 다니지 말고, 이 거사님 모시고, 공부 열심히 하십시오."

그게 끝이야. 내가 속으로 '지가 뭐라고, 확실히 견성을 했니 뭐니…' 이랬어. 그 때 성태용이기 와서 날 보고 그러는 거야. "저 양반이 동광혜두 스님인데, 하동산 스님하고 같은 항렬이다", 같은 '동' 자 항렬이거든, "되게 고참이다" 이러더라고. 이름 난 사람이라고, 유명한 사람이라고, 선지가 밝고.

우리 선생님도 기분이 좋았지. 그리 칭찬한 사람 본 적 없잖아! 선생님이 《금강경》,《유마경》 가져 오라."고 찾대. 책을 주고 기분 좋게 악수하며 헤어졌다고. 그런데 다음날 조계사 대법당에도 오셨어.

신심이 솟아나는 말씀을 해주셨습니다. 이제 거사님 공부하신 이야기 좀 여쭙고자 합니다. 영도도서관에서 처음으로 설법을 들으셨고, 그 후에도 백봉 선생님 설법하시는 곳마다 찾아가서 설법을 들으셨죠. 설법을 듣는 것과 병행해서 수행을 하셨을 텐데, 어떤 수행을 하셨습니까? 혹시 청담 스님이나 탄허 스님으로부터 화두를 받으셨습니까?

이거 심문이네 이제. 허허허! 참선했지. 내가 화두를 뭘 들었냐 하면… 한 때 경봉 스님이 법광(法狂)이 났어. 법광이란 것은 공리(空理)를 알아가지고 행동이 방자해진 거야. 일체가 빈 거라고 해서. 봄철에 통도사 뒤에 논에서 사람들이 농사지을 때 경봉 스님이 빨가벗고 나타나. 키가 180이 넘거든. 그 때 제일 키가 큰사람이 효봉, 경봉이었어. 그 큰 사람이 빨가벗고 논두렁을 뛰어 다니는 거야. 통도사 골치거리였어. 그때 전강 스님이 통도사 조실이 되어 있었지. 범어사 조실도 하고, 통도사 조실도 하고 그랬어. 한참 이름이 났지. 그래서 전강 스님에게 "저 경봉 좀 잡아달라"고 한 거야. 그래서 그 사건이 있었지. 그때 "입야타 불입야타(入也打 不入也打)" 화두를 했어.

전강 스님이 동그라미를 그리고 "들어가도 맞고 안 들어가도 맞는다. 우짤래?"하니,

경봉 스님이 발로 '쓱' 지우더래.

그래서 "지우지 말고 답을 해야지!"하며 다시 그렸대.

그래 경봉 스님이 뭐라고 답을 했고,

전강 스님이 "오케이" 한 거야. 그러고부터 그 법광이 사라진 거야. "지우지 말고 답을 해야지." 거기서 눈치를 챈 거야. 그런 인연이 있거든.

그 사건이 우리 대학 때 발설이 됐어. 있기는 그 전에 있었는데. 경봉 제자하고, 전강 제자하고 불교신문에서 논쟁을 했어. 전강 제자들은 '그런 일이 있었다', 경봉 제자들은 '없다', 이리 싸운 거야, 사실은 그게 있었어. 경봉 노장이 그 이야기를 우리한테 했어, 대학교 4학년 때.

그때 경봉 노장이 "내가 전강 스님한테서 법은(法恩)을 입었다." '탁' 그리 표현하더라고. 솔직한 사람이잖아, 원래! 그 뒤에 신문에 나고 난리가 난 거야. 경봉 스님하고 전강 스님은 입 닫고 있고, 제자들끼리 붙어가지고, 오늘 신문에서는 이쪽에서 떠들고, 그러면 다음 호에는 저쪽에서 떠들고. 그래 내 화두 그서도 했거든. 내가 택했지. 오래 했어.

화두를 잡으시면서, 선생님 설법을 들으신 거죠?

아니지! 아니지! 설법 들을 땐, 설법만 듣고, 그리고 시간이 있으면 화두 들고. 근데, 화두가 제대로 돌려야 되거든. 화두는 늘라 하면 안 들리지, 망상이지. 선생님 설법을 주로 들었지. 그러니깐, 영도도서관에 서부터 들었으니깐, 제법 들었잖아.

방위소집 후에는 직장생활을 하셨죠?

부산은행에 갔지. 부산은행이 은행중에서 월급이 제일 셌거든. 그때 부산은행 막 만들었을 때야. 똑똑한 놈들 다 부산은행으로 끌고 오려고 급료를 많이 주는 거야. 그때는 한국은행부터 막 끌어왔어. 급료가 제일 높았어. 그러니 서울에 안 가도 됐지. 들어갔다가 옮겼어. 선생님이 저녁 일곱 시에 설법을 하셨는데, 이놈의 은행이 워낙 일이 많으니깐, 여덟 시가 되어야 문을 닫네. 그래서 빨리 일 마치는 회사로 옮겼어. 옮겼지만 거기도 좀 다니다가 때려치웠어, 74년에 동도사 갔다 와서. 거기서 일송 선생님이 인가를 받았거든. 직장 때려치우고 입주했지.

왜, 직장을 그만두고 입주하셨어요?

그게 눈에 뵈나? 서운 선생이 인가 받은 게, 그게 1호잖아, 그게 74년 1월 달이야. 그리고 한 달쯤 있다가, 2월인가에, 혜월이 인가를 받았지. 그러다가 여름 동도사 수련대회 때 일송 선생이 받았어. 서이나 받았어. 나는, 내가 우등생이라고 생각했는데, 그렇게 인가를 받아대니, 직장이 눈에 뵈나?

우등생들이 몇이 있었어. 남부민동에 있을 때 고추장사 하는 사람이 있었어, 시장에서. 그래 이름은 모르고 고추장사로만 기억을 해. 선생님이 문제만 내면 이 양반이 척척 정답을 내. 신원경 선생도 답을 못 한 거 있잖아?

'무불처진불(無佛處眞佛)', '부처 없는 곳에 진짜 부처가 있다.'

선생님이 그 무(無)자 자리에 괄호를 쳐놓고 글자 넣으라고 했어. 보통사람들은 '공(空)불처'라고 많이 써. 근데, 그 고추장사가 '딱' 보더니 '무' 하는 거야. 그래서 우리는 그 양반을 단연 최고 우등생이라고 했어. 그런데 그 양반은 뒤에 사직동에 못 왔어. 거리가 멀어가.

혜월 선생은, 그 당시에 고추장사하고 양대 우등생이야. 혜월도 그때 우리가 알아주는 사람이었지. 근데, 서운 선생님이 먼저 하고, 그 다음에 혜월이 했어. 그 다음에 동도사에서⋯. 그러니깐, 눈에 뵈는 게 있나? 그래서 직장을 그만뒀지.

그때 선생님이 "니가 지금 그만두면 3년을 취직이 안 된다."며 말리시더라고. 그리고 "그냥 다녀라. 니는 나이가 많이 들면 다 안다. 일 때려치우고 그러지 마라." 하셨어.

근데, 그 말이 늘리나? 안 들리지. 그래 때려치우고 들어갔지. 그때가 74년 10월이었어. 실은 절에 갈라 켓어. 선방에 3개월, 그거 할 때.

동안거 할 때 말이죠?

응, 동안거 접수할 때야, 그때가. 범어사를 통해서 몇 군데 가봤더니, '택'도 없다는 소리야. "거사가 무슨 소리 하노?" 이래. 그래하니깐 선생님이 "거기 갈 꺼 있나? 여기 들어와." 이래가지고 전 보살 집에 들어간 거야. 거길 들어갈 생각을 못 한 게, 전 보살 집이 워낙 작거든. 가서 있자고 말을 못해. 그런데 선생님이 들어오라케 가지고 들어갔지. 부엌방이 있었어. 큰방에 선생님하고 대원경 보살이 거처하시고, 나는 부엌방에 있고, 전 보살은 별채에 있었거든.

그러면 그 집에는 다른 학인은 없었겠군요.

학인 받을 데가 없지. 공간이 없지, 아예!

독차지 하셨군요. 그 집에서 어떻게 지내셨어요?

사실 고생 많이 했어. 규칙은 딴 거 없고, 돌을 하나 주시더라고. 선생님이 수석 좋아하시잖아. 그 돌이 금강에서, 옥천인가에서 주슨 돌인데, 흙이 묻은 채로 있었어. 그걸 꺼내시더만 씻으래. 그래 물로 씻어 흙을 다 털어냈지. 그런데 "광이 날 때까지 닦아라."는 거야. 그게 숙제야. 10월 초부터 12월까지, 석 달 내내 그것만 닦았어.

돌 하나만 말이죠?

돌이 이만치 커. 지금 우리 집에 있지. 돌은 별거 아니야. 근데, "석질이 아주 강철 같다."고 하셨어. 그래 그거만 닦고 있었어. 그리고 규칙이 '아침 저녁으로 선생님 앉을 때 같이 앉아라.' 야. 선생님이 아홉 시쯤 주무시면 세 시쯤 일어나서. 주무시기 전에 좌선하고, 또 새벽에 일어나 앉으셔. 그것을 거르는 걸 본 적이 없어. 술을 암만 많이 자셔도, 아침에 눈떠 보면 앉아계셔. 가을에 들어갔으니 추울 때잖아. 추워지니깐 담요를 이렇게 걸치고 앉아계셔.

그때는 매일 설법을 하셨지. 그래 저녁마다 설법 들었어. 선생님이 그때《유마경》증보판을 내실 때야. 그 교정을 봐야 했어. 내 딴에는 뭐 좀 열심히 해가지고 화두를 깰 꺼라고 들어갔는데, 그거 뭐, 교정보라 카고, 돌은 돌대로 닦아야지. 그러니깐, '에이 이럴 줄 알았으면 마…' 후회가 많았지.

선생님이 아침 저녁에 앉으셨다는데 어느 정도 시간을 앉아 계셨 어요?

두 시간쯤? 세 시에 일어나 보면 앉아계셨어. 그렇게 일어나는 것은 어려움 없었어. 나도 잠은 일찍 자는 스타일이거든. 근데, 앉아 있는 거 하고, 돌 닦는 게 제일 큰일이야. 그 돌이 아무리 닦아도 광이 안 나. 내 친구들이 여러 명이 찾아 왔어. 직장도 때려치우고 갔으니 "이 녀석이 돌은 거 아니냐?"하며 찾아 왔어.

와서 보니 돌을 닦고 있었군요. 하하하!

그래, 돌이나 닦고 앉아 있고! 한 녀석이 광내는 약이 있다고 가르 쳐 주더라고. 그 약을 사와 바르면 대번에 광이 난대. 내가 생각해도 그건 좀 아닌 거 같아서 안 했어. 하도 닦다 보니깐, 타월로 닦았거든, 타월이 날강날강 해져 가지고 나중에 실올이 보이는 거야. 그런 걸 내 가 몇 번 당했지. 그게 우리 선생님 수법이라. 사실은, 그 덕에 내 공부 가 된 거라. 내가 분별이 많잖아? 돌 닦고 앉아있어 봐! 그거 만고에 할 일 없는 일이야. 자버리는 게 일이야. 닦다가 자면, 선생님 글 쓰시다가 이렇게(책상을 손으로 '똑, 똑, 똑' 쳤다) 하셨어. 그럼 또 닦고 그랬지.

그럼, 크지도 않은 방에서 선생님하고 하루 종일 같이 있었던 거예요?

그렇지! 고역이었지. 석 달을 있었어. 그때 이야기 많이 했어. 평소에 물어 보고 싶은 거 다 물어봤지. 대학 때 견성한 사람이 한 백 명 된다고 해 많이 돌아다녔잖아? 물어보는 거야.

"선생님, 혜암 스님 아십니까?"

"알지."

"견성했습니까?"

"했지."

"범어사, 지유 스님 아십니까?"

"알지."

"우째 아십니까?"

"테이프로 한번 들어봤지."

"그럼 견성했습니까?"

"응, 그 사람도 견성했지."

이런 이야기도 하고, 또 "선생님 좌선하고 앉아 있으면 전생이 보입니까?"

"보이지."

"어디까지 보입니까?"

"일곱 개까지 보여." 칠 대, 과거 칠 대까지.

"그러면 가족도 환하십니까?"

"아니야, 내만 보여. 내 가족이 안보여."

이렇게 오만 것을 다 물어 봤어. 근데, 그때 "공부를 하다가 되게 공포감이 올 때가 있다", 그 이야기를 하시더라고.

'그럴 때는 어떻게 대처해야 됩니까?' 하고 물어 봤어야 될 낀데, "그거는 공부를 잘 못해서 그렇죠", 이랬어.

그때 "3년 취직 안될끼다", "앞으로 공포감이 많이 올 꺼다", "늙으면 나 아니깐, 서둘지 마라." 이런 말을 들었어. 그렇게 해서 1월 달에 선생님한테 인가를 받았지.

10월 달에 들어가서요?

10월 달에 가시 12월 말에 수련내회를 갔서든, 쌍 과부 절로. 과부 두 사람이 그 절을 지어서 쌍 과부 절이라 그러는데, 잘 지었어. 금강대라고 그래. 거기로 수련대회 가서 그렇게 됐지. 내 생각에는 이게 뭐, 내 들어 앉았으니 선생님이 얼마나 골치 아팠겠어? 내 성질이 고분고분 안 하거든. 그래서 마, 얼른 내보낸 거야. 나 그래 생각하지.

선생님이 쫓아내진 않으셨을 것 아니에요?

그때 1월 달에 선생님이 오케이(인가) 하고 나서 정신이 든 거지. 처자식은 놔두고 혼자 공부한다고, '이게 무슨 짓이고?' 하는 생각이 드는 거야.

아니, 그럼 그때 결혼하셨었어요?

그럼, 그때 애가 둘이나 있었지.

아니, 근데, 어떻게.

어떻게 출가를 했냐고? 직장을 그만뒀냐고? 그러니 미쳤지. 그러니간, 친구들이 미친 줄 알고 찾아왔지.

그렇게 절실하셨습니까?

그랬지. 스무 살 때, 청담 스님 만났을 때부터 절실했어. 그때 뭘 봤나 카면 《달마 혈맥론》, 그 다음에 보조국사 《수심결》, 《진심직설》, 고 세 개를 봤는데, 대학교 2학년 겨울에, 그걸 딱 보고 나니간, 견성을 해야 되겠다는 생각이 들더라고.

근데, 내가 공부를 하게 된 가장 큰 거는, 황벽 선사하고 백장 선사하고 둘이 문답한 게 있어.

황벽이 뒷산에 버섯을 따러 갔는데, 백장이 "어디 갔다 왔느냐?" 물어.

그러니깐, "뒷산에 버섯 따러 갔다 왔다." 그래.

"뒷산에서 호랑이 봤느냐?"이러니깐,

황벽이 "어흥!"하고 호랑이 흉내를 내.

그러니깐, 백장이 도끼를 집어 들었거든. 집어 들어 찍을라 카는데,

황벽이 먼저 백장의 뺨을 쳐.

그랬더니 백장이 도끼를 내려 놓고 껄껄 웃었다.

그 다음날 법문을 하는데 "뒷산에 호랑이가 있는데, 내가 물렸다. 느그 조심 하거라!"

그게 법문이었어. 그걸 읽었는데, 이게 알듯 말듯 한 거야. 그걸 2학년 겨울에 불교신문에서 봤어. 숭산행원 스님이 썼어요. 행원 스님이 화두에 대한 거를 시리즈로 '쭉' 썼어. 나중에 그거를 모아 《오도의 길》이라 하는 책을 냈지. 그거를 보고 딱 걸려들은 거지. 지기들끼리 알고 별 짓을 다하는데, 읽어보는 내는 모른다 말이야. '아니 이걸 내가 왜 몰라야 되나?' 그래서 화두 하기 시작한 거야.

그때 "입야타 불입야타", 그 화두가 제일 멋있더라고. 들어가도 때리고 안 들어가도 때리고, 우짜란 말이고? 그래 그걸 화두로 했지. 그게 있었기 때문에 백봉 선생님을 영도도서관에서 만났을 때는 날아갈 듯이 기분이 좋았어.

아니! 그렇게 절실 하셨는데 들어가니깐 돌이나 닦고 있고 뭐, 책 교정이나 보고 있으니 이게 공부하는 거냐는 생각이 들었을 것 아니에요. 근데 공부가 됐나요?

응, 그랬어! 그 일 있고 나서 한 1년 지나 보니깐, 그 때 선생님이 나를 한쪽 코너로 딱 몰아넣었던 걸 알겠어. 나는 순 공짜로 공부한 거야. 입주해서 한 달이 지났을 때 아침에 문종이 틈으로 햇살이 '쏙' 들어오는데, 그 때 좌선을 하고 있었지, 햇살에 먼지가 떠다니는 게 보여. 근데, '그 떠다니는 것이 생각이 일어나는 것과 같다'. '생각이 본래 있는 게 아니다'는 생각이 퍼뜩 들어.

그래서 선생님한테 "저 가서 영화 보고 오겠습니다", 이랬어.

그 때 선생님이 뭐라 하셨냐 카면, "삼독(三毒)을 마음대로 쓰되 삼독은 본래 빈 거다. 영화 보고 와!", 이러는 거야.

그 말이 그 때 내 심정을 그대로 '딱' 이야기 해주는 거야. 그래 1주일 내내 영화를 봤어, 한 친구를 데리고. 근데, 영화를 볼 때는 먼지고 나발이고 없잖아. 그냥 홀랑 빠져가지고. 그래 '안 되겠다' 하고 다시 들어앉은 거야. 그런 일이 한번 있었지.

근데, 지금 생각해보면, 그게 선생님 시킨, 그 돌 닦는 일 때문에 그걸 안 거 같아. '일어나는 생각, 모든 생각이 다 본래 없는 것이야. 생각할 때는 있는 것 같지만, 정신차려 보면 본래 없는 거야.' 그걸 그때 처음 알았거든. 나는 그거는 아무나 아는 줄 알았어. 그런데 뒤에 보니, 그거 알기가 그렇게 쉽지가 않은 것 같아. 선생님 돌 때문에 그래 됐지. 입주해서 얻은 건 그거지.

무슨 얄궂은 경계 같은 게 많이 나타났는데, 그건 하잘 것 없는 거니깐, 이야기할 거 없고. 지금 또 생각이 나는 게, 남부민동에서 선생님이 《금강경》 강의를 하시는데, "구모토각(龜毛兎角)이 만건곤(滿乾坤)이로

다", 그 구절을 설명하시는데 알겠어. 그래서 싱긋이 웃은 적이 있어. 선생님이 날보고 뭐라고 하시더라고. '이 놈이 눈치를 챘구만.' 그런데 그거 이외에는…… 왜냐하면 내가 대학 다닐 때 탄허 스님한테서 제대로 배웠거든.

제대로 배우셨다고요?

탄허 스님한테서 제대로 배웠지. 유교, 불교, 도교를 제대로 배웠어. 탄허 스님이 이야기 하시는 건, 거의 다 내가 섭렵을 하고 나왔거든. 백봉 선생님한테 배워도, 특별한 거는 내가 못 느꼈고, '선생님은 확실히 견성 했구나' 하는 서는 느꼈지. 대학 때 사실 출가할라 켓거든. 그런데 선지식이라 카는 사람이 하나도 마음에 안 들더라고. '진짜 견성했구나' 한 거로는 백봉 선생님이 처음이야. 그래서 따라다닌 거지. 그전에 내 마음에 드는 스님을 만났으면 대학교 때 출가했을 거야. 모친은 허락했어.

"아, 그거 좋지" 했어.

"좋은 선생만 있으면 가거라" 이랬어.

아버지한테는 비밀로 했고. 근데, 그때 '확실히 견성했다' 그런 생각이 드는 사람이 없었어, 그때.

1월에 백봉 선생님께 인가를 받으셨잖아요, 넉 달 만에.

넉 달 만이 아니지. 선생님이 72년 여름에 왔으니까, 그게 1년(손가락을 꼽으며), 2년, 2년 반이야!

입주하기 전까지는 설법도 많이 안 들었고, 또 뭐 부산은행에서 바쁘게 사시느라고….

아니지, 부산은행에서 맨날 땡땡이 쳤지. 그게 유명한 사건이지. 강의를 들어야 되니까 옆에 녀석 꼬아 가지고, 내 일 맡기고, 밥 사주고 튀는 거야. 그래도 소문이 나잖아. 대리나 차장들이 맨날 점검을 하잖아. 한번 불려가 잔소리 들었지. 그래서 인사부장을 찾아갔어. 제일 빨리 마치는 점포로 날 좀 옮겨달라고 부탁했어. 내가 다니는 점포가 서면에 있는 부전동지점인데 그 당시에 전국에서 세 번째로 바쁜 점포야. 전체 은행에서 그래, 부산은행이 아니고. 인사부장이 그 옆에 한가한 점포로 옮겨줬어. 거기는 '딱' 여섯 시 되면 퇴근해. 그러니깐, 법문 들으러 가면 '딱' 맞는 거야. 내가 설법을 제일 많이 들었을 거야. 테이프도 내가 제일 녹음 많이 했고. 딴엔 열심히 했지. 근데, 탄허 스님한테 배운 거하고 다른 게 문제인 거야, 선생님 강의가. 아주 힘들었지.

보림선원은 토요일 날 철야정진과 여름하고 겨울, 일주일 철야정진이 전통인데, 이런 일들이 그때도 있었습니까?

아! 그때도 있었지. 거기서 토요일마다 철야하고, 일요일 날 아침에 커피 한잔 먹고 헤어지고.

그럼 선생님도 철야 하셨겠네요.

선생님도 앉아 하셨지. 그때는 연세가 60대 후반인데, 같이 버텼지. 선생님이 같이 앉아 있으니, 다 갈 생각을 못 하지. 토요일이니 "잠 안 자면 내일 근무 못 합니다"라고 할 수도 없고. 철야 중간에 법문 몇 번 하셨지. 그땐 선(禪) 시집 강의 많이 하셨어.

그 때도 여름과 겨울의 일주일 철야정진이 있었나요?

그게 언제부터 시작했냐 하면, 74년 1월에 서운 선생이 인가를 받았기든. 인가식을 하려고 1월 19일에 홍룡사에 갔어. 양산 천성산에 홍룡사라는 절이 있어. 그 절 주인이 우리 도반이었어, 대도심이라고. 거기 가서 철야하면서 정식으로 인가를 했지. 인가를 하고 선생님이 차고 있던 호랑이 발톱도 끌러주고.

진짜 호랑이 발톱 입니까?

응, 그게 있어. 그거 차고 다녔거든. 한복 '탁' 입고 '폼' 나게. 그 것을 '딱' 풀어가지고 주면서 "내가 너를 만나려 부산에 왔구나.", 이랬어. 그러니 우리는 어찌 됐겠노?

눈에 불이 났겠습니다. 하하하!

인가식을 하고, 서운 선생 보고 "한마디 하라" 하는 거야. 서운 선생 '턱' 올라가더니, 서운 선생, 겸손한 사람이거든, 자랑하고 그러는 사람이 아니야! 그런데 '딱' 올라가더니, 사람이 돌변하는 거야!

죽비를 '턱' 잡더니, "이걸 죽비라 해도 틀리고, 죽비가 아니래 해도 틀립니다. 여러분 뭐라 하겠습니까?", '탁' 이러는 거야.

자존심 '파악' 상하지. '저 인간이 언제 저렇게 간 큰소리를 하는가?' 그 뒤로 서운 선생이 달랐어. 정말 달랐어. 그런데 도반들이 조금 의심하는 그런 게 있잖아?

예, 우선 의심 하죠

의심하는 게 있으니깐, 백봉 선생님이 그걸 없애려고 했어. 한번은 설법하는 중간에 서운 선생이 오줌 누러 나갔어.

선생님이 "문을 잠가라"고 해서 문을 '탁' 잠가버렸다고.

서운 선생이 오줌 누고 들어올라 하니깐, 문이 잠겼거든. "어억!"하면서 밖에서 문을 땡겨싸.

백봉 선생님이 설법하시다가 "야! 한마디 일러!"하셨어.

바깥에서 춤을 추더라고. '얼씨구 좋구나, 지화자 좋다' 하며 춤을 췄어.

백봉 선생님이 "문 열어줘!"해서 들어 왔지.

들어 오더니 "제가 언제 일찌기 나간 적 있습니까?"하며 '탁' 앉아.

그러니까 그때까지 의심을 하던 도반들이 기가 푹 죽은 거지.

그라고 얼마 안 있다가 토요일 저녁에 철야할 땐데, 그 선시집,《벽오동》에 '일심송'이 있어, 일심송 앞부분을 읽는데, 갑자기 혜월이 "알았다", 이러더라고.

그러니까 선생님이 질문을 하시더라고. 두 개를 질문했어. 바로 그 자리에서 답을 '탁탁' 하는 거야. 그러니깐, 선생님이 "됐다. 나와!"하시더니 앞에 앉혀 놓고 "절해!"하며 우리에게 절 세 번을 시키는 거야.

인가 받으면 그냥 절 세 번 해. 그 때 자존심 다 상하는 거야. 하하하! 한마디 하라고 해서 혜월 선생이 한마디 했는데 그게 걸작이었어.

"여러분들, 정거장 다 지나갔습니다. 안 내리고 뭐 합니까, 지금!"

'싹' 고 말 한마디 딱 해.

정말 자존심 상하셨겠어요?

어우! 자존심 상하지. 하하하!

참, 기억력이 좋으십니다. 이렇게 그리.

야! 니들 쇼크 받아봐라. 그게 기억이 안 날 리가 있나?

예, 지금 철야정진 시작한 얘기를 하다가…

그게 그리 서운 선생 인가하러 홍룡사 간 게 부산 최초의 철야정진

이야. 나는 그게 처음, 1회인 줄 알았어. 나중에 들으니 서울부터 했다더구만. 그 뒤로는 계속 했어. 겨울로, 여름으로.

선생님께서 말씀하신 것 중에서, 큰 느낌으로 다가온 것이 무엇이었습니까?

하도 많아서 말이야! 제일 처음 쇼킹한 거는, 누리의 중심이 어디냐 하니깐 "상투 끝에 꽂힌 동곳", 그게 쇼킹했지.

그 다음에는 저거야(백봉 선생의 오도송 액자를 가르켰다).

"홀문종성하처래(忽聞鍾聲何處來), 요요장천시오가(寥寥長天是吾家)."

요까지는 내가 이해가 가더라고.

근데 "일구탐진삼천계(一口吞盡三千界: 한 입으로 삼천계를 고스란히 삼켰더니)"는 좀 이상한 거야.

실은 저 부분은 내가 안지 얼마 안돼. 십 년밖에 안돼. 그전에는 몰랐어요. 그냥 '그래, 허공이니깐, 삼천대천세계라 한들 내 입 한쪽 구석밖에 안 되지' 그리했지. 근데, 그런 뜻이 아니야. 이게 요 근래에 쇼킹한 거였지.

그 다음에 선생님이 맨날 하는 게, '허공이 내라' 카잖아. '허공이 내다.'

그리고, 선생님 설법 들었을 때 못 알아들은 게 하나 있었어. 사직동에 계실 땐데 "꽃이 붉으니 마음이 붉다", 이러는 거야.

그래서 내가 "선생님! 마음이 붉으니 꽃이 붉죠" 했어.

그랬더니 선생님이 "아니야, 꽃이 붉으니 마음이 붉다" 하셔.

내 그걸 이해를 못했지. "꽃이 붉으니 마음이 붉다", 그런 거는 다른 사람들은 하는 소리가 아니거든. 선생님의 이 방편을 굴리는 솜씨가 탁월해. 딴 거보다도, 나에게 돌 닦으라 한 거, 그게 백미야. 내가 돌 안 닦았으면, 지견도 안 났어. 우리 선생님 지혜는 아주 뛰어난 사람이야.

입주를 하시며 지켜본 백봉 선생님은 과연 어떤 분이셨어요?

책 쓰는 사람이지. 맨날 책만 썼으니깐. 틀린 거 교정보라 하고. 미웠지. 근데, 그때 묘하게 부산대학교 여학생이 하나 홀연히 나타나 가지고, 내가 하는 일을 다 했어. 걔가 국문과 다녔거든. 이름은 생각 안 나네.

저의 경우에는 입주했을 때, 백봉 선생님이 참 어려웠거든요. 눈만 마주쳐도 겁을 냈는데, 거사님은 그러지 않으셨던 것 같아요?

선생님 내한테 뇌게 살 해줬어. 그러니 부서울 턱이 없지. 선생님 잘못했을 때, 대드는 사람 나밖에 없어. 자운 선생은 대들다가 혼이 난 적이 몇 번 있어. 선생님 하시는 일을 보면 좀 과격할 때가 있거든. '탁' 맺고 끊어버린다고.

그럼 자운 선생이 달래거든. "선생님, 그러실 게 아니라…"

"시끄러! 법을 쓰는 게 그런 거 아니야!"

그러면 다음 타자는 나야. 가서 대드는 거야.

"선생님, 그게 뭐 옳은 태도냐?"고.

그러면 선생님 아무 말씀 안 해. 특이한 거지. 그러니 내가 선생님 겁낼 리가 없지.

알겠습니다. 지견이 나서 인가를 받으셨는데, 인가를 받으신 과정을 좀 말씀해주시죠, 어떻게 인가를 받으셨는지.

선생님은 딴 거 안하고, 맨날 '보림삼관(寶林三關)' 답해라 했거든. 그때까지는 저 답을 일단 해야, 그게 원칙적으로 통과되는 거로 돼 있었다고. 근데, 서운 선생하고 혜월은 답도 안 썼거든. 일송도 그렇고.

그럼 거사님이 처음으로 답을 쓰신 분이시네요?

답을 쓰라 해서 답을 썼지. 그런데 "야청, 니는 칸닝구였을꺼니깐, 안 된다", 이거야.

그 때 자운 선생이 먼저 답을 냈거든. 그래 선생님 화두 있잖아.

"뱀이 대통에 들어가니, 남은 한라산이요 북은 백두산이라."

선생님이 만드신 화두야. 어디 다른데 가도 그런 게 없어. 보림삼관 답을 써 내니깐, 그 답을 쓰라 카더라고. 그 자리에서 썼지. 그러니깐, 마지못해 인가를 했지. 허허허!

인가는 어떻게 진행됐어요? 호랑이발톱이라도 하나 받으셨나요?

앞에 세워놓고, 도반 들 절 세 번 하라고 하고, 한마디 하라 카고. 그 래 자운 선생이 먼저 한 말씀하고, 나도 한 말씀하고, 그리 끝낸 거야, 쌍 과부 절에서.

그럼 동시에 두 분이 받으신 거군요?

그때는 수련대회 끝날 때쯤 되면 답을 내라 했어. '보림삼관'의 답을 쓰라 했어. 참가한 사람 들이 모두 답을 써서 내. 그러면 그걸 보고 가 부간에 결정을 하고 그랬지.

그렇게 인가를 받으셨는데 인가가 무엇인지, 그것 좀 가르쳐주 세요?

음, 그게 문제야. 불교공부를 하면서 '확철대오', 이런 거만 알았는 네. 우리 학보에 보면, 사식동 계실 때 선생님이 낸 문제가 있어. 문제를 수시로 내. 또 일세고사처럼 문제를 내고 모두 답을 써내라 할 때도 있 어. 학보에 나와 있는 거 말고도 수시로 문제를 냈어. 그때는 선생님이 《선문염송》을 모를 때거든. 그러니 욕보셨지, 문제 내느라고. 별별 문 제를 다 만드셨어. 그리 연습을 했어.

수련대회 마치며 '보림삼관' 답을 쓰라니 써야지. 선생과 제자의 좋 은 점은 선생이 제자를 대강 안다는 거야. 대충 풍을 쳐 답을 써도 선생 이 눈치를 다 채는 거야. 그런 이점이 있지. 그때 아마 내가 답을 잘 썼는가봐. 1등 됐을 꺼야, 아마. 바로 글이 나오더라고, 생각하지도 않았는데. "하나 더 써라" 해서 또 쓰고. 그렇게 지견(知見)이 났는데, 지견이 났다는 것은 불교이론에 대해서 남이 물으면, 어지간히 정답을 이야기할 수 있다는 거야. 견성한 거하고는 아무 관계가 없어. "지견 났다"는 선생님 표현이 맞아.

실상, 예를 들어 허공성이라든지 뭐, 그런 거에 대해서 철두철미하게 이해하고 있다?

그래, '이해하고 있다' 야. 그래서 내가 인가 받고 나서 용어를 바꾸자 했어. 이래 인가할 것 같으면, 견성(見性)이 아니고 지견이 난 거니간, '인정' 으로 바꾸자 했어. 그래가 선생님이 "그럼 앞으로 인정으로 써라"해서 용어를 바꾸었다고, 인정으로. 내까지는 인가 받았고 나머지는 인정이야. 하하하!

지견이 나는 사람도 있고, 안 나는 사람도 있는데 그 차이는 뭐에요?

공부하기에 달렸지. 열심히 하면 반드시 지견은 나, 누구든지. 열심히 하면, 지성껏 하면 지견이 나게 되어 있어. 그런데 열심히 안 하지, 사람들이.

지견이 난 거하고 견성하고는 어떻게 다릅니까?

해보면 알아. 견성은 볼 '견(見)' 자에, 성품 '성(性)' 자지, '성품을 지가 본다' 이 말이야. 그러면 '보는 놈이 누구냐?'

내가 보잖아. '내 성품이 내 성품을 본다?' 논리적으로 말이 안되잖아.

그러니깐, 견성이란 말은 우선 논리적으로도 말이 안되는 것에 속하는 거야. 경에는 뭐라고 설명하는가 하면, '지 눈으로는 지 눈을 보지 못 한다', 이리 써 놓았거든. 지 눈으로 지 눈 못 보잖아? 거울에 비쳤다 하는 것은 허상이지. 그렇지? 그러니깐, 견성은 이론적으론 성립이 안되지. 그러니 그게 어렵지. 그냥 그리 아는 거야.

선생님 같으면 무자 화두를 "비심비불(非心非佛: 마음도 아니요 부처도 아니다)"에서 깼단 말이야. "무거무래역무주(無去無來亦無住: 가고 온 바도 없고 머문 바도 없다)"가 떠오르면서 그게 해결이 다 나버린 거야. 그러니깐, 기분이 어떻겠노? 홀가분하겠지. 그때는 뭘, '내가 모르니깐, 저걸 알아아 되겠다. 공부를 더 해야 되겠나' 하는 생각이 없어. 그때 종소리기 '팅' 나는 기아. 종소리가 '딩' 나는네, 그것이 계기가 돼서 선생님이 자기의 마음을 안 거야.

마음을 봤다 말이죠?

응, 종소리를 계기로 마음을 본 거야. 그걸 견성이라고 해. 그렇다면 견성을 하면, 어떤 차이가 있나 하면, 우리가 보통 화두중에서 '이뭐꼬?’ 화두 있잖아.

 “부모미생전(父母未生前)에 본래면목(本來面目)이 무엇이냐?”

 또 “송장 끄집고 다니는 놈이 누구냐?”

 또 “보고 듣고 생각하고 말하는 이놈이 무엇이냐?” 이라잖아.

 뭐 또, “나는 누구이냐?” 카고, 이러는 거 견성을 하면, 이러한 의문이 한꺼번에 없어져 버려. 다시는 의심이 안 나지. 아무리 할라 그래도 싱거워서 안 나지. 그게 견성이지. 차이는 그래. 나는 “일구탐진삼천계(一口呑盡三千界)”를 그때 알겠더라고, 우째서 저 말을 했는가를.

그러나 지견의 자리에서는…

 지견에서는, 우리가 이론적으로, 지견으로도 얼마든지 이야기할 수 있지. 그러나 그거는 안게 아니야.

그것은 안 게 아니다. 그러나 그렇다고 해서 틀리게 아는 것도 아니지요?

 그렇지. 틀린 건 아니지, 견성을 안 했다 뿐이지. 옛날 사람들이 그러잖아. 견성은 무심(無心)이 되어야 한다. 그럼 어떻게 해야 무심이 되느냐? 의심이 없어야 돼. 뭐든지 의심이 있으면 무심이 안 되거든. ‘딱’ 꽂혀 있으니까. 무심이 되면, 시절인연이 왔을 때, 저절로 ‘축착 합착’ 한다. 저절로 ‘턱’ 들어 맞는다. 표현을 그리해. 그리 견성이 온다 해.

그러니깐, 공부하는 사람은 지견 날 때까지, 최선을 다해서 공부를 하고, 지견이 나서 인가를 받고 나면, 그 다음에 견성을 하는 건, 각자의 인연에 맡겨야 해. 옛날에도 보면, 선사들이 화두 깨고 돌아서서 견성한 사람도 있고, 화두 깨고 한 3년 있다가 견성한 사람도 있고, 화두 깨고 죽을 때까지 견성 못 한 사람도 있어.

백봉 선생님이 지견이 났다고 하는 것과 선가에서 화두를 깼다는 말이 똑같은 건가요?

똑같은 거지. 화두 깨는 거 하고, 지견 나는 거하고 같은 거지. 근데, 보통 지견이 나면 화두가 몇 개 깨져. 어떤 사람은 '후루륵' 하고 많이 깨지는 사람도 있고, 어떤 사람은 지 아는 몇 개만 깨지고. 그러나 견성을 하면 모든 화두에 대해서 자신이 붙지.

1700공안이 다 풀려나가나요?

그게 다 그거지. 그게 다 사기꾼들이 쓴 수법이지. 하하하!

하하하! 예. 그렇게 인가를 받으셨군요. 야청이라는 호도 그 때 받으신 건가요?

아니지, 야청은 일찍 받았어.

인가 받으신 다음에는 어떻게 지내셨습니까?

놀았지 뭐, 이치는 대강 아니까, 읽어보면 맥히는 게 없다 말이야.

입주생활 끝내시고는 어떻게 하셨어요?

옛날 이야기가 '공부를 하러 가면 3년을 붙어 있어라' 안 하나? 선
생님을 72년 여름에 만났거든. 그러니 75년 7월까지는 선원에 왔다
갔다 했어. 그러다가 '3년 끝났다' 하고 서울로 올라간 거야, 그런데
취직이 안돼. 그래 미신 업자를 하다가 겨우 롯데건설에 취직을 했어.
거기서 3년 있었나? 취직해 보니 행동에 맨날 걸리고, 경계에 걸리고
그래. 인가 받은 게 아무 것도 아닌 거야! 책은 읽어보면 알겠는데. 그
래 안 되겠어! 그래 공부 더 한다고, 다시 부산으로 내려온 거야. 선원
앞에 전세 얻어 있었지.

그러면 직장은 어떻게 하셨어요?

롯데는 부산에 사업장이 없어. 하는 수 없이 명호근 선배를 찾아갔
지. 그 때 인사부장인가, 인사담당 기획실장였거든. 삼보증권 부산지점
으로 발령을 내더군. 은행 다닌 경력이 있으니깐, 삼보증권에서 오케
이 한 거야. 그래 내려와 가지고 또 열심히 다녔지.《선문염송》을 강의
하실 때야.

근데, 염송 설법을 들어도 모르는 게 없으셨을 꺼 아니에요?

재미가 없었지. 그래 선생님 코치하는 거지.
"선생님, 이거 조금 이상하지 않습니까? 설명이 이상합니다."
그래 선생님이 많이 고쳤어, 사실은.

그런데 그렇게 하시려고 부산에 오신 건 아니지 않습니까?

아! 그렇지. 그러니깐, 선생님이 "어디 가서 강의해라. 학생회나 불교 단체에서 강의를 해라" 하시더라고. 그래서 소림사, 또 무슨 청년회하고, 그런데 몇 군데 나갔어. 강의를 이것 저것 하다가 《유마경》을 하게 됐어. 그런데 《유마경》에 "불어삼계 현신의(不於三界 現身意)"라, '삼계에 몸과 마음을 나투지 아니 한다' 이게 나와.

'아니? 마음을 안 나툰다는 것은 한 생각 스톱하면 되지만, 몸은, 나타난 몸은….'

그래서 선생님께 여쭤 봤어. 그런데 선생님이 옛날하고 나른 게 있어. "내 생각에는…" 이러면서 대답을 하시는 거야.

아! 그래요?

그런데 그 답이 내가 퍼뜩 이해가 안 되더라고. 그 길로 내 소림사 강의하는 거 그만 두었어. 그 후에 조 법사(肇法師) 《조론(肇論)》을 보다 보니 '사물은 변하지 아니 한다', 즉 '물불천(物不遷)'이라고 하는데, 그게 우리 선생님《유마경 강론》에도 인용이 되어 있어. 그래서 그걸 찾아 물었어.

"이거 무슨 뜻입니까, 사물은 변하지 않는다니?"

그러니깐, 또 선생님이 "내 생각에는…", 이러고 답을 하시네.

아! 신기하군요?

"내 생각에는…" 이렇게 붙인 적이 없단 말이야. 선생님은 무불통지(無不通知)야. 내《능엄경》많이 봤거든. 대학 때부터《능엄경》을 많이 봤어. 지금도 내 주경(主經)으로 생각해.《능엄경》보다 맥히면 선생님한테 물어보거든. 일사천리야 그냥! 선생님은《능엄경》안보셨거든. 근데, 무불통지야. '쫘악'.

근데, 그 인가를 받고 나서는 "내 생각으로는…"이 붙는 거야. 하여튼 그 두 개가 '딱' 걸리는 거야.《유마경》하고 조 법사의《조론》. 그걸 풀어야 되잖아. 그래서 범어사의 강사 무비를 찾았어. 전에 만난 적이 있거든. 탄허 스님 밑에서 전강(傳講)을 했어. 실력이 있지. 그런데 물어보니깐, "이거는 각성 스님밖에는 모른다. 나는 몰라." 이러는 거야. 근데, 마침 각성 스님이 부산에 내려 오셨어. 그게 인연이지.

그리 가서 "《조론》'물불천론' 이거 합시다."

그랬더니 이 분이 겁도 안내고 "그럽시다." 하는 거야.

그래서 그 다음 주부터 강의를 들었어. 그때 네 명이 들었지. 들으니 알겠어, 이치를.《유마경》그거는 세월이 지내다 보니 무슨 뜻인지 알겠더라고.

각성 스님 얘기가 나와서 여쭤보고 싶은데요. 백봉 선생님은 학인들이 경론 공부하는 걸 좋아하지 않으셨죠. 당신이 쓰신 책을 보다가 야단 맞은 학인도 있습니다. 그래서 저는 보림의 가풍은 책을 보는 것이 아니다라고 생각하고 있습니다.

아니다. 그런 거 없다. 거, 잘못된 거지. 분별이 많은 놈만 못 보게 했지. 선생님은《금강경》이나《유마경》을 보고 불교이치를 확실히 알았어.
"이해가 안 가면 이치를 따져보고, 맞으면 '딱' 맞다고 결정을 해라", 그렇게까지 경에 대한 이론을 권장하셨지.

경을 보고, 이론을 보는 것을 용납 하셨단 말씀인가요?

용납한 게 아니지, "공부는 그리해야 된다" 하셨어.
느그는 참, 내가 볼 때는 불우하기 짝이 없는 애들이야. 내 옛날에 그런 소리 안 했나, 선원에 가서? "느그들 불쌍한 애들이라고." 그때는 선생님이《선문염송》쓰는데만 매달렸어. 내가 옛날에 공부할 때는 선생님이 철저하게 공부를 시켰어. 완전히 코너로 몰아넣어서 이치를 알도록 하는 지점이 있다 하면, 선생님이 기술적으로 나를 거기로 밀어 넣은 거야. 그런 느낌을 받았어. '아! 나를 그렇게 했구나.' 그래서 선생님한테 고맙게 생각하고, 애들도 그래서 가르치는 거야, 그 은혜를 갚기 위해.

그런데 나중에는, 입주한 학인들에게 아무것도 안 해주는 거야. 자네들 가르치는 건 소홀히 했어. 그래서 내가 선생님한테 대들었어.

"이거는 그만 쓰고, 애들 가르치라. 왜 놔두느냐?"고 했어. 모두 30권인데 "반만 써라. 나머지는 내가 쓰겠다" 했어.

그랬지만 선생님은 "아니야, 내가 다 써야 돼" 하셨지. 그런데 그 뒤로 필(筆)을 놨어. 산청 가서도 한 장도 안 했어.

예, 알겠습니다. 지금도 공부를 하고 계십니까?

안 한다. 할 거 없다.

할 것 없습니까?

내가 선생님한테 '반만 써라' 했잖아! 그 뒤론 안 쓰셨지만, 내 생각에는, 바쁘고 시간이 없어서 안 쓰셨을 꺼야, 사실은. 그런데 우쨌든 농가성진(弄假成眞)이라고, 농담하다 진짜 된다고, 말빛이라고 그러지. 거기에 내 걸렸어. 선생님 가시고 나니, 이게 '딱' 숙제인 거야. 그래서 선생님 쓰고 남은 그 뒤를 맨날 봐. 그런데 엄두가 안 나. 선생님처럼 풍을 잘 쳐야 되는데, 풍 솜씨가 없으니. 김광하가 풍치는 데는 일가견이 있어. 그래서 '이런 거는 광하나 하지' 하고 있어.

그런데 내 걸렸거든. 그로부터 두 번째인가, 세 번째에 '향엄격죽 (香嚴擊竹)'이 나와. 향엄이 기왓장을 던져 대나무에 '탁' 받치는 소리를 듣고 본래면목을 아는 게 나와. 유명한 화두지. 여기 가양에 와서 하루는 무엇이 걱정이 되었는지 책을 들여다 본 거야. 거기 오도송이 있었어.

'일격망소지(一擊忘所知)' 하니, '한번 대를 때리는 소리에 아는 걸 다 잊었어.'

'갱불가수치(更不假修治)'라, '다시는 수행을 하고 다스리고 할 필요가 없구나.'

거기서 걸렸어. 그 전에도 많이 봤던 거지. 그런데 그 때 그 구절을 '탁' 보면서 "견성은 세수하다가 코만지는 일인 거라" 하는 소리가 생각나는 거야. 대학 때 견성한 사람들 많이 찾아다닐 때, 제일 많이 들은 소리가 그 소리야. 노승들이 "견성은 세수하다가 코 만지기야", 맨날 그러거든. 그 뒤로는 그 소리 통 못 들었어. 그런데 그 때 그 소리가 생각이 나는 거야. 정말 "세수하다가 코만지는", 이러고 끝난 거지. 나는 그게 선생님이 준 선물이라고 생각해. 선생님이 거기까지 썼으면 내가 볼일이 없었을 텐데, 그 뒤에 있으니, 그리고 내가 걸리니 자꾸 봐야 될 꺼 아니야?

예, 그렇군요.

그리고 내가 그 말을 안 했더라면, 거기에 걸려들 리가 없지. 참, 걸려

들려면 무심이어야 돼. 그게 계기야. 내가 각성 스님한테 10년 동안 의심 나는 걸 다 배웠어. 그러니깐, 불교에 대해서는 의심 나는 게 거의 없어. 없는 상태가 됐지, 나도 모르게. 그러다가 그 구절에서 계합이 되었지. 그래서 그 뒤로는 '세수하다가 코 만지기'라는 말을 많이 쓰지. 그때 '갱불가수치(更不假修治)', '다시는 수행을 할 필요가 없다', 그 말이 무슨 말인가를 알겠더라고. 그때 '일구탐진삼천계(一口吞盡三千界)'를 알았어. '아, 저 말이구나!' 그 뒤로 한참 놀았지. 또 할 게 없고. 뭐, 더 볼 것도 없고. 더 수행을 한다는 것도 웃기는 이야기고.

예, 알겠습니다. 36년 전에 인가를 받으실 때 하고 지금을 비교하면 어떤 차이가 있습니까?

이뭐꼬?'가 없지. '내가 누구인가?' 하는 그 의심이 없어졌지. 그게 '탁' 틀려.

그러니까 '일체가 내다' 카는 말이, 이제는 분명한 이야기야. 분명한 사실을 이야기하는 거야. 선생님이 '허공이 내다' 했는데 그 말이 분명한 사실이야, 그냥. 사실을 이야기하는 거야. '허공이 니니깐, 그리 알아라', 그런 게 아니라, 그만 '허공이 내'라.

36년 전에는 어땠어요?

그때는 그게 안됐지. '허공이 내다' 카는 것이 이론적으로 맞았지. 그런데 지금은 '이론적으로 라는' 글이 없어져 버렸어. 비유하자면, 옛날에는 북극성을 보면, '저것이 허공 속에 있으니 나를 벗어난 것이 아니다' 하는 사유가 붙어있었지만, 지금 북극성을 보면, '내가 아닌 게 아니지', 그런 차이지.

지금 돌이켜 보실 때, 백봉 선생님은 거사님에게 어떤 존재이십니까?

선생님 안 계셨으면, 내가 이걸 모르겠지. 스님이나, 거사나 공부를 열심히 해도, 지견도 안 나오는 사람이 많다. 그건 나도 마찬가지야. 내가 백봉 선생님 안 만났으면 똑같지 뭐, 신세가. 선생님은, 어쨌든 지견이 날 때까지 설법을 퍼붓잖아. 이렇게 퍼붓는 사람은 없거든. 그때는 그것을 못 알아들었지. '허공이 니다' 소리를 골백번 들었어도. 옛날에 선생님 모시고 서울을 갈 일이 있었어. 열차 안에 멍하게 앉아 있으니까, "뭐, 하노?" 이래.
"각찰(覺察)합니다."
나는 각찰 공부를 많이 했거든. 수행법중에 각찰이라는 게 있어. 생각 일어나는걸 보는 거야.

위빠사나랑 비슷한 건가요?

위빠사나 비슷하기는? 그게 바로 위빠사나, 비파사나지. 다 불교 안에 있잖아. 불교에서는 각찰(覺察)이라 해. 내가 물었지.

"선생님은 뭐 하십니까?"

"나는 허공하고 내하고 바꿔치기 한다"그래.

"불교공부라는 것은 허공과 나를 바꿔치기 하는 거다"이러시더라고. 그런데 그런 말 하는 사람을 그 뒤로 본적이 없어. 옛날에는 그런 말 한 사람이 있거든. 예를 들어서, 황벽 선사가 바로 그래.

"허공이라는 분별을 하지 않으면, 허공이 바로 네 법신이다. 법신이라는 분별을 하지 않으면, 네 법신이 바로 허공이다."

그리 이야기를 해. 임제 화상은 또 다르거든.

"허공은 그냥 허공일 따름이지. 그거는 보고, 듣고, 생각하고, 말하고, 이걸 못한다. 허공은 네가 아니다."

이러거든. 백봉 선생님은 황벽 선사 쪽에 가담한 거지. 그게 상당한 경지지, 그게 이해가 된다는 것이. 견성 안 하면 안되게 되어 있어. 이론으로는 항상 허공하고 내하고 따로 있어. 따로 있는 거는 하나가 될 수 없는 거야. 알겠나? 사실은 같은 건데, 견성을 해야 따로가 아니야, 요것만 있을 따름이지. 그런 차이지. 그걸 철저하게 아는 양반이지. 다른 스님은 그런 법문 하는 것 못 봤어.

여기에도 도반들이 모여 있고, 또 새로운 도반들이 공부하러 오는데, 우리가 가져야 할 수행의 목표는 무엇입니까?

아! 그거야 견성성불이지. 견성해도 성불이 안 되니깐, 내 같이 극락

을 가자. 극락을 가면, 거기는 아미타 부처가 있거든. 아미타 부처가 있
으니깐, 맨날 공부를 하지. 저절로 공부가 되는 거야. 다른 문중 가지 말
고, 여기서 몰입해. 그래 다들 지견이 나. 지견은 열심히 하면 되거든.
지견 난 다음에 견성해 가지고, 그래 놓으면 얼마나 신나, 진짜 신나!
요새 같이 백봉 선생님 보고 싶은 적이 없었어. 요새는 '진짜 선생님
있었으면 참 좋았을 낀대' 그래. 그때는 내가 몰랐고.

1952년 충남 대덕에서 출생했다. 고등학교 졸업을 앞두고 (1970) 백봉 선생을 만났으며 그 직후 백봉 선생이 대전 심광사에 머물 때 7개월간 시봉하였다. 대학교에 입학한 후에도 여름 · 겨울 방학 기간중 정진을 계속하였으며 서울대 불교학생회 회원들이 백봉 선생과 인연을 맺도록 그들을 안내했다. 1991년 뜻이 같은 사람들과 함께 사단법인 '우리는 선우'를 설립하여 재가불자 운동을 벌여 왔으며 현재 이사장직을 맡고 있다. 건국대 철학교수로 재직중이다.
tysung@daum.net

인터뷰 일시 | 2010년 2월 13일 오후 3시 ~ 5시 30분
인터뷰 장소 | 사단법인 우리는 선우 접견실

삶의 현장에서 모습을 잘 굴리자!

집안 상황으로 인해서 어려서부터 도에 관심이 많으셨을 거 같아요. 그 얘기부터 먼저 시작할까요?

우리 집안이 불교, 도교 왔다 갔다 한 집안 같아요, 선대 애기를 들어보면. 《단(丹)》이라고 하는 신도(仙道)소실이 있는데, 100만부 이상 팔렸지요. 거기 주인공이, 그 소설에선 우학도인(羽鶴道人)이라고 되어 있는데, 호가 봉우(鳳宇)이신데 작은 아버지가 그분 밑에 가서 3년을 공부하셨어요. 장가들자마자 부인도 떼놓으시고. 그 작은 아버지가 우리만 보면 호흡공부, 단학수련이죠, 그거 안한다고 맨날 잔소리를 하시고, 그거 하라고 어찌나 볶아치시던지! 그에 밀려서 고등학교 때 호흡공부도 좀 해보았죠. 호흡수련 하면 아랫배가 뜨겁고 머리가 차가워지는데… 나중에 선생님 밑에서 화두 열심히 들다가, 딴 생각을 하고 몸을 느끼게 되면, 그때 상태도 그랬어요. 배가 뜨겁고 머리가 차가워지는 상태가 되어 있어요, 자연스럽게. 그래서 '아! 이게 공부라는 게 뭔가 연관이 있나 보다.' 라는 느낌을 받았어요. 뭐 그렇게 깊이 들어가진 않았고요.

봉우, 우학도인, 그분하고는 어떤 관계세요?

우리 고모가 그분 며느리가 되셨어요. 나중에 우학도인이 세검정에서 한의원 하실 때 내가 거기 있었죠, 대학원 1학년 때에요. 거기서 1년간 대학원을 다녔지요. 그 때 얘기를 아주 많이 들었어요.

나중에 정신세계사 송순현 사장을 만나 그 댁에서 들었던 것을 얘기했더니 나보고 책을 쓰라 하는 거야. 송사장이 철학과 동기거든요. 그때는 이미 내가 교수가 돼 있을 때고, 그래서 "철학 교수가 그런 책을 쓰면 사표 내야 된다"며 거절했죠. 결국 그 친구들을 끌고 우학도인을 찾아가게 됐어요. 그때 김정빈 씨가 등단해서 정신세계 편집국장으로 있었죠. 우학도인께 전화를 드렸더니 "데리고 오게, 나한테. 내가 이제 얘기를 좀 해야 될 것 같애." 그러시더라고. 그래서 데리고 가 녹취를 하고 각색을 해서 꾸민 게 선도소설 《단》이에요.

그렇군요, 고등학교 때 불교를 만나셨지요. 그 애기를 좀 해주시죠.

국어 선생님이 한 분 계셨는데, 그분은 수업시간에 국어 가르치기보다 불교 가르치는 게 더 많았어요. 김대현 선생님이라고, 호가 운장이신데, 그분이 사유수(思惟修)라는 모임을 만들었어요. 나중에 불교학생회 이름을 걸게 되었고, 그 후 심광사(心光寺)로 옮기면서 대전불교학생회로 이름을 바꾸었지요. 그 불교학생회에 나가서 열심히 했죠, 부회장도 하고. 그러다가 백봉 선생님을 만난 건데, 선생님 만난 인연도 재미있어요. 그 때가 대학시험을 막 보고 났을 때였을 거야. 며칠 동안 특별수련회를 한다고 해서 신도안으로 갔어요. 그런데 선생님이 거기 계셨어. 우리가 신도안에 있는 절에서 수련대회를 했는데 그 때 선생님을 모신 거예요.

대전불교학생회에서 말이죠?

그러니깐 졸업생들이 모였던 것 같아. 그때 구길모 형하고 수열이 형도 왔으니. 그래서 거기서 몇 박인가 수련대회를 했어요. 백봉 선생님이 그 때 지도를 해주셨는데 신생님한테 아주 강렬한 인상을 받았어요. '저런 분이 있구나.' 참으로 강렬한 인상을 받았어요. 그런데 대학을 떨어진 거예요. 발표가 났는데 떨어졌어. 그때는 집안 환경도 아주 안 좋을 때였고, 나도 고3때 황달을 앓아가지고 몸이 상당히 약해져 있었어요.

그 때, 1월말인가 2월초인가 집에 있는데 수열이 형하고 대전불교학생회 선배하고, 두 분이 우리 집에 찾아온 거야. 그리고는 "백봉 선생님이 심광사에 와 계시게 됐다. 시봉 들 사람이 필요한데, 너 대학도 떨어지고 할 일도 없으니 가서 시봉이나 들어라”하는 거야. 근데 참, 그 양반들 웃기는 양반들이야! 재수생한테 공부하라는 소리는 안 하고, 도인 시봉이나 들라고. 그런데 나도 또 묘한 게 ‘집에 있기도 송구스러운데 잘 됐다’ 싶어 가지고 “그러자” 했어. 그리고 어머니한테 “절에 가 있겠다”고 하고 선생님한테 간 거야. 그래도 재수생이라는 체면 때문에 《수학1 정석》하고 《정통 영어》두 개를 들고 갔어. 그냥 갔어. 옷도 집에 와서 갈아입는다고 생각하고 달랑 맨몸으로 책 두 권만 들고 갔어. 그리고는 팔월 이십 몇 일까지 선생님을 모셨는데 결국 《정통 영어》고 《정석》이고 한 페이지도 안 봤어. 구석에다 놔 두었다가 그대로 들고 왔어. 그러니깐 공부를 하나도 안 한 거지, 재수공부를.

그래도 서울대학교에 합격하셨으니 참 대단한 거 같아요.

그것도 선생님 밑에 있었던 힘이 아닌가 싶어요. 그러니깐 딱 넉 달 재수를 한 셈이죠. 8월27일 날 상경을 해서 양영학원에 들어갔어. 제일 좋은 학원이라고 소문이 났는데 빽으로 들어갔어. 학원시험을 봤는데 떨어졌거든. 다행히 아버지가 학원 원장이랑 아는 사이라 들어갔어. 빽으로 들어가 넉 달을 공부하고 성공을 했죠. 굉장히 집중적으로 공부를 했어. 내가 게을러서 열심히 안 하는 스타일인데 그 넉 달간은 정말 열심히 했었던 거 같아. 그게 선생님 밑에 있으면서 마음이 좀 차분해진 덕이 아닐까 생각을 하고 있어요.

시봉은 어떻게 하셨어요?

그러니깐 2월부터 8월까지 한 7개월 했나 보다. 심광사에 따로 떨어진 독채가 하나 있었는데 딸랑 방 하나지. 방이 조금 컸죠. 선생님이 아랫목에 주무시고, 내가 거기 이부자리 펴드리고 나는 윗목에서 자는 거지.

대원경 보살님도 같이 계시지 않았나요?

대원경 보살님은 계시다 안 계시다 그랬어요. 그런데 아 참, 내가 맨몸으로 갔는데 절에서 이불도 안 줘. 윗목은 차! 선생님 있는 데는 따끈따끈한데, 내가 자는 윗목은 아주 차! 그래 방석 덮고 잤다니까! 방석 깔고 방석을 배에 얹고 자는데, 방석을 배에 얹어도 꿈틀거리다 이게 떨어지면 추워서 깨는 거야. 나중에는 꾀가 생겨서 끈으로 방석을 배에다 묶고 잤지. 내가 그때 고생한 생각하면… 선생님도 노인네가 돼 가지고, 밤 열한 시, 열두 시나 돼야 주무시네! 그때까지 꼼짝없이 원고 쓰는 거 거들어 드리고 선생님이 주무시면 나도 자는데, 질이니깐 3시 반에 깨야 되잖아요, 예불하려면? 그 젊은 나이에 잠이 견딜 수가 없는 거야! 하루 이틀도 아니고, 몇 달을 그냥 그렇게.

그땐 무슨 원고를 쓰고 계셨어요?

《금강경》 수정증보판이었지. 그때 난 황달에서 회복된 지 얼마 안되니깐 몸도 약할 때였어. 선생님도 걱정을 많이 하셨지. 그 때 하여튼 엄청 고생했어. 아니 자다가 코피가 터지더라고! 아침에 세수를 하는데 세숫물이 빨간 거야. 그런데 얼핏 꿈결에 여기서 (코를 만지며) 무슨 '툭' 터지는 소리가 났던 거 같아. 근데 워낙 고단하니깐.

시봉은 뭘 하는 거예요?

밥 갖다 드리고, 이불 펴드리고, 뭐 다 시중드는 거지요. 주로 하는 일은 원고 필사(筆寫)하는 거야. 선생님이 굉장히 꼼꼼하셔. 원고를 계속 고치셔. 그걸 내가 깨끗한 원고에 다시 옮겨 적어야 돼.

한문도 많이 들어가잖아요?

내가 한문을 좀 잘하니깐. 내가 선생님보다 더 유식하다는 거 그때 인정하셨어. 약간 놀리시면서 "성군은 참 유식하다! 아는 것도 많다!" 선생님은 그 때《반야심경》도 다 외우지 못하셨거든.

심광사에 계시면서 여기저기 설법하러 다니시진 않으셨나요?

그러지 않으셨어요. 가끔 심광사에서 학생회 애들한테 법문 해 주셨고 천도재 때, 스님이 없으실 때, 선생님이 천도재 영가법문 하시는 거 한번 들은 기억이 있어요. 설법하러 여기저기 다니시진 않으셨어요.

서울이 시끄러우니깐 피신 내려온 듯한 그런 기분이었어요.

그랬군요. 방이 좀 크기는 하지만 맨날 노인네 하고 둘이 앉아 있으면 얼마나 답답하고 지루했을까? 그러지 않았어요?

답답한 점도 있는데, 그런 점을 별로 몰랐어. 그런데 조금 있으니까 구윤회가 들어왔어. 나중에 임항제도 들어왔어. 시봉이 세 명이 되었지. 하하하! 구윤회는 학생이었어요. 고등학교 후밴데 매일 가방 들고 학교 갔죠. 임항제는 나하고 동기야. 그 녀석도 재수하고 있었지.

시봉 드는 학생들이 여럿이라 재미있었나요?

아니지! 뭐 그래서 재미있는 건 아니고. 선생님하고 있으면 한가할 시간이 별로 없어요, 이상하게. 그러고 선생님이 얼마나 재미있는데요, 웃기고. 또 달리 말하면, 성질 고약한 노인네였죠, 괴팍하고. 산보를 가면 우리도 따라가야 되니깐 .

참 또 재미있는 노인네가 한 분 계셨어요. 선생님보다 연세가 더 높았던 화봉(華峰) 유엽(柳葉) 스님이라고. 시인이면서 신문사 주필도 하셨던, 그 화봉 스님이 그 때 심광사에 계셨어요. 그런데 그 두 노인네가 짝짜꿍이 맞으셔가지고

그 노인네가 요가를 잘하셨는데 선생님한테 요가를 가르쳐 주셨어요. 선생님은 몸이 뻣뻣해서 요가를 잘 못하시거든. "아이고, 나 죽는

다" 이러시고, 물구나무 서시다 넘어지고. 그리고 화봉 스님은 생식을 하셨는데, 밀가루에다가 물 붓고, 포도당 한 숟갈 넣고 '척척척' 개서 드셨다고. 그런 생식을 했어.

그리고 선생님이 "한글로 해야 된다. 우리말로 읽어야지 왜 주문(呪文)처럼 한문으로 읽느냐?"하고 주장하셨잖아? 아마 그 화봉 스님 영향이 있었을 거야. 《반야심경》을 한글화 시킨 게 그때야. 두 분이 아주 잘 맞으셨지.

그때 '제법(諸法)'의 '법'을 어떻게 번역해야 하나 고민을 많이 하셨지. 또 '가뭇없다'의 '가뭇(盡)'이라는 말이라든지, 이런 것을 그때 화봉 스님하고 얘기하시면서 찾아내셨어. 그 '가뭇없다' 하니깐 생각이 나는데, 화봉 스님이 시조, 시를 많이 쓰셨는데, 그때 가르쳐주셨던 시가 하나 생각이 나네요. 발가숭이라는 시조가 하나 있는데 부처님 탄생 설화를 해서,

까마득한 옛날이라 인도라는 복 받은 땅
룸비니 동산에는 하늘 꽃 비 나리는데
갓 나신 발가숭이 나만 높다 하더라
높다고 하오시니 하늘 위에 또 하늘가
나라고 하오시니 발가숭이 나란 말가
외칠새 가뭇없을 새 물을 곳도 없어라.
물을 곳 없댔더니 곳곳마다 발가숭이
놀라서 돌쳐 보니 나도 또한 발가숭이

오호라 나 날 때 한 소리로새 기억 다시 새롭네.

그걸 지금까지 외우시는 거예요?

'오호라 나 날 때 한 소리로새. 기억 다시 새롭네' 하는 구절이 마음에 와 닿아서.

선생님 설법중에 '부처님도 발가숭이 나도 발가숭이' 라고 하신 내용도 있는데…

그긴 화봉 스님 거어. 그 스님하고 아주 그냥 짝짜숭이 잘 맞으셔 가지고 아주 재미있게 지냈죠.

화봉 스님 이야기를 하니깐 머리를 깎으려 하셨던 사연이 생각 나네요.

깎으려 하셨던 게 아니고! 그 때 심광사라는 절이 선학원 소속이었지. 선학원에 대의(大義) 스님이 계셨어요. 심광사가 바로 대의 스님 절이지. 지금 같으면 대의 스님이 회주죠. 주지는 딴 분이셨는데 대의 스님 관할이었던 것 같아요. 근데 이 대의 스님하고 청담(靑潭) 스님이 내려오셨지. 두 분이 삭도(削刀) 들고 내려 왔다고. 말하자면 선생님 머리 깎자고.

청담 스님까지?

청담 스님하고 대의 스님하고 두 분이 내려오셨어요. 그래 가지고 "머리 깎읍시다, 백봉!"

그러니깐 선생님이 고민을 하셨던 것 같아 내 기억에. 그 자리에서 '예스, 노!' 대답 안 하시고 며칠 시간을 받으셨을 거예요.

그러더니 "나, 그냥 거사로 있을랍니다." 그러셨어. 화봉 스님도 좀 만류하셨고.

왜 거사로? 그때 청담 스님이나 대의 스님이라면.

청담 스님은 뭐 말할 것도 없죠. 그 당시 조계종의 최고 실세라고 할 수 있는 분이 청담 스님이죠. 나중에 총무원장도 하셨지만 그때도 대단히 힘을 쓰는 스님이었죠.

선생님 소회(所懷)는 어떠신지 모르는데, 하여튼 당시는 재가자로 출발해서 재가자로 쭉 있으면서, 스님이 아닌 재가자로서의 수행의 길을 밝히시고 개척하시려고 했다고 생각을 해요. 선생님은 출가를 하셔도 여러 가지 어려운 점이 있었을 겁니다. 스님으로서는 소양이 없는 거죠. 불교집안 풍속을 하나도 모르고 자유로우신 분이고. 모르겠어요, 대접을 받으셨을지 어떨지는. 거사로 계시면서 고생도 하셨지만 나름대로 보람도 있으셨을 거고.

심광사에서 시봉을 드시는 동안에 또 생각나는 에피소드 없으십니까?

나는 그 기간이, 아마 내 인생에서 가장 내 자신이 변한 기간이 아닌가 싶어요. 내 평생에 잡생각 별로 없이 그냥 보낸 나날들을 따지라면 바로 그 기간이었던 것 같아요. 선생님 옆에만 있어도 그냥 뭔가 사람을 이렇게 휘말아가지고 가는 그런 게 있었어요. 큰 어른들 옆에 있다는 것이 무섭다는 생각도 들었죠. 그때 나는 목석 같은 도인이 되려고 생각했어요. 여러 가지 감정의 풍파가 싫어가지고.

아무 감정이 없는, 희로애락이 없는?

응. 그런데, 도인이라고 해서 만났는데, 만나보니 이게 무슨 순 사이비라! 감정이 너무 풍부해, 이 양반은! 그때 수열이 형이 군대 갔거든. 그래 환송연을 했어. 돈이 없을 때니깐, 중국집에서 짜장면 먹으며 했지. 그런데 선생님이 갑자기 눈물이 글썽하시면서 그러셨어.

"수열아, 니 제대하면 여기 와서 또 짜장면 묵제이~!" 난 상당히 실망을 했지. '아! 이거 사이비인가 보다', 처음에는, 초창기에는. 그런데 모시고 있다 보니깐, 그렇게 감정이 자유롭고 풍부한데, 걸림이 없어. '아, 이 분은 정말 걸림이 없다!' 그런 느낌이 오더라고. 우리가 바보도 아니고 뭐 머리가 나쁜 사람은 아니잖아. 하루 종일 밀착해서 육칠 개월 지내면 어지간한 사람이면 바닥이 보이거든, 단점도 보이고. 선생님은 단점이 너무 많아. 그런데도 인간적인 매력이랄까, 깊이가 다 안 보여.

그때 참 내가 많이 변했죠. 굉장히 내성적이고, 말도 없고, 뭐 범생이라고 할까? 여자애 같다고 하는 친구들도 있었는데, 그때 확 변해버렸죠. 선생님 모시고 있으면서 '사람이 이래선 안 되겠다' 라는 느낌이 들기도 하고. 나는 또 꼼꼼하지 않고, 대충 넘어가는 스타일이었는데, 그러다 선생님한테 엄청나게 혼이 났어요. 선생님은 그렇게 치밀할 수가 없어요, 꼼꼼하고. 예를 들어, 선생님은 원고를 계속 고치셔. 이리 써보시고, 저리 써보시며 계속 고치셔. 그리고 원고를 고쳐놓으시면 내가 새 원고지에 정서를 해서 대충 껴놓고 그랬는데, 그러다가 혼난 기억이 있어. 나중에 봤는데 선생님은 원고를 새로 쓰면 원고 묶은 걸 그대로 놔두고 고친 원고지를 딱 접어서 표를 해. 그리고는 묶은 끈을 풀고 고놈을 싹 빼내시고 다시 새로 쓴 걸 거기다가 끼어 넣으셔. 그런데 나는 대충 뽑아놓고 썼지. 그러다가 엄청나게 혼났어요.

"무슨 일을 그 따위로 하느냐? 그러다가 한 페이지 빠지면 어떡하냐?"

몇 마디 대꾸했다가 더 혼났지.

"이놈의 자식이 말이야! 공부를 한다는 놈이! 공부라는 건 털끝만큼도 어긋나면 안되는 건데!"

그러면서 혼났어. 난 공부하는 사람은 무심하고 대범할 줄 알았거든. 전혀 아니더라고. 오히려 정말 빈틈없이 해야 되고, 꼼꼼하게 해야 되고, 그런 거를 배웠지.

'감정이 없는 게 아니라 자재(自在)로와야 된다.'

이런 걸 느끼게 되면서 내가 갖는 틀이 너무 옹졸하고 작다는 생각을 하게 된 거야. 그래 그걸 깨기 위해서 이상한 짓도 많이 했어. 다락방에 스님들이 입다 버린 옷이 잔뜩 쌓여있더라고. 그 걸 줄곧 입고 다녔지. 그런데 스님이 버린 옷이라 너덜너덜해. 어떤 건 뭐 난리도 아니지. 그 옷 입고 대전 시내를 활보하고 다니고. 그땐 그런 괴팍한 짓도 많이 했어. 배짱도 많이 커졌지, 그때.

그렇게 선생님 시봉을 하시다가 서울에 오셔서 학원 다니셨고, 다시 대입시험을 보고 대전으로 내려가셨죠?

시험 보고 내려와서 다시 들어갔지. 그때는 유성에 계셨어. 그때 내가 모시고 있을 때 유성 땅 사고 그랬어요. 돈은 소사에 사시는 일각 선생님이 내고. 누가 중간에 소개를 했는데 생각보다 비싸게 샀어요. 그러니깐 선생님이 괘씸하다고, 아는 사람이라고 믿었더니 괘씸한 놈이라고 그랬던 기억이 나네요. 그때 내가 모시고 있는 동안에 유성이 마련되어 있었어요.

어떤 분들이 학인으로 있었습니까?

해운이 형이라고, 나중에 스님이 됐는데, 그 해운이 형하고 그 형의 친구 분이 한 명 있었어. 그 두 분은 구박댕이였지. 선생님한테 두들겨 맞기도 하고, 하여튼 엄청나게 혼났어. '저러면서 왜 있나?' 싶을 정도로. '뭔가 탈피하지 않으면, 껍질을 깨지 않으면 안된다' 고 생각하셨는지 참 혹독하시더라고. 도망갔다가 또 들어오고 그랬어요. 나보다는 한참 나이가 많은 분 들이었는데. 대원경 보살님 조카인가 하는 분도 있었죠. 이 분도 나중에 출가하셨죠. 그리고 스님들도 한두 분 계셨어요. 서울법대 졸업한 배환우 법성 스님, 나중에 조계종 포교원장도 하고 그랬지 아마? 지금 가회동에 있는 대승사를 맡고 계신데. 그분도 출가한 지 얼마 안 되셨는데 거기 와계시더라고. 그 뒤에 오신 스님도 있는데 생각이 잘 안 나네.

유성의 그 집은 좀 널찍했나요? 방이 몇 개나 있었어요?

초가가 두 채였어요. 선생님 계신 채가 저쪽에 있고, 멀진 않아요, 이어진 집이니깐. 우리 학인들 있는 집은 두 칸짜리 방인데 장지문 떼어놓고 지냈죠. 선생님 계신 집도 큰 집은 아니지만 마당도 조그마한 게 있었죠. 밭도 좀 있어 밭을 매고 했던 기억이 있네요. 나는 방학 때 들어가서 두세 달씩 있었죠. 방학되면 그냥 바로 글로 내려갔어요.

왜 그렇게 하셨어요?

미쳤지 뭐.

미치는 것도 쉽지 않은데…

그러니까 뭔가 있는 거죠, 이 공부가! 선생님 모시고 있으면서 그 공부해 온 것이 내 성장에 도움이 되는 그런 게 있으니깐 그랬겠지.

거기서는 어떻게 수행을 하셨어요?

기본이 화두에요. 그리고 첫 번째 원칙이 '무조건 눕지 않는다'. 밤이건 낮이건, 문안에 들어가면 누구나 눕지 않는다. 장좌불와(長坐不臥)! 내가 그때 엄청 말랐거든. 키가 174인데 58키로 나갈 때야. 그런데 체중이 3~4키로 빠져서 나와!

두 번째 원칙이 '낮에는 노동을 한다'. 하도 선생님이 고약스러워서, 똥지게를 거기서 져봤어. 시골에서 자랐지만 똥시게는 거기서 처음 져봤어. 거기다가 밭 매고 그러니깐 밤은 졸면서 때우는 거죠, 눕지는 않지만. 그리고 선생님 괴벽 때문에 고생 더하고.

그런데 학인들이 공부하는 데는 환경이 좋아야 한다고 선생님이 주변을 그리 가꾸셔요. 마당에다가 잔디하고 가지, 이런 것을 심고, 그걸 화초처럼 가꾸셔. 또 마당 한 쪽에 연못을 피고 물고기도 몇 마리 집아넣었어. 그런데 이게 물이 나는 연못이 아니잖아! 그냥 마당에 파버렸으니 물이 빠지잖아! 그걸 채워 넣으라는 거야, 물을! 야! 이거 사람 죽이는 거지. 물지게 지는 일이 보통 일이 아니라고! 물을 계속해서 채워 넣어야 되니깐, 이거는 사람 잡는 거야. 그러면서 화두 들고 장좌불와 했지. 하루에 세 번 설법 하셨어, 그 때도.

몇 사람 없었을 텐데.

대여섯 사람 놓고도 하루에 세 번 설법을 해. 설법을 안 들으면 공부 안된다는 거야. 그냥 참선시키면 안된대.

"그냥 앉혀 논다고 참선되느냐? 의단을 일으켜 줘야 되고, 설법을 통해서 지견을 세워주지 않으면 공부 안 된다."

그러시고.

그러면 일과가 어떻게 되는 거예요?

네 다섯 시에 도량석 하고, 아침 먹고 설법하고, 점심 먹고 설법하고, 저녁 먹고 설법하고. 꼭 정해진 건 아니었는데 세 번도 하시고. 그런데 설법 분위기가 살벌했지. 막 묻고.

"어제 허공 봤나! 오늘 허공 봤나! 내일 허공 봤나!"

잘못하면 두드려 맞고.

무시무시했군요! 근데 선생님을 어려워하지 않으셨잖아요? 그러면 긴장감이 없었을 거 같은데…

어려워하지 않는 거하고는 좀 다르지. 그건 아니야. 하여튼 장좌불와로 졸면서 때우는데 재미있죠, 괴롭기도 하지만. 앉아서 졸다가, 깨서 화두 든다고 하다가. 여름에는 방구석이 갑갑하니까 뒷동산에 올라가

묘지에 가마니때기 하나 깔고 날새는 거지.

모기가 많잖아요?

모기 같은 거 적당히 쫓아가면서. 그때는 뭐 모기고 뭐고 정신 없어. 그런 거 신경 안 써. 묘지가면 참 좋거든. 판판하고, 비석도 있어 기대기도 좋고. 묘지에서 새운 게 한두 달 될 건데.

무섭거나 그러진 않았어요?

첫닐은 이상한데 하루 사고 나면 우리 집 같고 아주 편안해요. 귀신은 안 보였는데 내가 귀신으로 오해를 받았지. 새벽녘에, 두세 시쯤 됐나? 마실 갔다 오던 사람인지 모르겠는데 질겁을 하고 막 뛰더라고. 아마 그 사람 귀신 봤다고 했을 거야.

그 당시에 선생님은 어떤 설법을 하셨어요?

《금강경》 같은 걸로 설법을 하시고. 《유마경》도 하셨는데 《금강경》을 주로 들었어. 기억이 몇 가지가 나는 게, 그때 하루 종일 화두 들었지. 일하면서도 들고. 그런데 하루를 지나면 밥 먹은 기억 밖에 안 나더라고. 밥 먹을 때는 마음이 좀 흐트러지는 거지. 근데 졸다가, 졸다 깨다 하면서, 그 사이에 꿈같은 거를 쭉 꾸는 데, 하루에 망상 피웠던 게 쫙 보이더라고. '꿈이라는 게 이런 건가 보다' 라는 생각을 그때 했지.

그러고 새벽에 졸다 깨서 '지금 몇 신가?' 싶으면 눈앞에 시계가 보여. 크게! 그게 생각만 하면 계속 보이더라고. 그래 선생님한테 자랑했다가 뒤지게 혼났지.

"선생님, 새벽에 시간을 생각하면 시계가 보여요."

그랬더니 선생님이 뭐라고 한 줄 알아요?

"너 이놈의 자식! 시공을 초월하라고 했더니 뭐 시계가 봬?"

하하하! 그 다음부터 안 보이더라고.

그때 화두는 어떤 걸 잡으셨어요?

선생님 설법을 계속 듣다 보니깐, 뭔가 알 것 같아. 다 알 것 같은 거야. 선생님이 한마디 던지면 탁탁 대답이 나가는 거야. 툭 던지면 탁 대답하고.

"선생님, 이거 싱겁네요."

그랬어. 그랬더니 "뭐? 싱거워?" 그 때부터 밟기 시작하는데 '입야타 불입야타(入也打 不入也打), 원 그려놓고 들어가도 삼십 방, 나가도 삼십 방' 을 묻는 거야.

이빨이 안 들어가!

"금 밟고 서면 안돼요?"

그랬다가 뒤지게 맞을 뻔하고.

"이 자식 퀴즈를 푸나!"

그 다음부터는 사정없이 밟아대는 거야.

어떻게 밟으셨어요?

예전에는 대견해 하셨지. 탁하면 "맞다! 맞다!" 하셨는데 이제는 이빨도 안 들어가는 거야. 막 밟으시는데, 야! 사람이 열이 받아서 못 살겠는 거야. 뭔가 기가 잔뜩 올랐는데, 뭐가 튄 것 같았는데, 그냥 콱 막 아놓으니 사람 열이 안 올라요? 나는 죽을 둥 살 둥 하는데 선생님이 그때 그러시더라고.

"허수아비한테 절하고 물어보면 답을 해준다."

그래 허수아비를 찾았는데 허수아비가 없어. 농촌이 개발돼 가지고 허수아비를 안 세우는 거야. 그 전에 길모 형은 진짜 허수아비 앞에서 절하고 물어봤다고 하드만, 나는 허수아비를 못 찾았어. 하는 수 없이 허수아비를 만들었지. 제작을 했지. 선생님 말코 장화 훔쳐다가 머리에 씌워놓고. 그런데 선생님이 오더니 "뭐하냐?" 하셔. 그래서 "허수아비 만든다"고 그랬지.

"허수아비 다리가 두 개여야 된데이. 외발 허수아비는 안된데이."

하시는 거야. 그 놈을 만들어놓고선, 사람이 미치면 별 짓 다한다고, 진짜 밤에 가서 허수아비한테 가 절하고 물어보는 거야. 사람이 몰리니깐 그렇게 되더라고. 남들이 미쳤다는 짓이 자연스럽게 되더라니깐. 근데 답을 안 해주는 거야, 이 놈의 허수아비가! 진짜 사람 잡겠더라고. 열이 막 받는 거야. 밥 먹을 생각도 안 난다는 게 평생 그때가 처음이

라. 뒷동산 묏등에 올라가서 죽어라 용을 쓰고 난리가 났는데 어느 날 새벽에 '팍' 뭐가 오더라고. '탁' 이제 안 거야. 그래서 신이 나가지고 선생님 방까지 한달음에 달려 내려갔어. 선생님 방 마루에 '쿵' 하고 올라섰더니만 안 주무셨던가 봐.

"누고?" 이러시더라고.

"성 군입니다" 그랬더니 "뭐고?"하셔.

"알았습니다."

"말해봐!"이러시더라고.

딱 뭐라 그랬는데,

"아니다! 아니다!" 해.

완전히 낙담했어.

진짜 천당에 올라갔다가 지옥에 떨어진 기분이야. 뭐라고 한마디를 해주시는데, 뭔가 또 '탁' 올 것 같은 거야. 근데 이게 안 뚫리는 거야.

선생님이 "쯧쯧~" 그러시더니 "그래 성 군이 화두는 타통(打通)을 못 했어도 부수입은 하나 얻었구나. 앞으로 공부는 하겠다." 그러시더라고. "공부하는 데 도움은 되겠다. 가봐라!" 그러시더라고.

아이 정말 열받지! 공부하던 묏등으로 돌아갔는데 더 열이 받지. 그때 부수입을 얻은 건 틀림없는 것 같은데, 아! 그래가지고서는, 잠도 안 자고 밥도 안 먹고, 이제 그냥 막 참선을 하는 거야. 선생님이 안됐던지 내가 방안에 앉아 있는데 "성 군, 이리 나와 봐라!" 그러시더라고.

"그거 모르겠나?"

“모르겠습니다.”

“원 한번 마당에다 그려봐라!”

원을 그렸어.

“허수아비를 거기다가 그려봐라!”

허수아비도 그렸어.

“그래도 모르겠나?”

“네, 모르겠습니다.”

“에잇! 바보 같은 자식, 빙신 같은 자식! 못 가르치겠네!”

하시며 뒷짐지고 가버리시더라고. 내 평생에 병신이라는 소리, ‘바보 같다’ 라는 소리는 처음 들어 봤어. 얼마나 내 자존심이 상하는지, 뭐 확 뒤집이지겠더라고. 화가 나 못살겠는 서야, 공부고 지랄이고! 뒷동산, 공부하던 무덤으로 가서 때굴때굴 뒹굴며 대성통곡을 했어요. 진짜로 때굴때굴 뒹굴면서. 그리고는 나와 버렸어.

‘내 안한다 더러워서.’

그리고 나와 버렸어.

선생님이 “갈래?” 이래.

“갑니다.”

근데 눈물이 쭐쭐쭐 나오는 거야. 간다고 하면서도 눈물이 줄줄줄줄 나와. 짐 싸 나와 버렸지. 그런데 그때 얼마나 쇼크가 심했는지 서울로 올라가서 대학에 다니는데 꿈마다 화두 들고 하다가 도통 몇 번 했어. 꿈에서 화두 타통 몇 번했어.

다시 내려가서 대답 안 하셨어요?

안했어. 대충 알았어, 그때! 정말 꿈도 많이 꾸고. 참! 그렇게 좌절을 겪으니까 뇌리에 콱 박혀가지고, 대학 다니면서 내내 참선하다 꿈꾸고, 가끔 가다 깨기도 하고, 꿈 깨보면 또 모르겠고, 그런 일들이 있었지.

그렇게 서울에서 꿈꾸고 하다가 겨울에 다시 들어갔지. 그런데 번쩍번쩍 알겠는 거야. 선생님 만든 화두도 많잖아요? '보림삼관'이니 뭐니. '그게 그런 소리지 뭐!' '팍팍팍팍' 들어오는 거야! 재미도 나고, 보이는 거야! 선생님이 얘기하면 그냥 보이는 거야! 알겠는 거야!

다른 도반들은 대답도 못하는데 말이죠.

답답해 하는데 난 너무 쉬운 거야, 이제. '저게 저 소리지! 저게 저 소리지!' 그때 기고만장 해가지고 날뛰었지. 한참 날뛰었지. 그래서 수련 대회 갔다가 구산 스님 앞에 가서 선문답 한다고 큰소리치기도 하고. 그때 가관이었대! 남들이 그래. 기고만장해가지고. 그러니까 그 겨울은 참 공부가 되는 거 같더라고. 대접도 받고. 내가 인제 도사지! 어려울 거 없어. 그러고 공부하는 거야.

그러면 공부 할 것도 없었겠네요?

그래도 해야지. 여전히 '입야타 불입야타'를 정식으로 깬 것이 아니니까. 그러고 나서는 '입야탸 불입야탸'도 '아! 선생님이 탁 던져줬던 말이 그게 그 소리구나', 이게 들어와 버리더라고. 그러니까 그냥 듣고는 있어도 옛날 같은 그런 답답함은 많이 없어진 거지.

그 겨울에는 어떤 분들이 같이 정진을 했어요?

대전 근방에 있는 친구들이 들어왔어요. 유영님이도 있었고, 대전에 불교학생회가 있으니까 그 근방에서 공부하러 들어왔고, 서울에서 오기도 했어요.

그때 인원은 많지 않았어요. 많이 수용도 못해. 그때 한 스님이 왔는데 향곡 스님 분승 사람인데 성철 스님 문하에서 공부를 많이 했다고 하더라고. 그 때 그 스님이 "참 대단한 어른이다. 내가 향곡, 성철 문하를 왔다 갔다 했는데 이렇게 선지에 밝은 분은 없다"며 우리보고 "복 많다"고, 그러셨던 기억이 있어.

그때 보림선원이란 믈은?

보림선원이라고 했어. 농가주택인데 선원 분위기도 안 나고. 마을에 함께 사는 거지. 이웃집 개가 밤에 우리 집을 순시해 주었지. 맨날 우리가 밥을 주니까 우리 집 와서 살다시피 했어. 그러다가 새끼를 낳았는데 새끼가 좀 컸을 때 밥을 줬어. 그런데 새끼가 먹으려 달려드니까 어미가 으르렁하고 못 먹게 해. 선생님이 야단을 치시더라고.

"이놈의 자식! 아무리 축생이라도 지 새끼한테 그러느냐?"

그러니까 그 개가 물러가! '선생님 말은 잘 듣네! 도인 말은 잘 듣냐?' 하고 생각했던 기억도 있고.

아이고! 선생님 성격 참, 밭 매다 보면 성격 나와요. 쇠뜨기라는 거 있잖아? 땅 밑으로 뿌리끼리 다 연결된 거라고. 선생님이 "이놈의 새끼, 이놈의 새끼, 독한 놈" 하면서 땅을 파. 뿌리를 모두 캐려는 거야. 어지간하면 말아야 될 거 아니야? 선생님이 더 독하지, 우리가 보기엔. 하하하!

하하하! 잔디밭에서 쑥 뽑으실 때만 그러신 줄 알았더니.

고약한 양반이여! 해운이 형이 한번은 무슨 일 때문인지 뒤지게 두드려 맞고 도망갔어. 그랬는데 선생님이 기다리셔.

"그 놈들이 갔다 올 건데… 올끼다, 올끼다."

새벽에 들어왔지, 결국은. 선생님이 정이 많으셔요. 억시게 하지만 정이 많으세요.

사직동에 계셨을 때 내가 찾아간 적이 있어. 선생님 아드님 있잖아? 재홍이! 재홍이는 심광사 있을 때도 가끔 와있었어. 나하고 동갑인데 내가 형인 줄 알고 "형, 형" 그랬어. 나를 따랐지. 사직동 갔을 때 재홍이가 있었는데, 내가 왔다고 재홍이가 재첩국을 아침 상에 올린 거야.

선생님이 "웬 재첩국이냐?" 하고 물었지.

그랬더니 재홍이가 "형이 와서 샀습니다" 했어. 그때 굉장히 어려울

때거든. "돈이 없을 텐데?" 그러니까,

"외상으로 샀습니다." 했어.

그랬더니 밥상머리에서 난리가 난 거야.

"이놈의 자식! 굶으면 굶었지, 외상을 먹느냐?"

재홍이가 나 대접할라고 재첩국 샀다가 아침 밥상머리에서 뒤지게 혼이 났지. 눈물이 쏙 빠져서 도망갔지. 참 그렇대!

그런데 선생님이 "성 군!" 하고 날 부르셔. 그러더니 이러셔.

"그래도 저 놈이 말이야. 자네 왔다고 재첩국 산 기다. 저 놈이 철이 없어 가지고 내 일부러 야단을 친 거니까, 자네가 가서 좀 달래주게!"

그래. 그래 내가 가서 달래주었던 기억이 있어. 그 뒤로는 철야 할 때 부산에 갔지. 여름에 한 주일 정도지. 대학생 때, 사직동 계실 때 갔는데, 그때는 사람도 몇 없을 때여.

철야정진 하는데 마지막 날에, 그때 우리가 정신이 있나? 한밤중에 선생님이 설법을 하는데 막 졸았지.

낮에도 조는데 밤에 오죽하겠습니까?

들고 있던 지팡이로 패고 그러셨는데, 그래도 안되니까 "일어서!" 하시대. 그래 우리 모두 일어서서 설법을 들었어. 하하하! 그런데 한 주일을 하니까, 몇 달 하던 거와는 달리 한 주일이니까 지속성이나 강도가 전과 같지 않더라고.

또 기억이 나는 게, 남천동에 계실 때의 일인데, 나는 엉덩이가 부러

져서 다리가 짝짝이가 돼서 참선자리가 불편하고 괴로워! 또 잘 졸고. 그런데 한번은 입선(入禪)했는데 눈 깜짝할 새에 방선(放禪) 죽비 소리가 들리는 거야. 발딱 일어났어. 몸도 가볍고, 아주 기분이 좋았어. 화두가 잘 들렸다고 좋아했지. 그런데 주변에서 막 웃는 거야. "왜 웃나?" 그랬더니 죽비 치고 참선하자마자 내가 졸더라는 거야. 졸아도 보통 존 게 아닌데, 죽비 치니까 발딱 일어나더래. 그러니까 얼마나 우스워? 나는 화두를 아주 순일하게 들었다고 생각했거든. 절망감이 오더라고. 나는 굉장히 열심히 했는데 사람들이 웃을 정도로 졸았으니.

그래서 선생님한테 가서 "선생님, 전 공부 못할 거 같아요." 했더니 "왜 그러느냐?" 해. 그래서 '순일하게 화두를 들었다고 했지만 처음부터 끝까지 코박으면서 졸았대요' 했더니, 선생님이 "니 공부하겠다, 인제. 졸은 거 아니다. 화두가 안되면 졸 수도 없다." 이렇게 격려를 해주시더라고. 그런 기억이 있고.

그러고 나서는 내가 선생님 인가 안 받았다고 하는 얘기인데, 내가 겉멋이 나는 거야! 겨울 정진할 때, 보면 턱턱 알겠고, 그래 기고만장했잖아? 그런데 내가 보면, 내가 분명히 견성한 거 아니거든? 근데 겉멋만 들어가지고, 사람 버리겠는 거야! 선생님은 자주 뵙지도 못하게 됐지. 지리산으로 가시고, 나도 생활 자체가 그렇게 안되니까.

학교 졸업한 후의 일인가요?

응, 졸업하고 나서. 아! 동도사 수련대회도 있었지, 졸업하기 전에, 용인에서. 그게 73년인가, 74년인데? 동도사 수련대회에서 서울대 사람들이 선생님과 인연을 맺었지. 그때 서울대 학생들을 내가 많이 끌고 갔어요. 내 인연으로 해서 서울대 사람들이 이어졌지.

74년입니다.

내 문제가 뭐냐 하면 지견은 났는데 깨달은 건 아니거든. 그런데 실참도 제대로 안되고 자꾸 겉도는 거지. 마른 지혜가 되는 거고. 그래서 그때 굉장한 경각심이 일어나 어느 날 부처님 앞에 다짐을 했지.

'저 부처님, 불교 모르는 사람으로 살랍니다. 이거 차라리 불교 모르는 순진한 사람으로 사는 게 낫지, 이것도 서것노 아닌 이런 상태는 부처님께 죄 짓는 거 같고, 나 불교하고 인연 끊고, 불교 모르는 사람으로 살겠습니다' 하고 불교 문중에 발걸음을 안 했어요, 한 십 년을. 우리 애들 데리고 절에도 가지 않았어요.

그게 몇 년쯤이었습니까?

그게 졸업하고 몇 년 후지. 그리고 나서는 절에 안 갔어. 백봉 선생님이 남천동에 계실 때였지. 지리산 들어가시기 전이야. 10년간 불교계에 얼굴을 안 내밀었어요. 한 십 년 그러고 났더니 '그래도 내가 부처님 인연으로 이만큼 산다' 라는 생각이 들고, 또 '어떤 식으로든 부처님 은혜를 갚아야 되겠다' 는 그런 생각이 들더라고. 그러다가 인연이 되서 재가불자 운동을 하는 데에 들어오게 됐지. 박광서 씨, 이런 양반들 인연이 되면서 다시 불교계에 머리를 내밀었지.

불교를 한동안 떠나 있었지만 그 시절의 공부, 그게 늘 바탕이 되어 있었어. 선생님의 가르침이 내 생활하고 엉키면서 방향을 내 나름대로 잡은 거 같아요. 선생님의 뜻이 무엇인가를 생각하게 되고, 공부했던 것을 어떤 식으로 생활 속에 소화하느냐 하는 그런 것이 나에게 일종의 화두였던 것이죠. 내가 재가불교운동 하는 곳에 몸을 담다 보니깐 선생님이 거사로 남겠다는 거하고 이게 매치가 되면서 선생님이 내게 주신 거라고 가장 먼저 내놓을 수 있는 것이 바로 '새말귀'에요. 선생님이 말년에 그 새말귀를 내놓으셨거든.

거사님이 대전에 사실 땐 그때는 '새말귀'가 없었지요.

없었습니다. 새말귀라고 하는 게 '모습을 잘 굴리자' 아냐? 그 모습을 잘 굴리자가 선생님의 마지막 버전이라고 나는 생각을 한 거죠. 모습을 잘 굴리자는 건 뭐냐? 재가불자가 재가불자다운 건 뭐냐? 나는 삶 속에서 수행을 하는 게 재가불자라고 생각해요. 아주 뛰어난 재가불자라고 하는 사람들을 보면 스님인지 재가불자인지 애매한 사람들이 많아. 그것은 결코 훌륭한 재가불자가 아니죠. 그건 스님을 흉내내는 거죠. 삶의 현장에서 훌륭하게 살아가면서 수행을 하는 것이 훌륭한 재가불자에요. 자기 위치에서 자기 모습을 잘 굴리는 것이 재가불자들의 수행이 되어야 합니다. 선생님의 새말귀가 바로 그거죠. 선생님이 우리에게 주신 겁니다.

거사님 수행기에 보면 '투철한 깨달음이 아니더라도 각고의 노력에 의해 깊은 체험으로 얻은 지견을 인정하셨다'라고 쓰셨거든요. 그게 우리가 말하는 인가인 거 같아요.

　서울과 대전에서는 인가라는 것을 '인가다.' 이렇게 내세우지 않으셨어요. 그 때는 공부할 만한 기틀을, 정지견(正知見)을 얻었다는 정도였던 것 같아요, 내 기억에. 선생님이 인가라는 방편을 정식으로 내세우신 건 그 뒤인 것 같아요. 나는 인가라는 말을 들은 기억이 별로 없어. 밀하자면 징지건이지.
　인가라는 말이 정립되고 보림선원이 그걸로 인해 비난도 많고 했던게 부산시절에 굳어진 거 같아. 그전에도 인정을 하시기는 했지. 말하자면 '뭔가 정말 바로 봤다'….

거사님 경우에 그런 인정이 있었지민 인가라는 의식은 없었던 거네요.

　"아니다!" 그랬지. 선생님은 나한테 "아니다!" 하하하! 근데 공부할 만한 부수입은 얻었다고 하시더라고. 부수입 정도 얻은 거지, 나는.

지견을 얻어가지고, 어떻게 보면 전통적인 선에서 얘기하는 온갖 화두에 대해서 대답할 수 있는 지혜가 있는데도, 그것은 '현실에서 큰 도움이 되지 않는다'고 생각하고 떠나신 건가요?

아니에요! 현실에서 도움은 되지. 예를 들어서 그 시절에 공부한 힘이 없었으면 내가 살아가는데 참 어려운 점이 많았을 겁니다. 그때 공부한 힘이 굉장히 도움이 됐죠. 그런데 그 알음알이, '마른 지식'이라고 하는 게, 그게 완전히 내 것이, 정말 예전 고승대덕들처럼 투철하게 화두를 타파했다든지 한 건 아니거든.

백봉 선생님은 삼십 명 가까운 사람들에게 인가라고 것을 통해서 지견이 났음을 인정해 주셨는데, 지견이 났다고 하는 것이 어떤 의미가 있을까요?

지견이 났다고 했을 때, 지금도 누가 무슨 얘기를 하면, '그건 아니다. 저 사람 잘못됐다' 이런 판단이 들 때가 있어요. 그건 어떤 본질을 꿰뚫어 본 거야, 나 나름대로. 본질을 알게 되면 그른 길을 알아! 그른 길로 절대 들어갈 수 없어!

나는 그렇게 생각해. 부처님의 수행법은 우리가 살아가면서 할 수 있는 수행이야! 삶의 현장 속에서 할 수 있는 길을 열어준 분이 부처님이야! 기독교식으로 말해서 정말 복음이라, 재가 불자에게는!

미국에서 요가수행자, 불교수행자, 일반인, 이렇게 셋을 놓고 뇌파측정을 했어. 종을 '땡' 치고 뇌파를 측정하니 요가수행자는 반응이 없어. 요가수행은 모든 감각기관을 차단하고 의식만이 독존해서 아트만, 범(梵)과 아(我)가 하나임을 확인하는 거여. 모든 것을 차단하는 거야. 그러니 반응이 없지.

일반인은 땡 치면 반응해. 그런데 반응이 안 끝나. 연상이 죽 이어져. 또 땡 치면 또 지글지글 끓고. 그러나 계속하면 반응을 안 해. 무반응이야.

불교수행자는 땡 치면 딱 반응합니다. 그러나 바로 가라앉아요. 땡 치면 바로 반응하고 바로 가라앉혀요. 한 시간을 쳐도 정확하게 반응해. 이게 불교 수행의 특징이라, 쉽게 얘기하면.

온갖 세상의 번잡한 걸 보더라도 움직이지 않는 것.

정확하게 있는 그대로 반응하는 거야. 부처님이 개발한 성적등지(惺寂等持)가 바로 그거야. 정확하게 현실에 반응하면서도 고요함을 유지하는 수행법, 이건 부처님의 수행법 밖에 없어요! 세상에 그런 수행법이 처음 나온 거야, 부처님에 의해서! 불지의 도리는 그 부처님이 열어준 그 훌륭한 물꼬를 더 키워야 되는 거야. 그러니까 바로 선생님의 "모습을 잘 굴리자"가, '새말귀'라는 게 바로 부처님이 열어놓으신 그 물꼬를 키운 것이라고 나는 생각합니다.

지견이 나는 것만으로는 부족하다. 뭔가 다른 게 있다. 그럼 그게 뭘까요?

계속 그 상태를 지속적으로 유지하는 힘이 있어야지! 끊어지지 않아야지! 삶 전체가 계속 그것으로 유지가 돼야 되고!

굉장히 중요한 걸 우리가 잊어버리고 있는데, 불교는 자비와 지혜가 본래 동체입니다. 지견이 나는 순간, 그만큼 아상(我相)이 깨지고, 나를 중심으로 해서 모든 것을 끌어오려는 시도들이 그만큼 사라져야 돼요. 그래서 자비가 나와야 되는 거야, 그만큼. 깨달은 만큼 자비가 나오는 거야! 아상 떨어진 만큼 지혜가 늘어나는 거고!

지견이 났다는 것은 아상이 떨어지지 않은 상태에서 지혜가 나는 거 아니에요?

떨어지지 않아도 나올 수 있다고 봐. 일시적인 몰입과 집중에 의해서 일시적인 체험이 있을 수 있거든, 강렬한 체험이. 강렬한 체험 상태가 가능하지! 그런데 여전히 아상의 습(習)에 의해서 다시 돌아갈 가능성이 있는 거죠.

거사님은 학문의 길을 걸어오셨지요? 백봉 선생님과의 조우가 거사님의 삶에 미친 영향에 대해서 말씀해 주셨으면 합니다.

아까 얘기한 대로 지금 목석 같은 인간 안 됐으니까 그것만 해도 얼마나 다행한 일입니까? 아마 내 개인적인 성향 때문에 그냥 갔으면 목석 같은, 초연한 걸 추구하는 그런 식으로 갔을 거 같아요. 활발한 불교에는, 불교의 참모습에는 접근 못했을 거라고 생각해요. 자기 관념이라는 것이 무섭거든요. 고정관념, 그것이 틀이거든요. 그러니 선생님을 만남으로써 내 껍질을 깬 셈이죠. 그러기 때문에 선생님은 내 평생의 스승이죠.

그리고 불교를 보는 눈, 선생님은 선을 통해서 공부하셨으면서도 굉장히 선구자적인 분입니다. 지금 우리는 '십자송'이나 그 한글화한 거 우습게 생각하죠? 아닙니다. 굉장히 큰일입니다. 뭔가 주문(呪文)처럼 된 불교에서 생활불교로, 우리가 이해하는 불교로 만드시려고 노력했던 거죠. 새말귀도 그렇고. 그 당시 불교계를 잘 모르시면서도 선 수행에 대해서 엄청나게 비판하셨거든.

"그렇게 히면 인된다."

그러나 그거는 그때 선생님이 몸 담으셨던 불교 현실에서 선생님의 역할이었어. 벌써 거기에서 수십 년이 지나왔거든. 이 시대에는 이 시대의 역할이 있어. 내가 재가불자운동을 하는데 그 운동의 기본적인 정신은 선생님의 정신을 받아들이고 있다고 생각하죠.

누군가 거사님께 '백봉 선생님은 어떤 분입니까' 하고 질문한다면 어떻게 대답하시겠습니까?

참 어렵네. 그 질문이 제일 어렵네. 선생님은 선종의 전통에서 나왔지만 이 시대의 새로운 선풍을 일으킨 어떤 봉우리라고 생각해요. 선생님의 선은 달라요. 스님으로서 선을 '쭈욱' 했다면 그렇게 안 되셨을 거야. 전통적인 선의 방법을 따르시기는 했을지 몰라도 재가불자로 사시면서 그 선을 통해서 얻으신 지혜를 재가불자의 입장에서 선양(宣揚)하신 분이죠. 삶 속에서 끊임없이 부처님을 향해가는, 지혜를 증장시키는 그러한 선을 열어놓으신 분이죠. 선생님의 가치가, 일반 스님들로서의 종사(宗師)하고는 다르다고 생각해요.

거사님은 사단법인 '우리는 선우' 이사장으로서 재가불교 운동을 벌이고 계십니다. 내년이 재단설립 20주년이 되는 해인데, 재가불교운동을 하시게 된 계기, 그리고 그 운동에 대해서 말씀해 주시죠.

선생님은 거사풍(居士風)이라고 하셨는데, 거사풍이라는 게 바로 우리 현실을 살아가는 사람들의 불교라는 말이죠. 불교가 중국으로 들어오면서 반을 포기 했어요. 중국에 들어오며 보니, 유교라는 굉장히 강력한 경쟁자가 있는 거야. 만만치가 않거든. 난 학문적으로 유교전공자인데, 만만치가 않아요. 와서 경쟁하려고 보니까 잘 안되는 거야. 그래서 불교가 반을 포기를 했어.

'세속 일은 유교적인 걸로 살아라. 절에 와서는 수행하고 영적인 것만 해라.'

그러나 건강한 종교는 우리 삶 전체를 이끌어줘야 됩니다. 그런데 중국에 들어오면서 삶 전체를 이끌어주는 종교가 되기를 포기한 거야.

그러니까 출가자 중심으로 되면서, 대승불교가 뭐야? 선종도 결국 대승불교의 맥인데. 불교에서 내쫓긴 우리 삶의 영역을 다시 불교 안으로 가져오는 것, 그게 바로 대승불교에요. 부처님 당시에는 스님들이 탁발하고, 대중 속으로 와서 축복해주시고 찾아오면 들어주시고, 해결해 주셨던 불교였는데 이게 변한 거야. 스님들이 일종의 수행전문가가 되고, 왕실의 비호를 받게 되면서 재가자들 삶하고 떨어져서 완전히 전문가 집단의 불교가 된 거여. 그래서 그걸 회복하는 것이 대승운동이야.

대승운동을 일으킬 때 중심이 재가자야! 보살은 승려가 아니야. 재가자 복장이잖아? 관을 썼잖아? 승려가 어떻게 관을 써? 보살은 재가자여, 기본이. 불교에서 퇴출당한 삶의 전 영역을 다시 불교 안으로 들어놓는 것, 그세 바로 대승운동이야. 선생님이 한 일이 바로 그거라고 생각해. 재가자 들에게 바로 그 문호를 열어준 거지, 새말귀라든지 그런 걸 통해서. 재가자 운동을 난 그 정신으로 생각해.

재가자는 불교의 이등시민이 아냐! '사람 위에 스님 있다'가 아냐! 지금은 사람 위에 스님 있거든! 나는 불교를 믿으면 믿는 순간부터 행복해져야 된다고 믿어. 이상이 그만큼 줄어야 되고, 지혜가 그만큼 늘어야 되고, 바른 눈으로 보고 삶으로서, 그 순간부터 불교를 믿는 표가 나고, 행복해져야 된다고 생각해. 바로 그 불교가 사라진 거야!

부처님의 칭호가 뭐였냐? 그 당시 십대명호중에 안 들어간 명호가 또 하나 있는데, '항상 웃으시는 이'였어. 부처님 교단을 방문했던 그 당시 기록이 남아 있다고. 다른 교단을 방문해 보면 회색 분위기가 나고 칙칙하고 우울해. 그런데 부처님 교단을 가보면

"밝고 명랑하고 자신감에 충만하고, 자비심이 넘치고, 이 승단의 사람들은 정말로 날랜 사슴처럼 세상을 살아간다."

이게 불교를 믿는 사람들의 기본 모습이라. 근데 지금 불교가 어때? 칙칙해! 뭔가 세상 고민은 지가 다 떠안은 것처럼 인상을 우그리고 앉아가지고? 이게 무슨 불교야? 어떻게 된 불교가 부처님을 닮아가는 게 아니라 부처님하고 반대로 가냐고? 우리가 수행을 하는 순간부터 아상이 줄어야 돼! 그리고 우리 삶의 현장에서 끊임없이 정혜쌍수를 실천해야 돼! 그러면서 삶의 힘이 나야 돼! 고민스럽던 게 줄어들어야 되고! 궁극의 깨달음이 있고! 궁극의 깨달음은 우리가 그렇게 가면 돼!

시간이라는 건 없어, 실체가!

'몽답청산십만리(夢踏靑山十萬里) 무진풍월침두홍(無盡風月寢頭紅)', 꿈속에 청산을 십만 리 가려고 했더니 끝없는 풍월강산이 베갯머리에 붉더라.

나도 육십인데 지난 세월이 어디 있냐고? 그렇듯이 우리가 바로 가고 있으면 우리는 성불한 거야! 시간은 가는 것이고! 몇 겁이라는 시간도 잠깐인 거고!

'우리는 선우' 재단에서 하고 있는 활동이 그런 방향인가요?

재가불자가 불교의 주체가 되고, 성불의 주체가 되고, 불교의 주인이 되는 운동이지. 부처님이 분명하게 역할 분담을 해주셨거든. 예를 들어서 부처님이 돌아가실 무렵에 스님들이 장례걱정을 했다고. 그랬더니 부처님이 "걱정하지 마라. 신앙심 깊은 재가불자들이 여래의 장례를 여법(如法)하게 치러 줄 거다" 하셨어. 이처럼 재가자 들에게 부처님이 부촉했어요. 장례도 적장자(嫡長子)라고 할 수 있는 스님들에게 신경 쓰지 말라고 할 정도로 거꾸로 재가자들에게 엄하게 요구한 거지.

그러면 이 세상을 아름답게 만들어 나가고, 불법답게 꾸며나가고, 그런 것은 우리들 재가자 들의 임무란 말이지! 그걸 우리가 얼마나 방기(放棄)하고 있느냐 말이야? 하다못해 정치문제라든지 그런데도 다 불교가 관계가 있어!

그러니까 어디 처박혀서 참선이나 하는 불교가 아니고 세상에 나와 이 세상을 아름답게 만드는 것 그게 바로 진정한 불교다?

그럼요! 부처님이 재가자들에게 그것을 부촉한 거야! 재가자들은 그 일을 잘 해야 돼! 그런데 그게 안 되어 온 거죠. 선수행의 힘이 바로 삶의 힘으로 나와야 돼요! 선수행 한 만큼 자비도 증장돼야 되고! 아상 떨어지면 자비 늘어! 자비심 안 늘면 선 수행 잘못했다고 생각하세요! 그만큼 남을 남으로 보지 않게 되는 것이거든. 또 바른 눈으로 세상을 보게 되면 정확한 비판이 있어야 돼! 현실 문제에 대해서 그냥 적당히 넘어가는 것이 선이 아니야! 그리고 모조리 마음으로 해결하면 된다는 생각은 거꾸로 마음과 세상을 둘로 보는 거야! 마음과 세상을 둘로 보지 않게 되면 세상 문제를 잘 하는 게 마음 고치는 일이야!

마음을 고침으로써 세상도 고쳐지는 거 아닙니까?

마음을 고치면 세상도 고쳐지고 세상 고치면 마음도 고쳐지는 거야! 그래서 둘이 아닌 거야! 그런데 선수행 하는 사람들의 병이 모든 걸 여기(두 손을 가슴으로 모으며)로 가져와! 이게 여기(가슴으로 모은 두 손을 밖으로 펼치며)로 안 가! 양쪽으로 가야 될 거 아냐!

거사님은 '오욕락의 추구라는 삶의 원동력을 대체하는 것이 바로 서원이다' 라고 하시며 모든 불자가 서원을 갖도록 조언하고 계신데, 교수님의 서원은 어떤 것입니까?

욕망을 버리라고 하는데 재가불자들은 그 말 그대로 들으면 안돼요. "욕망 버리고 무슨 힘으로 살아요?" 하고 물어야 돼. 욕망 버리면 못 살아요. 삐들삐들하게 말라 비틀어진 불자가 나온다고. 세상이 덧없니 어쩌니 그래 가면서. 덧없기는? 추구할 것 다 추구하면서 말이야! 그렇잖아 대개! 그러니까 이중불자여! 절에 와서는 '버리네, 어쩌네' 하고 세속 가면 다 추구하고!

그러면 오욕락의 문제가 뭐냐? 아상을 중심으로 해서 모조리 자기 옆에 끌어다 붙이려고 하는 게 오욕락이야. 그러나 지혜가 늘어나면 나만을 추구하는 것이 아니라 나와 이웃과 모든 중생을 함께 위하는 큰 뜻이 생겨. 그러니 오욕락의 근원과 서원의 근원이 다른 게 아니지. 이처럼 불법의 지혜가 중심이 되면 오욕락의 힘이 서원으로 전환되게

돼있어. 그러니까 서원이 바로 된 사람이 바로 불법에 제대로 들어온
사람이야. 아견, 아상이 떨어지고 부처님 법에 따라서 보는 눈이 확실
하면 확실할수록 자기만을 생각하는 게 아니라 이웃과, 나라와, 세계
와 중생의 관점에서 자기의 목포를 설정하는 거라.

진정한 대승적 차원에서 행동을 하게 하는…

당연히 그렇게 돼야 불자지. 그게 궁극적 서원이지. 내 서원은 지금
재가불자 단체를 이끌고 있으니까 적어도 이런 활동을 통해서, 아직까
지도 재가불자는 불교의 이등시민인데, 이제 좀 바꾸어서 '재가불자
가 불교의 진정한 주체기 되는 그런 불교를 정착시키고 싶나' 이런 성
도가 나의 중요한 목표이고, 또 개인적인 목표는 교수생활도 이제 십
년도 안 남았는데 '마무리 잘 해서 후학들한테 내가 배운 것 좀 정리해
주고', 그런 것들이죠.

1952년 대구에서 출생했다. 대학 3학년 때(1974) 백봉 선생을 만나 입문 후 스승의 옆에 머물며 수행에 힘썼다. 백봉 선생 입적 후 유고(遺稿)를 책으로 펴내고 법문 테이프를 모아 도반들, 그리고 후학들에게 백봉 선생의 가르침을 육성과 책으로 전하고 있다. 토요 철야정진, 여름·겨울 일주일 철야정진의 전통을 지켜왔으며 현재 보림선원 서울선원장을 맡고 있다. 길상사 사무장으로 근무하며 서울에 살고 있다.
borimsun@daum.net

인터뷰 일시 | 2010년 4월 13일 오후 7시 ~ 10시
인터뷰 장소 | 보림선원 서울선원

생사를 초월한 공겁인(空劫人)

먼저 불교에 입문하게 된 계기부터 말씀해 주시죠.

　일곱 살 때부터 교회를 다니기 시작했습니다. 큰어머니가 교회를 나가는 분이었는데 우리 어머니가 따라 나가시면서 저도 함께 갔죠. 어릴 때야 뭐 교회든 절이든, 부모님이 가면 그냥 따라가게 되잖이요? 그랬는데 초등학교 6학년 때였어요. 제 앞자리에 앉은 친구가 사오 일 결석을 했는데 뜻밖에도 장티푸스에 걸려 죽었다는 겁니다. 그 때 쇼크를 받았어요. 둘이 친했죠. 함께 장난도 많이 쳤어요. 그런데 죽은 거예요. 가까운 사람이 죽는 걸 그 때 처음 겪었죠. 친구가 불쌍했어요. 또 보고 싶었죠.

　그리고 일주일쯤 지났는데 갑자기 '나도 죽는다'는 생각이 드는 거예요. 그렇지만 나이가 겨우 열세 살이잖아요? 그러니 '늙어 죽을 때까지는 시간이 상당히 있으니까 괜찮다' 하고 넘어갔죠. 그런데 '죽는다' 는 생각이 계속 나는 거예요.

그 어린 나이에 말이죠.

예. 시간도 아주 빨리 가는 거처럼 느껴졌어요. 그래서 '하루라는 시간이 얼마나 긴가?' 보려고 시계를 갖다 놓고 재봤어요. 학교 안 가는 날, 하루 종일 재어봤어요. 아침부터 저녁까지. 그랬는데 잠깐이더라고요. 그러니까 겁이 나는 거예요. 친구처럼 병에 걸려 죽지 않더라도, 설사 팔십까지 산다 해도, 그것도 금방 갈 거 같더라고요. 그때부터 죽음에 대한 공포가 떠나지 않았어요.

중학교 때는 공포가 더욱 심해졌어요. 물상 시간에 우주에 대해서 배우잖아요? 우주에 대해 배우면서 어느 날 밤하늘을 보는데 문득 우주가 끝이 없다는 게 느껴져요. 이게 또 겁나는 거예요.

그 나이에 말이죠? 밤하늘의 별을 보며 '내 별, 니 별' 하는 낭만은…

그전까지는 그랬죠. 그런데 별들이 존재하는 그 공간이 끝이 없다는 생각이 일어나니까 그만 무서워지는 거예요. 이때부터 죽음에 대한 공포, 우주에 대한 공포, 이 두 가지가 번갈아 일어났어요. 고등학교에서도 마찬가지였어요.

고등학생 때 달라진 게 있다면 문제를 해결하려고 시도했다는 겁니다. 교회에서 답을 찾으려 했어요. '하느님 같으면, 아마 이 죽음에 대한 문제를 해결해 줄 수 있을 거다' 하고 생각해서 이리저리 찾아보았어요. 목사님의 설교도 열심히 들었죠. 그러나 끝내 답을 못 찾았어요. 그래서 내가 천체물리 학자가 되어야겠다고 결심했어요.

고통을 굉장히 많이 겪었어요. 죽음이라는 걸 항상 생각하다 보니 고등학교 때는 노이로제가 되는 거예요. 노이로제! 몸이 조금만 아파도 죽을 병에 걸리지 않았나 걱정하고. 죽는 꿈도 무지하게 많이 꿨어요. 그러다 보니 절실해진 거예요. 아주 간절했어요! 간절했지만 알려주는 사람이 없으니 내가 직접 할 수밖에 없었죠.

그래서 대학을, 물리학과를 들어가셨군요.

예. 그래도 성적은 상위권이었어요. 담임선생님은 성적에 맞춰 전자공학과를 가라고 강요했어요. 그러니 좋은 학과를 가고 좋은 직업을 갖는 것이 저에게는 의미가 없었습니다. 고집을 부려 물리학과를 지원했습니다. 그런데 막상 물리학과에 들어가 공부하면서 '이 물리학 가지고는 안된다' 하는 거를 알게 되었어요.

그때 어쩌면 자포자기하는 심정이 될 수도 있겠네요. 물리학 하면 알 줄 알았는데 그게 아니더라. 어떻게 해야 되나?

그때 최면술이 유행을 했어요. 유한평 씨라고, 최면술의 대가가 있었는데 그 사람의 레코드판을 사다가 틀어 놓고 매일 최면술 연습을 했습니다.

혼자 최면의 상태에서 우주를 연구해 보려고 했죠. 최면술에 상당히 빠졌었어요. 그때 우청 거사를 만난 겁니다. 야청 선생 동생 말이죠. 그 우청 거사가 중학교 때 짝지입니다. 재수를 해서 나보다 대학을 2년이나 늦게 들어왔죠. 우연히 캠퍼스에서 만났는데 중학교 때 아주 친했기 때문에 대학에서도 같이 다녔죠.

우청이 보림선원 다리를 놓은 거 같군요.

예. 하루는 '절에 한번 가볼래?' 하더라고요. 절에 가면 참선을 한다는 걸 알고 있었죠. 그래서 절에 가 정신통일을 한번 해볼 요량을 하고 따라갔어요. 절에 가는데 갑자기 구름이… 왜 그런 날씨가 있잖아요? 맑았던 하늘에 구름이 끼면서 갑자기 천둥번개가 치는….

하하하! 겁났겠어요. 벼락맞는 건 아닌가 하고.

종교적인 쪽으로는 그리 빠져있지 않았지만, 교회 다니는 사람이 절에 가면 벌 받는다는 게 무의식 속에 있었어요. 일곱 살 때부터 다녔고, 또 그 당시에는 성가대 활동이나 청년회 활동을 꽤 열심히 하고 있었거든요. 잠깐 동안이었지만 '아이쿠! 교회 다니는 사람이 절에 가니까 하느님이 벌 주는구나!' 하는 생각이 나더라고요.

절에 도착해보니 금강사(金剛寺)라, 법당에 들어가 앉았어요. 우청 거사 앉는대로 따라 했는데 최면술에서 취하는 자세와 별 차이가 없었어요. 삼십 분 정도 앉아있었는데 그렇게 편할 수가 없더라고요.

그래요? 아무것도 안하고 그냥 앉아있는데?

네. 정신적으로 아주 상쾌했어요. 그때 '절이라는 곳이 정신통일 하기에는 참 좋은 데구나' 하고 생각했죠. 그러고 며칠 지났는데 우청 거사가 "내가 어떤 도인에게 공부하러 가는데 한번 가볼래?" 그래요. 그때 절에 갔을 때 좋았으니까 따라 나섰죠. 그게 사직동입니다. 차에서 내리며 '아! 저기쯤 선원이 있겠구나' 생각을 했는데 딱 그 지점이더라고요. 들어갔더니, 문을 떼어 내서 방 두 개를 이었는데 우리 선방 정도의 크기에요. 거기에 한 이십 명이 앉아있어요. 조금 있으니까 머리가 허연 분이 들어오시는데 첫 마디가 이랬어요.

"어, 거지들 왔나?"

아! 법(法) 거지들?

예. 한 시간 동안 법문을 들었는데 충격적이었어요. 죽고 사는 문제를 해결하는 게 불교 공부라는 겁니다. 또 우주를 알아야, 우주의 본체를 알아야 불교공부를 할 수 있다, 이렇게 나오는 거예요.

난 그 때까지 나만 그런 생각을 가진 줄 알았거든. 그런 생각을 안 하는 사람들이 정상이고 나는 비정상이라고 생각을 해왔거든. 그랬는데 불교공부가 죽음에 대한 문제를 해결하는 거고, 우주의 본체를 밝히는 것이라고 하는 겁니다. 확신에 차서, 자신 있게 얘기하시더라고요.

그날 아마 《금강경》 설법을 하셨을 텐데, 설법 내용을 알아듣기 어려웠을 텐데요?

어려웠는데 그 두 개는 딱 들어오더라고요. 그러니까 일곱 살 때부터 교회 다녔던 모든 것이 싹 사라져요. 그 한 시간 만에 다 사라져요. 그 뒤로는 교회 안 갔어요.

다음날부터 거기로 출근하는 거죠. 수업만 마치면 거기로 가는 거예요. 저녁에 설법을 했지요. 매일같이 설법 듣고 토요일 되면 철야정진하고. 법문을 들으며 '아! 이렇게 하면 해결할 수 있겠다! 죽음이라는 문제를, 또 우주라는 문제를 해결할 수 있겠다!' 는 자신감이 들더라고요. 일주일쯤 지나니까 선생님이 화두를 주셨어요. 담배종이에다가 '동산수상행(東山水上行: 동쪽 산이 물 위로 간다)'이라고 한문으로 쓰고….

담배갑 안에 금박지가 있잖아요? 담배를 피시고 나선 그걸 안 버리셔요. 거기에 화두를 써 주시고, 이름도 적어주시고 하시죠. 제 경우엔 '동산수상행'을 쓰시고 그 망노자(莽老子) 싸인, 딱 해서 주시더라고요.

그 화두를 주시면서 배경설명 같은 것은 안 해주셨나요?

없었어요. 그냥 "동산이 물 위로 간다는 것이 화두다' 그러셨어요. 그렇게 화두는 받았지만 실제로 참구는 못했어요. 법문을 매일 듣잖아요? 토요일 날 철야정진을 해도 앉는 시간이 별로 없어요.

그럼 밤새 설법하신 거예요?

두 번, 세 번 하셨어요. 그러다 보니까 좌선 시간이 별로 없었죠. 평상시에도 가지지 못했어요. 그저 법문을 열심히 들었죠. 법문 내용이 귀에 쏙쏙 들이오니까 그건 잊어버리지 않고 이어졌어요. 그때 불교공부의 바탕이 조금씩 쌓였던 거 같아요.

그렇게 평일에는 저녁 설법을 들으시고, 주말에는 토요 철야정진 하시고, 그러다가 74년 여름에 동도사에서 철야정진 법회가 열렸죠?

그전에도 철야정진을 시키셨더라구요, 그 때는 몰랐지만. 한 달도 시키고, 일주일도 시키고, 열흘도 시키고, 이렇게 그때그때 상황을 봐서 시키셨는데 그때 방법을 정하신 겁니다. 그래서 1회 철야정진이라고 했어요. 사직동은 좁으니까 용인에 있는 절을 빌려서 했지요. 동도사에 가서 보니 정진하다 힘들면 도망갈 만한 곳이 하나 있는데, 광입니다. 장작 같은 걸 넣어놓는 광이 있어요. 그런데 들여다보니까 전부 뱀이라. 동도사에 뱀들이 그렇게 많더라구요. 그러니 누구도 거기 들어갈 수가 없는 거라. 뱀하고 같이 있어야 되니까.

도망가서 잠잘 만한 장소가 없었군요.

꼼짝없이 법당에서 철야정진을 해야 했죠. 화두를 잡고 앉았는데 불과 몇 시간이 지나니까 졸음이 오고, 화두는 달아나고! 하루 이틀 지나니까 어디 있는지도 모르겠어요. 허리는 끊어질 것 같고! 그래도 어디 쉴 데가 없잖아요? 삼사 일 지나니까 정신은 좀 맑아져요. 몸은 여전히 피곤하죠. 그렇게 일주일을 지내니 '철야정진을 왔으나 공부를 제대로 못했다' 하는 생각이 들더라고요.

정진 끝난 후 "피로도 풀 겸 배를 타자!" 해서 모두 배를 탔어요. 절 앞이 저수지에요. 이홍재 교수, 김진태 검사, 이렇게 셋이서 한 조가 되어 보트를 탔어요. 내가 노를 저었죠, 다른 사람은 노를 저어 본적이 없다고 해서. 노를 저어 나가는데 어떤 느낌이 잠깐 오더라고. 나는 가만 있는데 배가, 옆에 있는 배들도 가고 오는 것이 느껴지는 거라. 잠깐이지만 그런 느낌이…

실제로는 내 육체가 배 위에 있고 같이 가는데, '나는 가만히 있고 움직이지 않는다'는 느낌을 가졌다 그 말이죠?

예. 움직이지 않고, 배가 가고 오고, 그걸 느낀 거죠. 잠깐 느꼈지만 신기하더라고. 그래서 뱃놀이를 끝내고 올라가 선생님한테 말씀 드렸습니다. 그랬더니 "그래! 공부란 게 그런 거다." 철야정진이 바로 공부인 것을 그 때 알았어요. 일주일 동안 참 힘들었죠. 공부가 안됐다고 생각했어요. 그러나 망상을 부렸든, 괴로움을 느꼈든, 그 생각을 쭈욱 가져갔잖아요, 일주일 동안? 그게 효과가 있었던 것 같아요.

"너만 도움이 된 게 아니고 다른 사람도 크게 도움이 됐을 거다. 앞으로 철야정진을 놓치지 마라."

하셨어요. 그때 철야정진의 중요성을 느꼈죠. 비록 잠깐 동안의 느낌이었지만 그게 또 계기가 되더라고요. 공부가 발전하는 거죠. 관념적으로 알았는데 느낌이 있다 보니 더 열심히 하게 되는 거예요. 학생이 공부는 안 하고.

학과 공부를 잘 못했어요. 그 생각만 하는 거라, 선생님한테 들은 법문만. 그런데 희한하게도 말마디로 걸어잡지는 않았어요. 그냥 감을 가진 것 같아요. 예를 들어서 허공법문을 들어도 "허공으로서의 내다" 하고 외우지 않았어요.

염(念)을 하지 않고 그냥 그 느낌으로, '허공으로서의 나' 라는 걸 느끼면서 생활을 한 거 같아요. 철야정진을 계속할수록 점점 공부의 실감이 왔어요. 그리고 경계가 일어나기 시작했습니다. 마음이 가라앉고 있었던 것 같습니다.

경계도 조금 얘기해 주시죠. 경계에 속을 수는 없지만.

앉으면 산도 보이고, 바다도 보이고, 총천연색으로 그냥 눈앞에 있듯
이 보이는 거라. 솔잎 하나하나까지…. 앉으면 그러한 것이 보이고. 철
야정진 끝나고 집에 갔는데 신장이 보여요. 나는 철갑 두른 것만 신장
인 줄 알았는데 그게 아니라네. 양복 입은 신장도 있다는 거예요.

양복 입은 신장이라구요?

누워 있는데, 비몽사몽간에 누워있는데 둘이 서 있어요. 말을 하는
데 내 목소리더라고. 선생님도 그런 얘기를 하신 적이 있죠? 또 철야
마치고 우청 거사하고 몇 명이 친구 집에서 놀다가 자려고 하는데, 그
집에 큰 나무가 하나 있었어요. 거기 벌레가 많거든요. 그것이 확대가
되어 속속들이 움직임이 다 보이더라고. 그러한 것이 일어나도 '아! 이
건 다 경계다. 마음이 가라앉는 과정이다.' 라고 그냥 놓아버렸어요. 선
생님이 가르쳐 주신 거죠. 그러나 그런 일이 있으니까 더 열심히 하게
돼요.

발전하는 기분이 들죠. 그런 식으로 이삼 년이 지났는데, 그 때가 77
년인데, 화두가 잘 들리더라고. 평상시에는 거의 화두를 들지 않았죠.
일주일 철야정진 때 화두를 든 거라. 어느 정도 화두가 잘 들리나 하면,
우리 선방에 시계가 있었거든요, 남천동에. 딱 앉고 '째깍째깍' 몇 번
하면 소리가 안 들려요. 그 다음에 '동산수상행' 밖에 없는 거라. '동산
수상행', '동산수상행' 외우는 거죠. 동산수상행을 의심하는 게 아니
라 그냥 '동산수상행' 을 반복하는데 어느 순간 화두가 딱 끊어져요. 한

마디로 생각이 쉰 거죠. 우리가 일초도 안 쉬고 생각하는 거 같아, 평상시에.

생각이 끊어졌을 때 어땠어요?

끊어지니까 적적함. 비유하자면 포항제철 같이 엄청나게 시끄러운 곳에서 모든 것이 딱 멈춰버리면 적적(寂寂)하잖아요. 그것이 근사(近似)한 표현이고….

그때 실감이 오더라고. 화두가 딱 끊어졌을 때, 화두가 사라지면서 실감이 온 거라. 조금 지나서 '동산수상행' 화두를 생각하니까 답이 그냥 생각이 나는 기라. 아시다시피 백봉 선생님한테는 대강 지견(知見)으로는 안 되잖아요? 그렇게는 답을 쓰고 싶은 생각도 없었어요. 그런데 답이 그냥 떠오르는 거예요. 그대로 종이에 적었죠.

'예리한 칼을 들고 쫓고 쫓을 새 갈 곳 없는 동산수상행이 내 집안 소식을 토하는구나.' '산은 푸르고 물은 맑은데.'

이게 답이죠! 있는 그대로라! 적적한 거 그대로라!

'할 일도 많았던 내 집안 일이 하나도 할 일이 없는 그대로구나.'

종이를 들고 선생님한테 갔어요. 그 때 자신 있었어요. 선생님이 "아니야!" 했으면 대들었을 겁니다. "무슨 소리 하시느냐?"고.

선생님이 보시고 끄덕끄덕 하시더라고. 거기서 뭐라 다른 말씀하시면 대들 판이지, 자신 있으니까. 대중들 법회 시간에 "전군이 화두를 깼다" 하시며 그걸 읽어주시더라고. 그러고는 두 말 안 하시는 거예요.

두 말 안 하셨어요? 다른 도반들은 화두를 깨든지, 뭔가 하면 인가란게 있었는데 거사님은…

안 하셨어요. '알면 그만이구나. 인가를 한다든지, 인가식을 하는 게 필요 없구나' 하는 생각이 들더라고. 인가는 방편인 거 같아요.

인가를 안 받았다고 해서 모르는 사람이라고 볼 수도 없겠군요, 그러면.

그래요. '아! 마음과 마음으로 알면 그만이구나.' 그리고 나서 거기서 끝난 게 아니라 그러한 상태가 계속 되더라구요.

적적함. 적적한 내가 모든 걸 하는 거예요. 예를 들면 광안리 바닷가에 파도가 치잖아요. 파도가 치는지 내가 파도인지 구분이 안 되는 거라. 적적한 상태에서 파도가 치고 모든 게 일어나고 이런 거라. 집에 가서도 적적한 상태에서 모든 걸 말하고 듣고 얘기하는 거라.

적적함 속에서 행주좌와가 일어나는 데 그 적적함은 계속되었나요?

아닙니다. 그러한 상태가 계속되다가 군에 가면서 차차차차… 그 후 얼마 안 있다 군대에 갔죠, 가을에.

군에 간 얘기를 좀 해주시죠. 민 거사 만난 얘기도 해주시고.

민 거사님이 상병 고참이었어요. 하사관도 있었지만 전체를 통솔했어요. 그런데 나와 인연이 있었던 거 같아요. 둘이 사사로이 만나면 존댓말을 해요, 제일 졸병인 나에게. 처음부터 그랬어요. 왜 그랬는 지는 모르겠어요. 나이 차이도 있기는 했지만.

둘이서 대화를 많이 했죠. 자연히 불교 얘기를 하게 되었죠. 불교 얘기를 민 거사가 순수하게 받아들였어요. 얘기 들은 대로 참선도 하고. 민 거사는 참선을 많이 했어요.

언젠가 제가 민 거사한테 '다들 자는데 둘이서 참선하기도 했다' 는 얘기도 들었는데요?

그러기도 했지요. 그렇지만 민 거사는 좀더 여유가 있기 때문에 더 많이 했죠. 어느 날은 이렇게 누워서 보니까 방광을 하는 거 같더라고. 훤하게 '아! 저 양반이 공부를 하겠구나!' 했죠.

'민 상병님, 제대하면 뭐할 겁니까?' 하고 물어보니 '고시 공부를 한다'고 해요. 그래서 "고시공부 하기 전에 백봉 선생님을 한번 만나 보십시오!" 했죠. 그랬더니 제대하기 전에 휴가를 가서 선생님을 만났어요. 그리고 제대하고 바로 선원에 입주해서 선생님 돌아가실 때까지 계속 모셨죠. (후에 출가했다. 현재 미국 버지니아주의 구곡사 주지로 있다. 법명 : 松月)

나는 제대하고 일주일 만에 선원에 입주했어요. 집에는 취직공부 하러 간다고 했죠. 어머니는 뭣도 모르고 보따리를 머리에 이고 나와 배웅해 주셨어요.

그렇게 선원에 입주하셨는데 그때 학인은 어떤 사람들이 있었어요?

마산의 고광영 거사, 호주에 있는 이정인, 통영에 있는 최진태, 그 다음에 민 거사, 송월 스님, 그리고 유봉 선생님, 변동조 선생님, 나까지 일곱이군요.

선원 하면 좌선을 생각하잖아요? 선생님 스타일은 좀 틀리세요. 참선하고 수행하는 그런 틀이 잡힌 생활이 아니죠. 아침에 예불하고 《선문염송》 원고 교정도 보고. 낮에는 나가서 일해야 돼요. 남천동에는 일할 데가 많아요, 밭도 있고. 지게도 져봤어요. 잔디밭이 넓어 잡초 뽑는 것도 일이고 저녁에만 앉는 걸 허용했죠.

설법은 아침에 한번, 저녁에 한번 했던 거 같아요. 하여튼 일상생활을 벗어나 방에서 정진하는 것을 허용하지 않으셨어요. 낮에는 일을 하면서 공부를 하도록 그렇게 시켰던 것 같아요. 평상시 '허공으로서의 나', 그걸 놓치지 않는 것, 그런 걸 자꾸 유도하시더라고.

예를 들어, 잡초 뽑는 걸 지켜보세요. 그리고 "잡초를 제대로 못 뽑는 건 니가 망상 피우기 때문이다. 마음이 가라앉아야 잡초도 잘 뽑을 수 있다." 이렇게 건드려 주시죠.

한번은 연탄 장수가 연탄 오백 장을 싣고 왔는데 옮기는 것을 구경하고 있다가 혼났어요. 보통은 연탄 장수가 다 들여놓잖아요? 주인은 가만히 있고.

어떻게 혼나셨어요?

"공부하는 사람들의 태도들이 아니다. 같이 날라라!"는 겁니다. "저 사람이 돈을 받고 연탄을 날라주지만 공부하는 사람은 모든 걸 하나로 봐야지, '내 일이다, 니 일이다' 구분을 하면 안된다"는 겁니다.

또 평상심을 보여주시는 예가, 누가 선원 앞에 차를 갖다 놓았어요. 아마 우리 선원에 아는 사람이 있었겠죠. 휴가를 가면서 그 사람한테 '차를 여기 갖다 놓겠습니다' 하고 그랬을 겁니다. 그런데 두세 대 밖에 못 세우는 좁은 공간에 그 차가 계속 서 있으니까 '주인을 불러 치우라고 해라' 하셨어요. 그래도 이틀, 사흘 그냥 가니까 선생님이 노발대발 하셨어요. 펄펄 뛰시며 "이거는 경찰국장이 와도 용시 못한다" 하셨어요. 우리는 '선생님이 뭐 저런 일에 그렇게 회를 내시니!' 하며 의아해 했어요.

그런데 저녁 때 저를 부르셔요. 자동차 키를 주시면서 "주인이 찾아 오면 줘라" 하세요. 아무 일도 없었던 것처럼 말이죠. 선생님이 공부시키는 방편은 "평상심 그대로 공부가 돼야 한다"는 거예요. 움직일 수 있으면 움직이게 하셨어요. 동선(動禪)을 시키셨어요. 그러니까 자연히 부지런해지더라고요. 내일, 네일 가리지 않게 되고. 허공으로서의 나를 챙기면서 하니까 일도 힘들지 않고.

'동산수상행'을 깬 다음에는 새로운 화두를 주지 않으셨나요?

안 주셨어요. 어떻게 공부하라는 말씀도 안 하시고 법문만 하셨어요.
그런데 그때까지는 못 느꼈는데 차츰 시간이 지나면서 대화를 할 필요
가 없는 거라. 묻지 않아도 내가 궁금해 하는 건 바로 법문으로 나오니
까. 그 때가 82, 83년부터….

**그렇게 일 년 정도 입주해서 지내시다가 서울로 올라오셨죠? 왜
올라오셨어요?**

취직한 거죠. 부모님이 난리를 치셔서 서울로 갔죠. 매형이 서울에
공장을 가지고 있었거든요. 그 곳에서 일했습니다. 덕분에 철야정진
때 빠지지 않고 내려올 수 있었죠.

서울에 계실 때는 어떤 일이 있었습니까?

81년도에 올라왔는데 얼마 후 선생님이 서울에 오셨어요. 삼보법회
초청을 받으셨거든요. 운당여관에 머무셨는데 내가 선생님을 모셨습
니다. 여관으로 참 많은 분들이 찾아오셨어요. 그 손님들을 모두 제가
안내를 하고 동석을 했습니다. 삼보법회에 모시고 다니는 것도 제가

맡았지요. 삼보회관에서 법회가 열렸는데, 청계천 8가 어떤 건물 꼭대기였어요. 그때부터 선생님이 저하고 많이 됐죠.

누가 오면 소개시키시는 거라. 저를 딱 붙어있게 만들고 찾아오는 사람들을 다 소개시키는 거라. 그분에게는 "전 군이다", 나에게는 "전 군, 이 사람은 누구다", 이렇게 소개를 시키더라고요.

그 당시에 시봉하는 사람이 따로 없었나요?

민 거사도 있었고, 송계 거사도 왔고, 그 외 몇 사람 더 있었어요. 그래도 내가 그렇게 되더라고요. 선생님이 자꾸 그렇게 만드시는 거라.

이제 그 해의 여름, 겨울정진 이야기를 해 볼까요? 철야정진을 하기 위해서 부산에 가셨죠?

예! 그 해, 81년도 겨울 철야정진은 저한테 아주 중요한 일이 있었습니다. 그때 선생님이 공겁인(空劫人) 법문을 하셨는데 그에 대한 실감이 온 겁니다.

'내가 그대로 공겁인이다.'

라는 실감이 오더라고! 그를 실감하는 상태에 있는데, 선생님이 법문을 끝내면서

"전 군! 철두철미하게 실감이 오지?"

하세요. 그 말씀에 확 실감이 오더라고!

그 말씀을 하기 전에도 실감이 오고 있었는데?

네. 선생님이 이어서

"그 실감이 온다면 다 끝난 거다"고 하셨어요. 옛날엔 적적함을 느끼면서 보고 듣고 했죠. 그런데 그것도 필요없는 겁니다. 모든 것을 쓰는 그 상태 그대로가 공겁인인 거죠. 선생님이 방으로 들어가셔서 혼잣말을 하시는데, 내 마음 상태를 두고 하신다는 것을 바로 알 수 있었습니다.

그때 뭐라고 말씀하셨는데요?

"거 참, 대단한데!"

하셨어요. 지금도 내가 공겁인이라고 쓰는 이유가 거기에 있습니다. 선생님은 공겁인, 그 한마디를 하시려고 한 거 같아요. 알든 모르든 사람은 공겁인이다. 공겁인이 아니라고 도망가는 사람도 공겁인이다. '우리가 공겁인'이란 그것만 알면 다른 거 할 게 없다는, 그것을 그 때 절실하게 실감했죠.

그전에 느꼈던 적적함과는 또 달랐단 말씀이시죠? 그것이 어떻게 달랐는지 좀 설명할 수가 없나요?

마음이 끝이 없다는 것, 또 우주가 끝이 없다는 것을 그전에는 느끼지 못했죠. 실감이 안 왔죠. 그런데 그 때 실감을 한 거죠. 그렇게 밖에 표현이 안 되겠네요.

공겁인에 대한 실감이 있은 후 선생님은 은연중에 '보살행을 하라'고 주입시키셨어요. 선생님이 뭘 시키는 것도 그렇고, 그 당시 선생님이 보살 법문을 많이 했어요.

대중을 상대로 한 설법이지만 나한테 하시는 것처럼 들렸단 말이죠?

예. 직접 얘기도 하셨어요.

"다른 사람의 생사문제를 해결해야지! 니 생사문제 해결하는 것 몇 푼어치니 되노?" 하시더라고, 직집 내 놓고.

이제 82년 이야기를 좀 해 볼까요? 그 해에도 선생님이 서울에 몇 번 올라 오셨죠?

아마 삼보법회 영향이었을 거예요. 묵산 스님이 "우리 절에서 신생님을 모시고 철야정진을 해야 되겠습니다." 하신 거예요. 제가 서울에 있으니까 앞에 나서서 일했지요. 철야정진 준비를 하고 일주일 동안 진행도 모두 맡다시피 하고, 그런 과정에서 선생님이 여러 일을 시키시고, 지켜보셨어요.

그렇게 여름 철야정진을 서울 덕림사에서 했지요. 그 후에도 백봉

선생님이 덕림사에 오셨지요?

9월 달부터 보름마다 서울에 올라오셔서《선문염송》강의를 하셨죠. 그 때 서울에 있는, 아마 불교계에 유명하다는 사람들은 다 왔을 거예요. 그런 사람들이 와서 듣다 보니까 "보림선원을 서울로 옮기자"하는 얘기가 나왔어요. 선원을 옮기려고 할 때였거든요. 조대비 별장이 선원 후보로 나왔어요. 제가 가서 사진을 찍고 조사를 했죠. 방이 백 개는 되겠더라고. 집도 한 오륙 백 평 될까? 천만 원을 주면 십 년간 쓸 수 있는 조건이었어요. 그런데 부산 분들이 "안된다"해서….

거사님은 서울에 머무시는 동안 결혼하셨지요? 수행의 뜻에 있어서는 거사님에게 지지 않을 만큼 신심이 깊은 도반을 만나 결혼하셨는데 그 얘기를 좀 해주시죠.

공부를 같이 할 사람, 공부를 방해 안 할 사람, 그런 사람이 연결됐으면 좋겠다 했지요. 덕림사에서 철야정진을 하면서 그렇게 한번 생각했는데 희한하게 정진이 끝나자마자 오수춘 보살님이, 마치 준비했던 것처럼 묘선 보살을 연결해줬어요. 석 달 만에 결혼을 했죠.

인연이 있었던 것 같아요. 제가 대구 동인동에서 태어나 살았어요. 거기 개천이 있고 다리가 있는데 나중에 보니 묘선 보살은 다리 건너편 신천동에 살았더라구요. 결혼할 때도 저는 구의동 살고 보살은 잠실 살고, 계속 다리 건너편에 산 거죠. 서로 적령기가 돼서 순식간에 이루어졌어요. 결혼하기 전에 밝혔어요.

"나는 공부하는 거 밖에 모르는 사람이다. 함께 공부를 해야 한다."

"좋다"고 대답했어요.

결혼 후 얼마 안 돼서 거사님은 다시 부산으로 내려가셨지요? 무슨 일이 있었습니까?

그 해 겨울 철야정진 할 때 선원 안으로 택시를 타고 들어가는데 입구에 수위아저씨가 보이더라고요. 그 때 '내가 여기 와서 수위를 해도 되겠구나' 하는 생각이 들었습니다. 서울서 장사하다가 철야정진 때나 올 게 아니고, 이예 선원에 들어와야 되겠나는 생각이 는 겁니다.

그래요? 서울에서 돈 많이 받는 월급쟁이도 선생님 옆에 와서 수위하는 것만 못하다?

철야정진을 하며 마음을 먹었죠. '서울 가면 정리를 하고 내려와야 되겠다.'

그런데 선생님이 이 생각을 아신 거라! 선생님이 야청 선생님한테 "야청! 전 군 처가 임신 8개월이야. 전 군 취직 좀 시켜!" 하셨어요. 난 한마디도 안 했는데!

올라와서 두 달 만에 다 챙겨가지고 내려갔죠, 지영이까지 안고. 야청 선생님이 바로 취직을 시켜주시더라고, 백화점에. 선원 옆에 집이 하나 있었어요. 실은 선원 안에 있다고 해야죠. 방이 여러 개 있었는데 하나씩 세를 주었어요. 거기에서 살았죠.

왜 그렇게 백봉 선생님 옆에 가서 사는 게 중요했을까요?

아무래도 선생님 옆에 가서 있으면 공부가 더 진전이 있잖아요. 묘선 보살도 그대로 따라주었고! 그렇게 내려 와서는 선원 생활이 완전히 내 생활이 되어버렸죠.

그렇게 해서 보림선원이 산청으로 이사갈 때까지 보림선원 울타리 안에서 계셨죠. 입주 학인과 다름이 없었죠. 그때 얘기 좀 해 주시죠.

예불을 꼭 해야 돼요. 안 하면 "전 군 어디 갔나?"하며 찾으세요. 그래서 일과가 새벽 4시부터 시작 돼요. 선원에 올라가 예불 드리고, 선생님 방에 가서 법문 듣고, 교정보고, 그리고 출근합니다. 또 퇴근하면 인사 드리고, 그러니 선원에 입주한 것과 다름이 없었어요. 그 당시 직장 생활 하면서 술을 많이 먹었어요.

묘선 보살은 날 따라와서, 남편밖에 없는데, 참 얼마나 술을 많이 먹었나 하면! 도반인 친구가 있어요, 김종진 거사라고. 김 거사하고 술을 먹기 시작하면 날이 샙니다. 그래도 예불시간은 놓치지 않아야 하니까 그때는 정신이 들어요. 가서 예불을 모셨어요. 참 많이 마셨는데 그래도 정신만은 놓치지 않았지요.

술 때문에 백봉 선생님한테 야단도 맞았겠네요?

각오하고 있었는데 야단을 안 하시더라구요.

술 때문에 야단맞은 도반들이 많은데요.

예! 많았죠. 민 거사를 비롯해서 다들 술 때문에. 서운 선생님도 그렇고. 하루는 선생님이 지보고 맥주 두 박스를 사오라고 하셨어요. 그리고 서운 선생님을 불러 두 분이 그걸 모두 드셨어요, 밤을 새며! 저도 끝까지 옆에 앉아 술을 따라드렸습니다.

그때 선생님 건강이 안 좋았어요. 맥주 한 병만 드셔도 힘드실 때에요. 그런데도 불구하고 바스로! 그런데 끄딱 없으셨어요, 백봉 선생님은.

서운 선생님은 좀 힘들어하셨던 거 같이요. 그때 "허공으로서의 나, 법신으로서의 나를 놓치지 않고 술을 먹어야지, 그렇지 않으면 술을 먹지 말라"고 가르치시기 위해 그러신 거 같아요. 그 당시 나는 각오를 하고 있었죠.

'선생님 명만 떨어지면 다시는 술을 안 먹을 거다.'

그런데 끝까지 술 먹지 말란 소리 안 하셨어요. 한때 묘선 보살이 선생님한테 넌지시 말씀을 드렸어요.

"전 군이 술을 저래 먹어가지고…."

그랬더니 선생님이 "놔둬라!" 하셨답니다.

그때 또 있었던 일이 있으면 말씀해주시죠.

그때 이런 저런 이야기를 많이 하셨어요.

"대도를 이루려면 고생을 해야 된다. 각오해야 된다."

이 말씀을 여러 번 하셨어요. 그리고 "공부가 몇 번이고 되는 거다. 공부하는 사람의 마음을 아내도 모르고 친구도 모른다." 이런 이야기도 하시고.

지금 생각해보면 선생님과 대화 없이 대화를 많이 한 것 같아요. 선생님과는 갈등이 없었어요. 부모나 친구하고도 갈등이란 게 있기 마련이잖아요? 그런데 선생님과는 갈등이 없었어요. 나무라신 게 없어요. 선생님이 말씀하신 걸 알아듣고 그에 따라 행동했기 때문인 것 같아요.

보림선원이 부산에 있었으면 한 울타리 안에서 계속 사셨겠지만 얼마 안 되어 산청으로 이사를 했죠. 그래서 헤어지게 됐는데 그때 어떠셨어요?

산청 이사하는 날 아침에 출근하려는데 선생님이 부르시더라고요. 도반들이 이삿짐을 나르고 있었어요.

"이 불상을 니가 모시고 가 차에다 실어라."

하세요. 선원 법당에 불상 있잖아요? 그 불상을 모셔다 차에 실으라는 겁니다. 그대로 했죠. 그랬더니 관음보살 액자를 가르키며 "이거 니 집으로 가져가라!"하셨어요. 선생님 방인가? 입구 바깥쪽에 걸려있던 것 같은데? 하여튼 떼어서 집에 갔다 놓았죠. 그 뒤로 선방을 만들 때마다 그 액자를 걸었지요.

절을 옮긴다고 하면 가장 중요한 행사가 불상 옮기는 걸텐데 그 일을 청봉 거사님 한테.

일부러 불리시 하셨는데 그 뜻은 모르셨어요. 지금처럼 보살행을 할 수 있도록 키워주시기 위한 것이 아닐까 생각해요.

선원이 이사함으로써 다시 선생님과 떨어지게 됐는데 자주 산청에 가셨습니까?

자주 못 갔습니다. 도반들은 한 달에 한번씩 버스를 빌려 갔는데 내가 백화점에서 일하다 보니까 일요일 이어서 못 가게 되더라고요. 딱 한번 가고 말았어요. 그게 아쉬워 날을 잡아 김종진 거사 부부하고 우리 부부하고 선생님을 뵈러 갔어요. 여름 철야정진을 한 달쯤 앞둘 때였어요. 선생님을 뵙고 인사를 드리고 나오는데 다른 때하고는 다르시더라고! 방에서 인사를 받고 작별하시지 밖에는 잘 안 나오셨거든요. 그런데 그 날은 따라 나오시더라고! 선원 입구까지 나오셔서 딱 서서 계셨어요.

그런데 말씀을 하시고 계시다는 것을 느낄 수 있었어요. '말없는 말'을! 그것을 느낄 수 있잖아요? 내려가면서 계속 말씀을 들었습니다.

'뭐라고 말씀하시는지 언젠가는 내가 알겠지!'

하면서 들었어요. 우리가 완전히 돌 때까지 그러셨어요.

안 보일 때까지는 한참 걸리는데!

그렇죠! 한참 걸리죠. 그렇게 헤어졌어요. 철야정진을 앞두고 백화점을 도는데 하얀 모시옷이 눈에 탁 들어오더라고. 유난히 시원해 보였어요. '이번에는 저 옷을 입고 정진을 해야 되겠구나' 생각해서 그 옷을 샀어요. 결국 상복이 된 거죠. 철야정진 때 입승을 보았는데 도반들이 정진을 하다가 자꾸 나가요. 정진을 하며 일을 많이 했는데 그게 힘들었는지 어디가 쉬는 거예요. 선생님이 찾으셨어요.

"전 군! 니는 다르다. 이 친구들 다 어디 갔냐?" 하시며 찾으셨어요. 또 그 때 유마탑 일을 했어요. 선생님이 "유마탑 아래쪽에 돌을 좀 채웠으면 좋겠다"하셔서 철야정진중에 동네 트랙터를 하나 빌려 갖고 개울에서 돌을 날라와 쌓았습니다. 그때 모든 도반 들이 다 했어요. 애들까지 나가서 했어요. 그랬더니 선생님이 법문을 바로 하시더라고요.

"모두 유마탑에 인연을 맺었다. 이렇게 인연을 맺을 줄 누가 알았겠느냐?"

하셨어요. 저는 철야정진이 끝나기 전에 나와야 했습니다. 8월 2일에 끝나는데 7월 31일 날 나왔어요. 휴가가 짧았어요. 그래서 인사를 드리려고 하는데 교장 선생님이 먼저 가신다고 인사를 드리는 겁니다. 선생님이 마중을 하려 하셨어요. 그 당시 선생님은 탈골이 돼서 거의 걷지를 못하셨어요. 겨우겨우 부축을 해서, 업다시피 해서 선원 입구까지 내려왔어요.

교장 선생님이 "겨울 철야정진 때 오겠습니다" 하니까 "겨울 철야정진에는 못 볼 걸세" 하시는 거라! 그 말씀에 나는 "교장선생님이 오래 못 사시는구나!"하고 생각했어요. 선생님보다 네 살 정도 더 많으셨거든요.

교장선생님이 가시는 기를 보고 돌아서려는네 선생님이 "전 군, 내가 유마탑 앞에를 못 갔다" 이러시는 거라. 내 등치에 유마탑까지 선생님을 업을 수가 없잖아요? 그 때 마침 윤대혁 거사가 옆에 있었기에 윤 거사가 선생님을 업었어요. 그렇게 셋이서 유마탑에 갔어요. 탑 앞에서 선생님이 "전 군, 니가 들어외야 되겠디"히고 말씀하셨어요. 그래 약속했죠. "예, 들어오겠습니다."

그 외 다른 말씀은 없으셨어요. 다시 모시고 올라와 인사를 드리고 나왔죠. 이틀 후에 돌아가셨다는 연락을 받았습니다.

선생님이 입적하신 후 거사님은 스승께서 남긴 걸 모으고 정리하는 일, 스승의 유지를 받드는 일에 매진하셨는데 그 일을 좀 설명해 주시죠.

돌아가셨지만 돌아가셨다는 생각이 들지 않았어요. 먼저 '선생님이 법문하신 걸 챙겨야 겠다' 는 생각이 들었습니다. 82년도에 내가 법문을 녹음해 사람들한테 나눠 준 적이 있었는데 아마도 그 일 때문에 그 생각을 한 거 같아요. 테이프를 모으니 삼백 개나 되더라고! 이 것을 모두 복사했어요.

그 다음에는 유고를 출판하는 일을 했습니다. 다행히 《선문염송》 8권, 9권을 출간할 때 내가 관여가 돼있어서 헤매지 않았습니다. 10권부터 14권, 15권 상권까지 출판했어요. 그 때 목우 선생님이 교정을 보시느라 고생하셨어요. 교정 보면 수정하고 다시 교정 보고, 책 한 권 내며 일곱 번을 교정 봤어요. 최종교정은 야청 선생님이 봐주었습니다. 그전에 책을 낼 때 삼백 만원이 들었어요. 제가 동문인쇄 사장님한테 부탁을 했습니다. "몇 년이 걸리더라도 삼백 만원으로 동결해 달라!" 그렇게 해주셨어요. 30명의 도반들이 십만 원씩 내서 비용을 댔습니다. 다섯 권 내는데 8년 걸렸어요.

그렇게 하는데 어려움은 없었습니까?

어려움은 없었습니다. 선원 일은 어려움이 없었어요. 철야정진도, 일주일 철야정진을 해야 되는데 장소가 없죠! 다행히 도반중에 선원을 가진 분이 계셨어요. 대자선원이라고, 해운대에 있는.

그런데 개인이 소유한 절도 스님을 두잖아요. 같이 겪어봐서 알지만 스님이 계시다 보니까 갈등이 있었죠. 그래도 한번도 안 놓치고 몇 년 동안 그 곳에서 철야정진을 했어요. 그러다 엄궁 화엄사로 옮겼죠, 각성 스님 도움을 받아서. 마음을 먹으니 철야정진은 어떤 일이 있어도 되더라고요. 직장에서도 이해를 해주었기 때문에 저도 한번도 안 빠지고 했어요.

81년도에 서울에 와서 몇 년 머물 때에도 토요 철야정진은 계속됐죠?

그때 동대문 이스턴호텔 옆에 있는 조그마한 낡은 빌딩에서 했죠. 82년 여름철야 때 참석했던 한의사 분에게 애기를 했더니 소개해 주었습니다. 우리하고 또 넣 사람이 거기서 토요 정진을 했죠.

그때 이런 일도 있었어요. 철야정진을 하고 있는데 창문 쪽을 보니 선생님이 나타난 거야! 꿈을 꾸는 상태가 아니었어요.

'아하! 선생님이 마음을 나투시는구나!'

그런 생각이 들더라고요. 거기서 하기 진에는 보림사에서 했죠. 제가 혼자서 철야를 할 때면 묵신 스님이 오셔시 힘께 해주시기도 하셨습니다.

선생님이 입적하시고 몇 년 지나 동생의 사업실패로 보증을 섰던 거사님이 많은 빚을 떠안게 되었고 이를 만회하려고 직접 사업에 뛰어들었지만 그 사업마저 실패했죠. 그로 인해 거사님과 가족이 겪었던 고초는 참으로 형용할 수 없었죠. 그 고통은 어떤 의미가 있습니까?

저는 어려서도 험난한 일을 겪지 않았어요. 선생님이 "공부하는 사람은 고생이 많다. 죽을 고생을 한다"는 말씀을 하실 때도 전혀 이해가 안됐어요. 다른 이야기는 설사 그 당시에는 모르더라도 조금만 지나면 다 알았는데 그 말씀은 그렇지 않았죠. 그런데 실제로 그런 일을 겪은 겁니다. 사업하는 동생 도와준다고 보증을 섰고 그로 인해 극한상황까지 갔죠. 사람이 살면서 무슨 일이든지 일어날 수 있다는 걸 비로소 알게 되었죠. 또 어려움을 겪으며 부족한 것을 알게 되었습니다.

몇 번에 걸쳐 실감도 했지만, 공부라는 것이 실감한다고 되는 것이 아니었습니다. 성태(聖胎)를 길러야 했습니다. 그 당시에는 토요일 철야정진을 안했어요. 일주일 철야정진은 놓치지 않았지만 말이죠. 공부를 안 한 것은 아니지만 절실함이 부족했어요.

그러니까 다시 발심하는 계기가 되었습니다. 이렇게 공부해서는 안되겠다 하는 걸 알게 되었죠. 어려운 가운데에서도 그게 완벽하게 돼야 되는데 실제로 그런 상황이 닥치니까 안돼요. 사회생활을 하다 보면 자기도 모르게 습이 나오거든요.

그때 많은 어려움을 겪으면서 고통을 느끼셨어요?

네. 고통을 느끼면서도 뭐라고 할까요? 공부에 대해서 절실해졌죠. 사는 것이 절실해지니까 공부 또한 절실해지더라고요. 우리가 고통을 겨을 때는 성성(惺惺: 또렷또렷)하잖아요. 그러나 평상시에는 마음 쓰는 것이 성성하지 못하잖아요? 절실하지 못하잖아요?

그런 상황이 되니까 성성해지더라구요. 다시 한번 그 당시의 실감이 나면서 공부가 챙겨지더라구요. 성성하다는 것은 아무리 괴로워도 뚜렷하게 인식을 할 수 있는 거잖아요? 그 전에는 성성하지 않았어요. 그러니 습에 끌렸죠. 그런데 그 일이 계기가 되어 놓치지 않게 되었습니다. 성성함이 이어지게 되었습니다. 그래서 고통의 원인을 제공한 동생을 한번도 원망한 적이 없어요. 나중에는 고마운 생각이 나더라고….

이 일을 겪으며 공부하는 사람에게는 어려움이 공부를 돈독하게 만든다는 것을 알게 되었습니다. 어려움이 크면 클수록 공부가 더 돈독해 진다고 봅니다. 공부한다는 그 마음만 놓치지 않으면 말이죠. 그 일이 제가 공부하는 데 큰 도움이 됐어요. 물론 인과관계로 보면 남한테 피해도 주었지요. 그러나 영원히 사는 우주 안에서 볼 때 그런 부분은 작다고 봅니다. 참회도 하지만 크게 보면 우리가 생사문제를 해결하는데 노움이 됐나고 봐요.

거사님은 94년에 다시 서울로 올라오셨죠. 그리고 서울의 보림선원 모임을 이끌어 오셨습니다. 정릉에 있는 보림사에서, 삼성동에 있는 빌딩에서, 지금은 인왕산에 있는 선원에 보림선원 간판을 걸고 토요정진, 여름·겨울 정진을 열어오셨어요. 거사님으로 인해서 보림선원 수행의 맥이 지금껏 끊이지 않고 이어져 왔습니다. 개인의 삶도 여유가 없는 상태에서 어떻게 이런 일을 해 오셨는지 그 뜻을 한번 여쭙고 싶습니다.

제가 77년도에 처음으로 망상을 한번 쉬어봤을 때 느낀 것이 좀 있었습니다. 그중에 하나가 '아! 내가 전생에 공부를 했구나', 두 번째는 '이 공부를 내가 끝까지 해야 되겠구나', 셋째는 '많은 사람들이 이런 문제를 해결하도록 도와야 되겠다' 하는 거였습니다. 그렇게 원이 세워졌습니다. 어려움을 겪으면서 다시 발심을 하게 됐고 이렇게 이끌어왔습니다. 이끌어왔다기보다는 유지를 해온 편이었어요. 앞으로는 유지보다는 본격적으로 나갈까 합니다.

그동안 어려움도 많았을텐데, 어떻게 극복이 됐습니까.

그걸 잘 모르겠어요. 저는 두 가지 마음을 가지고 움직였어요. 이 공부를 해야 되겠다는 것, 그리고 반드시 선생님 법을 이어서 모든 사람이 공부할 수 있도록 해야 되겠다는 것, 이 두 가지 생각입니다. 지금도 이 생각은 변함이 없습니다. 그러한 것이 크게 작용했고 또 알게 모르게 가피력도 있는 것 같아요.

말이 그렇지 몇 십 년을 철야정진을 할 수 있다는 게 쉬운 일이 아닙니다. 사업실패 했을 때는 오고 갈 데가 없었어요. 집도 절도 없고, 빚쟁이는 들이닥치고 하는 상황이었죠. 어려울수록 공부해야 되겠다는, 철야정진을 이어야 되겠다는 생각이 더 절실해졌습니다. 그러기 때문에 앞으로도 이 공부는 이어질 거라고 저는 확신합니다.

선생님의 유지와 유훈을 따르며 살아오신 지 25년이 지났습니다. 지금까지 많은 것을 이뤄오셨다고 생각합니다만 거사님은 아직도 부족하다고 생각하고 계실 거 같아요.

부족합니다. 한마디로 게으르다고 할까요? 실감을 했다고 하는 것은 본래의 자기 본성을 안다는 건데, 그 아는 것으로써 공부가 다 된 줄 알았던 거죠. 앞으로 열심히 성태를 기르는 공부 쪽으로 매진할까 합니다. 또 그 동안 많은 사람들을 접해 보았는데 백봉 선생님의 법문, 공부 방편을 몰라서 이 공부를 못하는 사람들이 상당히 많은 것 같아요. 그래서 그러한 것을 알리는 쪽에 주력을 하려고 합니다. 양적으로 키운다는 의미가 아닙니다. 규모가 작아도 정말 공부하려는 사람들이 모여 공부하는 곳을 만드는 겁니다. 또 그곳에 못 오더라도 도움을 얻도록 인터넷이나 방송, 이런 것을 만들어 나가는 것이 법을 살리는 길이라고 봅니다.

성태를 길러나가는 쪽으로 노력을 많이 하시겠다고 했는데 어떻게 노력하실 계획이세요?

제가 실감한 것이 공겁인입니다. 다른 거 없습니다. 내가 부처다 믿고, 바로 부처행으로 들어가는 거예요. 공겁인은 모두가 하나라는 것이거든요. 거사님이나, 저나, 이런 공부를 처음 하는 분이나, 공부를 거부하는 분이나, 다 똑같이 하나라는 것이죠. 그걸 놓치지 않는 공부죠.

어떻게 하는 것이 놓치지 않는 것입니까?

내가 부처라는, 공겁인이라는 그 인식을 놓치지 않고 행을 해나가는…. 그리하면 생사문제가 해결이 된다고 보죠. 모든 게 하나라고 느낀다면 생사가 안 들어붙잖아요. 다른 말이 필요 없죠.

생사가 안 들어붙는다는 건 뭐에요?

생사가 없다는 거죠.

그러면 거사님은 나중에 죽지 않나요?

죽지 않죠. 나만 그런 게 아니고 묻고 있는 우리 거사님, 또 공부를 안 하는 사람도 그렇죠. '자타일시 성불도(自他一時成佛道)'라는 얘기를 나중에 알아듣겠더라구요. 그러니까 우리가 성품을 봤을 때는 온 우주가 하나라는 것, 쉽게 말해서 나만 성불하는 게 아니고 모든 것이 성불이 됐다는 걸….

성불이 됐다? 이미 됐다?

그걸 느끼는 상태라고 봐야죠. 따라서 그 상태에 있다면 죽음이라는 게 없죠.

그러면 생사가 있는 육신의 관점에서 생사문제는 어떻게 해결해요?

육신의 관점에서 그걸 쓰는 거죠. 쓰지 못하고 쓰이니까 문제지요. 그래서 놓치지 않는다는 애기를 하는 거죠.

공겁인이라는 걸 놓치지 않으면 생사를 쓰는 것이지 쓰이지 않는다?

그렇죠. 그리고 되돌아서 하나로 본다는 것, 우리는 자꾸 둘로 보죠.

수행의 목표는 무엇이 돼야 한다고 생각하십니까?

물론 생사문제지요. 제가 가장 깊이 느꼈던 게 죽음이었죠. 생사가 없다는 걸 확실하게 느낀다면, 또 그 상태에 있다면 뭐가 걱정이겠습니까? 그러니까 궁극적인 목표는 생사문제를 해결하는 것이라고 봅니다.

거사님은 이대로 쭉 가면 생사문제를 해결할 수 있을 거라고 단언하십니까?

단언하죠. 지금 이런 걸 묻는 거사님이나 또 이런 공부를 안 하는 사람도 그 말에 대해서 어떤가요? 그 말을 안 믿는가요?

믿으면 해결이 된다고 보십니까?

아니! 그걸 받아들이는 건 본인이 느낀다는 것이거든요. 그 상태를 느껴봤다는 거예요.

그 상태를 확실히 느껴보면 생사문제를 해결하는 것이다?

우주가 하나라는 그 상태에서 쓰고 있는 그걸 놓치지 않으면 생사문제 해결했다고 보는 거죠.

예, 알겠습니다. 지금 돌이켜 볼 때 백봉 선생님은 거사님에게 어떤 존재입니까.

생명의 은인! 흔히 몸을 구해준 사람을 생명의 은인이라고 하죠. 물론 그것도 생명의 은인이죠. 그러나 엄격하게 말하면 생명을 연장해준 거죠. 언젠가는 죽잖아요? 제가 백봉 선생님을 생명의 은인이라 말할 수 있는 이유는 '우리가 영원하다는 것, 원래 하나였고 우주와 더불어 영원하다는 걸 실감하도록 해주신 분'이기 때문이죠. '우리는 죽지 않는다. 원래의 나는 죽지 않는다'를 알게 해 주신 분이기 때문이죠. 성

태를 키우지는 못했어도 그것은 분명하죠. 그러니 생명을 구해준 겁니
다. 진짜 생명을 구해준 은인이죠.

1954년 부산에서 출생했다. 중, 고교를 다닐 때 여러 가지 남다른 체험을 하면서 현상과 인식에 대한 의문을 가졌다. 대학교 3학년(1975) 가을에 백봉 선생을 만나 입문하였으며 입문 후 불과 1개월 여 만에 깨달음을 얻었다. 도반인 무염 이수열 거사와 결혼하여 3녀를 두었으며 현재 경기도 군포시에 살고 있다. ak339@daum.net

인터뷰 일시 | 2010년 11월 14일 오전 11시~14시 00분
인터뷰 장소 | 산본 자택

자유와 회향이 둘이 아니다

어려서부터 남다른 체험이 있으셨지요? 그 체험을 좀 알려주시죠.

남다른 체험이라고 하기는 좀 그렇고요. 중학교 때부터 좀 이상했지요. 아무 생각이 없이 멍히게 있는 때가 많았어요. 나는 그걸 '멍타임'이라고 불렀지요. 정거장을 지나쳐 내리는 경우가 많았어요. 정신을 차려보면 이미 몇 정거장 지나 있는 거예요. 멍타임이 굉장히 심했기 때문에 학교에 갈 때는 정신을 바짝 차려야 했습니다. 지각하면 큰일이잖아요.

멍타임을 경험하면서 의문이 일었습니다.

'멍타임중에 나는 어디에 있었는가?'

하는 것이었어요.

고등학교 때에는, 제가 경남여고를 다녔는데 학교가 막다른 골목에 있었어요. 버스에서 내려 긴 골목을 가야 하는데 매일 뛰어 갔습니다. 70년대는 골목이 시끄러웠어요. 전파사에서 행진곡을 온 동네에 울리도록 크게 틀었거든요. 그런데 어느 날 열심히 뛰는데 갑자기 소리가 사라진 거예요. 온 세상이 조용했습니다. 놀랐죠. 그 시끄럽던 소리가 갑자기 없어져버리니 너무 놀랐죠. 순간적으로 멍했습니다. 그리고는 바로 아주 편안한 상태가 되더라고요. 그 상태로 제법 시간이 흘렀습니다. 다른 사람이 보았을 때는 순간적으로 멈칫하는 수준이었을지 모르지만 제 느낌으로는 제법 긴 시간이었습니다. 그러다 회복이 돼서 뛰어갔죠. 그 후 소리가 끊어지는 일이 종종 일어났습니다.

그러다 어느 날 육교를 건너서 내려가는데 갑자기 모든 물체가 사라져버린 거예요. 눈에 아무 것도 안 보여요. 눈은 뜨고 있고, 기절한 것도 아닌데 물체가 없어져 버린 거예요. 크게 놀랐죠. 그 자리에서 꼼짝도 할 수가 없었습니다. 그냥 '떠 있다'는 느낌만이 있었습니다. 그리고 소리가 없어졌을 때와 비슷한 평화로움, 고요함, 말로 표현하기 힘든 그런 상태가 순간적으로 왔어요.

이런 일을 경험하니 의문이 생기지 않을 수 없어요.

'왜 소리가 없어졌을까? 귀도 정상이고 의식도 있는데 소리가 있다가 없어졌으니 소리가 과연 있는 것인가? 물체의 형체가 과연 있는 것인가?'

이런 의문이 점차 확장되었어요.

'물체도 없어질 수 있고 소리도 없어질 수 있다면 이 세상도 없어질 수 있는 것이 아닌가? 그렇다면 이 세상은 과연 존재하는 것인가? 내가 보는 것은 과연 무엇인가? 저 사람이 과연 있는 것인가? 내가 어떻게 저 사람 말을 알아들을 수 있고 저 사람은 어떻게 내 말을 알아들을 수 있지? 보고 듣는 것은 무엇일까?'

이런 당치도 않는 의문으로 발전했어요. 그렇게 되니까 세상 살맛이 별로 안 나는 거예요. 재미가 없는 거예요. 연애 한번 못해봤어요. 연애를 하고 싶어도 '그게 될까?' 하는 생각이 들었기 때문이죠. 머리 속에는 '존재한다고 믿었던 모든 것이 허상이라면, 없을 수도 있는 거라면 산다는 건 웃기는 일이다. 이 문제를 해결하지 못하면 살 가치가 없다. 살아도 헛사는 것이다' 는 생각이 가득했습니다.

여고생이 그런 생각을 했다는 거죠.

그렇죠. '내가 돌았나, 정상인가?' 하는 고민도 많이 했어요. '소리도 들리고, 세상도 있고, 나두 살아가고 있는데, 왜 나는 자꾸 이런 질문을 하게 되는가? 내가 돌았나? 다른 사람은 그런 거 묻지 않고 잘 살아가고 있는데, 나는 왜 이런 물음 때문에 이렇게 고통을 당하고 있는가? 참 고통스러웠어요.

제가 참 유(柔)한 사람이거든요. 대학 다닐 때 남학생들이 저를 '여유 만만 안경애' 라고 불렀습니다. 그런데 겉으로는 그렇게 보여도 속은 타는 거죠. 고3을 겨우 지내고 부산대로 진학을 했죠. 대학에서는 그 문제를 해결하려고 시도했어요. 그냥 혼자 헤매는 거죠! 누구에게 묻겠어요? 내가 가진 질문을 다른 사람도 갖고 있으리라고 생각할 수 없는데….

그렇죠. 그런 걸 물어보면 비정상인 것 같죠.

정말 또라이 같잖아요? 물어볼 데가 없었어요. 결국은 답 찾는 것을 포기했어요. 외부에서 답을 찾을 수 없는 문제잖아요? 그래서 나중에 내 스스로 결론을 내려버렸어요.

'나는 내 의식 속에서 이 질문을 하게 됐다. 그러니 다른 데서 답을 찾을 수가 없다. 이 문제 속에서 답을 찾아야 된다. 답을 구하려 하지 말고 오직 문제만 생각해야 된다.'

라고 결론을 내린 거예요.

스승이 없어도 제대로 하고 있었군요.

나중에 보니 이게 화두를 잡는 것이더구만요. 당초에는 내가 알고 있는 지식으로 답을 하려고 하기도 했어요. 그런데 몇 번 물어 들어가면 답이 안 나와요. 다섯 번 이상 못 들어갔습니다. 보통 삼 단계, 사 단계에서 막히더라고요. 그래서 그렇게 결정을 했어요. 그때부터 '문제 속에 답이 있다. 문제를 잘 바라보는 것이 곧 답이다.' 라는 생각을 갖고 살아왔습니다. 이것이 인생을 사는데 굉장히 많은 도움이 되었습니다.

그렇게 대학 가서도 고민을 하시다가 보림선원에 가시게 된 거 아니에요?

선원에 가기 전에 남동생과 있었던 일을 빼놓을 수 없어요. 우리 집이 한옥이었는데 정원이 있었어요. 아버지가 꽃을 좋아하셔서 울타리에 찔레꽃을 심었는데 그 꽃이 만발을 했습니다. 빨간 찔레꽃이 말이죠.

찔레는 하얀 꽃인데…

찔레꽃이 아니라 넝쿨장미인가요? 부산에서는 찔레꽃이라고도 하는데… 그때가 5월이었어요. 꽃이 민발한 것을 보다가 옆에 앉은 남동생에게 "저 찔레꽃 좀 봐라. 진짜 예쁘지?"하고 말했는데, 애가 "찔레꽃이 어딨노?"하는 거예요.

그 애가 적록색맹이었어요. 초록하고 빨강하고 많이 섞여 있으면 구별을 못했습니다. 그때 완전히 한 방 먹었어요. 그와 동시에 가지고 있던 하나의 의심이 풀렸습니다.

'아! 저 찔레꽃은 빨강이 아니다. 빨간 색으로 보일 수도 있고, 녹색으로도 보일 수도 있어. 모든 색깔일 수가 있어.'

그 생각을 그때 했단 말이죠.

왜냐하면 늘 의문을 갖고 왔잖아요?

'정말 모양이 있나? 정말 소리가 있나? 정말 네가 있나?'

맨날 이런 생각을 하고 있었잖아요. 그러다 어느 날 탁 '맞아! 빨강이 아니야. 찔레꽃의 본래 모습은 저 모습이 아니야. 나한테만 그렇게 보일 따름이야. 그렇다면 세상 모든 것이 다 그렇다.' 는 사실을 알게 된 것이죠.

그때 이미 견성을 하신 거네요.

아니요! 견성이라고는 할 수 없고 내가 가지고 있던 물음에 대한 답이 조금 해소가 됐어요. 그런데 새로운 문제가 생겼죠. '찔레꽃은 빨강이 아니다, 찔레꽃의 모습도 내가 보는 형체가 아니다.' 라는 것은 알겠는데, 그러면 그게 도대체 무엇이냐는 거지요. 사람 또 도는 겁니다! 미치는 겁니다!

하여튼 '다른 사람은 다 다르게 보고 있다. 나의 오관을 통해 경험하는 것은 나에게만 해당되는 것이다.' 하는 그거는 그 때 알았어요. 그리고 그 후부터는 집착이 많이 줄었습니다. 그때, 대학교 3학년 때, 서클 선배인 장백기 선배님을 통해 보림선원을 알게 되었습니다. 경남여고하고 경남고등학교 출신 학생들만 가입하는 서클인데 불어로 '라 메르' 라고 했지요. 바다라는 뜻입니다.

어느 날 장백기 선배님이 대불련에 나가는 한 서클 친구에게 "대단한 도인이 계신데, 법문 한번 들으러 안 가볼래?"하고 말했습니다. 내가 옆에 있다가 먼저 대꾸했지요. "야, 가보자!" 그게 뭔지 몰랐지만 대도인이라고 어마어마하게 선전을 하시기에 그래 한 겁니다.

여러 사람에게 권했는데 약속장소에 가니까 나밖에 안 나왔더군요. 그렇게 장 선배와 같이 보림선원에 갔는데, 난 으리으리한 데 갈 줄 알았어요. 그런데 조그만 가정집으로 들어가시더라고요. 들어갔더니 옷도 하얗고 머리도 하얗고 수염도 하얗고 눈썹도 하얀 할아버지가 계신데 꼭 신선 같았어요. 학생들 몇 명, 어른들도 몇 분 앉아 계셨습니다.

법문 시간이 되어 선생님이 법문을 하시는데 참으로 법문이 놀라웠습니다. 법상 위에 수반이 있었고 그 수반에 꽃이 꽂혀 있었어요. 꽃이 여러 종류였는데 그중에 하나가 백합이었죠. 선생님이 백합을 탁 가리키시면서 "이게 무슨 색깔입니까?" 하고 물으시는 거예요. 얼마나 놀랐겠어요, 내가.

비로소 같은 종족을 만나셨네. 하하하.

그 때 '저 할아버지도 나하고 똑같은 생각을 갖고 있다'는 깃을 알았죠. 그러나 나는 그 다음을 몰랐어요. 그 색깔이 나한데민 해딩된다고 생각을 했지, 과연 그 색깔의 근본 색깔이 뭔지는 몰랐죠. 그래서 온 정신을 귀에 기울였습니다.

그런데 하시는 말씀이 "무색(無色)이다", "비색(非色)이다"는 겁니다.

듣는 순간 무슨 말씀인지 알겠더라구요.

'그렇지 무색이니까 가능하고 비색이니까 가능하지. 그러니까 많은 색깔이 될 수 있지. 한 가지 색깔로 고정이 돼 있다면 어떻게 그것이 다

른 색깔로 보일 수가 있겠는가?'

온몸에 전율이 일었습니다. 심장이 팍 터질 것 같았습니다. 나중에 보니까 그게 불교공부였습니다. 원천적인 질문을 던지는 것, 이것이 불교공부인 것을 그 때 알았죠. 그날 '나는 여기서 이 선생님의 말씀을 들으며 공부를 해야겠다'고 결정을 했어요.

선생님은 매일 법문을 하셨어요. 저녁 일곱 시였기 때문에 학교에서 바로 선원으로 갔어요. 선원에 가서 법문을 듣느라 미팅도 한번 못했는데 집에서는 늦게 돌아다닌다고 난리가 났어요. 그래도 너무 좋아서 빠질 수가 없었죠. 법문을 들을 때 나는 내가 스폰지라고 느꼈어요. 말씀하시는 그대로 제가 빨아들이는 것 같았어요. 그때까지 가졌던 의문이 상당부분 해결이 되었습니다. 그러니 얼마나 좋았겠어요? 진짜 신났다니까요. 다른 건 안중에도 없었어요, 너무 신나서.

얼마 후 인가를 받으셨죠.

9월에 선생님을 만나고, 그 후 6개월 동안 너무나 큰 일이 많이 일어나서 그 때를 정확히 기억하지 못해요. 10월 말쯤 인가를 받은 거 같아요.

법회를 할 때였는데 선생님이 저를 앞으로 나오게 하더니 대중들보고 저에게 삼배를 하라고 하셨어요. 삼배를 받고 나서 선생님이 "니 이름을 무엇으로 할까?" 하시며 잠시 생각하셨어요. 그리고는 "일심행이라 하겠다"고 하셨지요. 그것은 정확히 생각이 나는데, 그 이외에는 기억이 안 나요.

어떻게 해서 인가를 받게 되었는지 그 과정은 생각이 납니까?

예, 그 과정은 잘 생각납니다. 9월 달부터 학교 파하면 선원 가는 게 일이에요. 그 때 선생님 말씀중에 가장 뇌리에 꽂힌 말이

"죽어도 내가 죽고 살아도 내가 산다."

는 겁니다. 이 말씀이 아주 마음에 들었어요. 이 한마디로 선생님하고 통한 거예요. 이 한마디로 인해 '이 선생님을 모시고 공부할 충분한 이유가 있다'고 생각했습니다. 그 기개가, 그 느낌이 마음에 쏙 들었어요. 그래서 열심히 다녔지요. 그런데 선생님한테 법문을 들은 지 한 달이 지나면서 이상한 상황이 시작 됐어요. 머리가 자꾸만 터질 것 같았어요. '이, 이리다가 머리가 터져 죽거나 살짝 미지겠구나!' 하는 생각이 들었습니다. 누우면 천장이 뱅글뱅글 돌았습니다. 소용돌이 속에 막 빨려 들어갔습니다. 걸을 때에도 붕붕 떠다니는 것 같고 말이죠. 이런 상황이 보름 이상 지속이 됐어요, 아주 심했어요. 잠을 자지 못했어요. 보름 이상 잠을 잘 못 잤어요. 두통이 아주 심하고….

우리가 보통 말하는 그런 두통인가요?

머리가 팡 터질 것 같은 느낌이요. 그 날 저녁에도 '잘못하면 내가 죽는 수가 있겠다.' 생각을 했어요. 그리고 그 날 역시 잠을 제대로 자지 못했어요. 그런데 새벽에 눈을 떴는데 햇빛이 옷장 쪽으로… 문이 좀 열려 있었던 모양이에요. 햇살이 일직선으로 들어오는데 그걸 보는 순

간 눈물이 흐르면서 온몸에 경련이 일었습니다. 그걸 탁 보는 순간에 말이죠. 도저히 학교를 갈 수 없었어요. 몸이 사시나무 떨리듯 떨리고 눈물이 계속 흘렀어요. 밥도 안 먹고 옷을 주섬주섬 주워 입고 바로 선생님한테 갔죠. 광안리 계실 때였어요.

제가 허겁지겁 들어가니까 선생님이 보시고 방으로 오라 하셨어요. 선생님 방으로 들어가 앉았습니다. 선생님도 죽비를 들고 옆에 앉으셨어요. 그런데 눈에서 물이 쉴 새 없이 흘러내리는 거예요. 눈을 뜨고 있는데, 눈물이라고 볼 수도 없는 것이 막 쏟아지는 겁니다. 슬픈 느낌은 전혀 없었어요. 나는 의아했죠.

'슬픈 것도 아닌데 왜 이리 눈에서 물이 많이 나나?'

몸도 떨렸습니다. 머리끝에서부터 한기가 들고 너무 떨리는 겁니다. 그리고 깊은 심연, 끝이 안 보이는 깜깜한 심연으로 내가 추락을 하는 거예요. 엄청난 속도로 떨어졌습니다. 그냥 떨어지는 것이 아니라 정말 빛의 속도로 떨어지는 겁니다.

빨려 들어가는 느낌이었나요?

그렇습니다. 빨려 들어가는 느낌이었어요. 어찌나 무서운지 너무 공포가 심해서, 그래서 더 떨었던 것 같아요. 너무너무 무서웠습니다. 선생님은 간간히 죽비를 "딱!" 치시며 뭐라고 말씀하셨어요. 그 말씀 들을 제대로 듣지는 못했는데,

"나에 대한 집착이 이렇게 무서운 거다!"

196

이렇게 얘기하신 걸 들은 것 같아요. 선생님이 방바닥에 죽비를 "딱!" 치시면 잠깐 정신을 차렸다가 또 빨려 들어가고, 또 죽비 치시면 다시 정신 차렸다가 다시 빨려 들어가고, 이를 반복했어요. 그렇게 그날 밤을 새웠어요. 그 다음 날은 빨려 들어가는 건 없어졌는데 눈물이 나고 몸 떨리는 것은 오히려 더 심해 졌어요. 그런 상태가 사흘 정도 갔어요. 학교도 못 가고 집에도 못 갔죠. 그냥 선원에서 살았어요. 그리고는 머리의 절반이 열려버렸어요. 뚜껑이 홀러덩 열려버린 겁니다. 느낌으로 말이죠. 이게 수박 잘리듯이 딱 뚜껑이 열린 느낌이었습니다. 그러고 나서는 그 동안의 고통은 사라지고 편안함, 평화로움, 충만함, 이런 감정이 가득했어요. 그 상태가 한 3개월 정도 지속되었습니다.

그때 세상이 참 아름다운 깃을 알았죠. 사람들이 설어가는 것도 아름답고, 말하는 것도 아름답고, 밥 먹는 것도 아름다웠습니다.

'이 세상이 이렇게 아름다운 곳이구나. 아름다움의 극치구나, 이 세상이!'

하고 느끼며 살았어요. 나는 평안하고, 충만하고, 행복했고 세상은 아름다웠습니다. 그 상태가 3개월 정도 갔어요. 그 와중에 교통사고가 나고, 선생님 수술 받으시고, 제가 결혼을 하고, 친정 아버님이 돌아가셨죠. 6개월 안에 다 일어났어요.

참 드라마틱 하군요.

그렇습니다. 선생님한테 인가를 받고 그날 저녁에 집에 왔어요. 잠을 자고 새벽에 안방 문을 두드려 어머니, 아버지를 깨웠어요. 그리고 부모님께 큰 절을 드렸어요.

"저를 낳아주셔서 고맙습니다. 저는 새로이 탄생을 했습니다."

하면서 말이죠.

아, 그 절이군요. 안경애는 가고 일심행이 왔습니다.

어머니, 아버님도 울고 저도 울었죠. 부모님이 그렇게 고마울 수가 없는 거예요. 부모님 은혜가 상당히 사무치더라구요. 나를 이렇게 낳아주신 부모님이 너무너무 고맙더라구요. 낳아주셔서 공부할 수 있었고… 그리고 나서는 밤에도 잠을 자지 않고 정진 상태에 있었던 거 같아요. 한두 시간 밖에 안 잤던 거 같아요.

가슴뭉클한 스토리군요. 그 일을 겪은 후 11월에 입주를 하셨죠.

대원경 보살님, 지미, 지미 엄마가 차를 타고 가다가 교통사고를 당했어요. 대원경 보살님하고 지미 엄마는 다쳐서 각기 다른 병원에 입원했는데 애기에게는 아무 일이 없었어요. 그 당시에 선원에는 지금 한의원 하는 윤종진 거사님, 지금 교원대 이성도 교수, 그리고 무착 거사님이 입주해 있었어요. 여자가 없었어요. 밥해 줄 사람이 없는 거예요. 그래서 선생님이 밥하러 오라고 하셔서 학교 갔다가 밥하러 가고 그랬죠. 이성도 교수는 지미 업고 돌아다니고….

그런데 내가 밥이나 제대로 해봤겠어요? 우리 선생님 식성이 상당히 까다롭고 고급이셔요, 옛날에 잘 잡수셨던 분이라서 그런지. 그런데 옛날 어른들이 참 짜게 잡수시더군요. 저희 집에서는 상당히 싱겁게 먹었어요. 친정집 말입니다. 그런데 선생님은 된장을 지져도 꼭 찍어먹어야 할 만큼 짜게 지져야 되는 거라! 그래서 내가 한번 물어 보았어요.

"선생님은 도인이시면서 왜 그렇게 입이 까다롭고 아무거나 안 잡수세요? 도인도 그런가요?"

그러니까 웃으시더라구요.

선생님하고 허물이 없고 무서워하지 않으셨나 봐요. 어떤 분들은 어렵고 무서웠다 하던데…

남학생들은 같은 동성이고 하다 보니 선생님을 어려워했는데 우리는 여자래서 그런지 그냥 할아버지 같았어요. 어려운 것이 없었죠. 선생님이 되게 예뻐해 주셨어요. 내가 그 때 스물한 살이었잖아요. 지금 오십일곱인데, 이 나이가 되고 보니 만약에 스물하나, 스물둘 된, 우리 승만이만한 애들이 공부한다고 참선하고 하면 얼마나 예쁘고 귀엽겠나 하는, 그런 마음이 들어요. 그때 우리가 얼마나 귀여웠을지 이해가 돼요. 그래서 선생님한테 그런 말씀을 드려도 다 통과가 된 거 같아요, 귀여워서.

살림을 하시면서 참선도 하고 하셨을 텐데 그땐 어떻게 수행을 하셨어요?

선생님한테 공부를 하러 갔을 때, 그때는 화두를 잡고 공부하라고 많이 시키셨어요. 저한테도 "무자 화두를 해라"고 하시더라고요. 저는 그걸 반대를 했어요.

"저는 무자 화두 못합니다."

"왜 못하노?"

"저는 평소 의문을 가졌던 게 있습니다. '내가 뭣꼬?' 입니다. 늘 나에 대해 의문이 많았는데 그걸 하면 안되겠습니까?"

했더니 "그걸로 해라" 하시더라고요.

요새 같으면 그냥 "네!" 했을 건데, 그땐 어리고 철이 없어서 선생님 무서운 줄 모르고, 선생님 좋은 줄 몰라서 막 해버린 것 같아요. 그래서 '내가 뭣꼬?'를 했죠. 선생님한테 인가 받고 나서는 '빛깔도 소리도 냄새도 없는 나', 그걸 지금도 하고 있죠.

그걸 어떻게 하시는 거예요?

말을 하거나 일을 하거나 행주좌와에서 늘 '빛깔도 소리도 냄새도 없는 내가 한다'를 잡는 겁니다. 이게 쉽지 않습니다. 보통사람들은 잘 되지 않을 거예요. 왜냐하면 보통사람 들은 '나' 이러면, '나는 이런 몸을 가졌다', '나는 이런 사람이다' 하는 '나'에 대한 수많은 생각이 전광석화와 같이 달라붙어버리기 때문입니다. 저는 조금 훈련이 돼 있습니다. 선생님한테 오기 전부터 '문제에 대해서 답을 하지 말라'고 결정했기 때문입니다. 이런 훈련이 안되어 있는 사람들은 상당히 어렵습니다. 그래도 계속 '나'를 잡으면 '나' 하고 '나라는 생각' 사이가 점차 벌어지게 되고 '나라는 생각'이 하나의 망상으로 보이게 돼요. 그렇게 되면 이 '나'를 잘 잡을 수 있어요.

행주좌와(行住坐臥)에서 '좌'나 '와'에 있을 때, 즉 육신이 아무런 활동을 하고 있지 않을 때는 어떻게 하셨습니까?

좌선할 때도 '빛깔도 소리도 냄새도 없는 나'를 떠올려요. 그리고 잠시 그대로 있다가 다시 '빛깔도 소리도 냄새도 없는 나'를 떠올려요. 이를 반복합니다. 처음엔 이 구절을 다 떠올려야 되지만 나중에는 '나' 하나만 떠올려도 그냥 힐 수가 있습니다. 그래도 한번씩은 앞 구절까지 떠올립니다.

그러면 생각이 일어나지 않는 무심의 상태가 되겠군요.

'나'라고 했을 때, 바로 그 상태에서는 생각이 일이나지 않습니다. 그리 가다가 다시 생각이 툭 올라오잖아요? 죽이 끓는 모습이 생각이 일어나는 것과 비슷해요. 죽이 끓기 시작하면 여기도 '폭', 저기도 '폭', 사정없이 올라옵니다. 생각이 올라오는 것이 딱 그렇습니다. 그때 '나' 하고 화두를 떠올리면 떠올리는 동시에 그것이 사라져버립니다. 처음에는 쉽지 않지만 꾸준히 하다 보면 그 상태가 지속이 됩니다.

'와(臥)'의 상태, 즉 잠을 잘 때는 아무 것도 모르고 그냥 잠을 잡니다, 정(定)이 깊지 않아서인지 모르겠지만. 인가를 받을 당시에도 완전히 잠이 들었을 때는 아무 것도 몰랐어요. 그러나 꿈꿀 때는 다 알아졌어요. 그런데 요새 와서는 반 정도밖에 몰라요.

꿈꿀 때 안다는 건 무슨 의미지요?

꿈속에서 행동을 하고, 생각을 하고, 이 모든 것이 일어나지 않습니까? 이렇게 일어날 때, 생시와 똑같이 '아, 이거 꿈이네!' 하고 알게 되죠.

그래도 꿈은 계속 되나요?

아니요! 아는 동시에 없어질 때도 있고, 알면서 꿈을 엮어 갈 때도 있고, 이렇게 두 종류가 있더라고요. 처음에는, 첫 단계에서는 꿈이 싹 없어졌는데 나중에는 마치 생시처럼, 꿈이지만 생시에 내가 이렇게 행동하고 생각하는 것처럼 엮어갈 수가 있었죠. 그때는 꿈을 꾼다고 볼 수가 없더라고요. 그 상태는 말이죠, 몸은 누워 있지만. 망상이라는 것이 참 재미있죠. 그 상태에서는 말입니다.

보림선원에서 인가를 받으신 분들이 많은데, 인가가 과연 무엇인지 그에 대한 정의를 좀 내려주셨으면 좋겠어요.

네, 인가에 대해서 제가 선생님께 물은 적이 있었어요. 그 때 선생님이 해주신 대답이 잘 기억납니다. 선생님 말씀이 "옛날에는 확철대오를 해야 인가를 해 주었는데 요즘은 워낙에 인지가 발달돼 있어서 웬만한 사람들은 이미 초견성이 돼 있다"는 거예요. 과학이나 이런 이론들을 통해서 이미 돼 있다는 거예요.

요새는 스마트폰으로 온갖 것을 다 검색하잖아요. 이것이 왜 가능할까요? 한통속이니까 가능하죠. 기구만 있으면 돼요. 내가 지금 말하고 행하는 것이 전 우주에 중계되고 있죠. 누구든지 기계만 있으면 다 볼 수 있어요. 인공위성으로 중계하는 것이 바로 그것 아닙니까? 이처럼 지금은 워낙 과학이 발달돼 있기 때문에, 옛날에는 견성해야만 아는 그런 것도, 웬만한 사람이면 이미 다 알고 있다는 거예요. 그러기 때문에 화두를 깨고 히는 것도 좋지만, 이제는 '이 사람이 뒤돌아보지 않고 공부를 할 수 있는 그만한 힘이 있다.' 라고 보았을 때 스승이 격려의 차원에서 그것을 얼마든지 인정해 줄 수가 있다고 설명하셨어요.

'이제 혼자서 해 나갈 수 있다', 학교 같으면 박사학위네요.

혼자서 할 수 있다기 보다는 제대로 공부를 할 수 있는 단계에 들어왔다는 뜻이죠. 이제까지 법문 듣고 이리 저리 한 것은 공부를 제대로 하기 위한 워밍업이었죠. 워밍업이 끝나 정말 제대로 공부를 지어나갈 수가 있게 되었을 때, 그러한 뜻으로 인가를 한다고 선생님이 말씀하셨어요.

선생님이 공부시키시는 스타일은 다른 것 같아요, 옛날 선사들하고.

선사들은 스스로 깨닫게 하셨죠. 결국 스스로 깨닫는 것은 똑같습니다만, 선생님은 우선 답을 다 설명하셨어요. 이건 이렇고, 저건 저렇고, 네가 허공이다, 이렇게 답을 설명해서 먼저 이론적으로 습득하게 하는 겁니다. 기본적으로 인지가 발달이 돼 있으니까 이론적으로 습득을 할 수 있다는 것이죠. 이렇게 이론적으로 습득을 하고 그 후 열심히 공부해서 깨라는 겁니다.

결국 깨는 것은 같습니다만 선사들과는 방법에 차이가 있죠. 깨지는 못했어도, 확철대오는 못했어도, 이론적으로 습득이 되면 '이제는 모습놀이 좀 덜하고, 공부를 지어갈 수 있는 힘이 생겼다. 바른 지견을 가졌다.'고 인정하시고 그런 의미에서 인가하신 것으로 나는 생각합니다. 완전한 확철대오는 아니지만 초견성에 해당될 수 있을지는 모르죠.

그 해 12월, 대학 3학년 때 선생님이 수술 받으셨죠? 유마 거사는 '중생이 아프니 나도 아프다'고 하셨는데 선생님은 어떻게 아프셨어요?

선생님이 화장실에서 쓰러져 계셨다고 하더라고요, 의식을 잃고. 내출혈, 장출혈이었죠. 쓰러지기 전에도 똥이 새까맣게 나왔답니다, 한참 동안을. 그러니까 출혈이 계속 있었던 건데 그냥 별 생각이 없으시니 그렇게 된 거죠. 그것도 그렇고, 선생님 혈압이 높았잖아요? 혈압을 혈압계로 못 쟀어요. 너무 높아 혈압계를 넘어가버리는 거라. 선천성이라 하시더라고요. 혈압이 그렇게 높으면 귀에서 소리가 난다고 합니다.

"귀에서 소리가 많이 들리지 않나요?"

하고 선생님께 물은 적도 있어요. 혈압이 그리 높으면 피가 올라가는 소리가 '왕왕왕' 한답니다. 보통사람은 아마 의식을 잃을 겁니다. 그래도 선생님은 생생하셨죠. "선생님은 참 신기하시네요!"하고 말한 적도 있습니다. 선생님이 수술 받으신 날 병실에 갔더니 뜻밖에도 생생하시더라고요. 침대에 앉으셔서 참선하고 계셨어요. 하하하!

누워 계시지 않구요?

네! 선생님이 저를 보시더니 "일심행! 나 여기에다 단추 달았나!"고 자랑을 하셔요. 보니 배에 단추가 여섯 개 달려 있어요. 봉합 수술을 한건대 단추를 달아 놓은 거예요. 그 걸 자랑하신 거죠. 그런데 문제가 생겼어요. 단추 연결해 놓은 게 그만 터져버렸어요, 너무 잡쉬서. 선생님이 '찹쌀떡이 먹고 싶다.'고 하시니까 누가 찹쌀떡을 시다 주셨네! 그래서 그걸 잡수시고, 또 죽을 세 번에 나눠 잡쉬야 하는데 그것을 힌번에 다 잡쉈어요. 그래서 그만 터져버린 거예요. 난리가 났지만 하여튼 병색이 없으셨어요. 전혀 병색이 없으셨어요.

왜 그렇게 많이 드셨을까요? 죽도 세 번에 나눠 잡숫지 않고 왜 한 번에 드셨을까요? 우리는 도인이라면 잘 참을 거라는 상을 가지고 있는데 선생님은…

　그 때 제가 옆에 없었기에 잘 모르겠는데, 아마 선생님은 별 신경을 쓰지 않으신 거 같아요. 다 먹어야 하는지 세 번에 나눠 먹어야 하는지 별 신경을 안 쓰셨을 거 같아요.

　한번은 의사 선생님이 칭찬을 많이 하셨어요. 무슨 주사인지는 모르겠는데 그 주사가 상당히 아프대요. 다른 사람들은 그 주사를 맞을 때 고함을 지른다고 하더라고요. 그런데 "이 할아버지는 아무렇지도 않게 맞으신다"고 의사 선생님이 그렇게 칭찬을 하시더라고요. '도인은 아프실 때 어떨까?' 하고 사람들이 많이 구경하러 왔어요.

그래서 한마디씩 하고 갔나요, 도인은 역시 다르다고?

　잘 모르겠어요. 나는 병실에만 있었어요. 나가서 자기들끼리는 그런 얘기를 했겠지요? 학교 갔다 오면, 아! 그때는 방학 때구나! 집에서 병원에 가 보통 아홉 시, 열 시까지는 병실에 있었어요. 선생님은 병실에서 늘 정진을 하셨어요, 매일 다섯 시간 정도는.

그때 어떤 정진을 하셨을까요? 우리는 도통하면 '다 끝났다. 공부가 필요 없다.' 그런 생각을 하는데 그렇지 않은가요?

　평소에 시봉들 때 선생님의 모습을 보면 담배가 다 타는지도 모르고 손에 잡고 있거든요. 늘 앉아서, 혹은 어떤 자세든지 정에 들어계시거든요. 담배가 다 타들어가는지도 모르고 잡고 계셔서, 제가 손에서 담배를 빼드린 적도 많이 있어요.

좀 전에 시봉 얘기가 나왔는데, 시봉하는 것이 무엇입니까?

그 때는 선생님 옆에서 수발해 드리는 것을 시봉으로 생각했지요. 그런데 시봉을 하면 그분이 하시는 것을 아주 많이 보게 돼요. 생활하시는 것, 행동하시는 것, 언뜻언뜻 한번씩 던지는 말씀, 이런 걸 보고 들으면서 배우는 바가 아주 많은 것 같습니다. 그래서 선지식을 시봉하는 것은 인연이 있어야 한다고 생각합니다.

그리고 선지식 시봉은 반드시 누군가 하게 돼 있다고 느낍니다. 왜냐면 시봉할 사람이 없어진 적이 없었어요. 누가 시봉을 하든지 얼마 지나면 시봉을 그만 두어야 하잖아요? 모두 속세 사람들이니까, 학교도 가고, 직장도 가려면 말이죠. 그런데 시봉하는 사람이 떠날 때가 되면, 선생님 시봉을 걱정할 때쯤 되면 누가 와요. 시봉할 사람이 와요. 참 신기한 일이죠? 그리고 시봉을 하면 알게 모르게 상당한 에너지를 받습니다.

에너지를 받는다고 말씀하셨는데 그걸 받으셨어요?

에너지를 받는다⋯ 그런 차원보다는 교류의 느낌, 스승과 하나가 된 느낌이 더 맞을 것 같아요. 때로는 내가 말씀을 드리지 않아도, 묻지 않아도, 내가 가진 의문에 대한 대답의 말씀을 하셨죠. 저뿐만 아니라 다른 사람의 경우에도 그 사람이 가진 의문에 대한 답을 하고 계시다고 느낀 적이 많았어요. 옆에서 지켜보면서 말이죠.

저도 경험상으로 그게 가능하다는 것을 압니다. 저도 어느 날 한 사람하고 애기를 하는데 그 사람이 무슨 애기를 할 건지 다 알겠더라고요. 머리로 아는 것이 아니라 거울처럼 비치는 듯한 느낌, 내가 거울인 느낌, 내 거울에 그 사람이 비쳐서 죽 나타나는 느낌이었습니다. 그런 느낌을 가지면서 '아, 선생님이 그러셨구나!' 하고 생각했습니다. 저는 그 뒤에 그런 일이 일어났지만 선생님은 그때 그렇게 하셨어요.

에너지에 관련된 질문인데 예를 들어 학교나 집에 있다가 선생님 곁에 오면 다른 느낌을 받나요?

좀 달라요. 선생님 계시는 선원에서 느끼는 기운하고 바깥에서 느끼는 기운하고는 좀 달라요. 그것을 말로는 표현할 수가 없는데, 상당히 맑은 느낌, 충만한 느낌? 그리고 거기서 앉으면 훨씬 정(定)에 빨리 들어요. 앉으면 바로 정에 들어버려요, 선원에서는, 선생님 계실 때는.

시봉을 하면서 백봉 선생님을 지켜보셨는데 어떤 분이셨어요?

태워도 재도 안 남는 분?

선생님 병원에 입원하셨을 때 문병 온 이수열 거사하고 번개같이 결혼하셨지요?

그때 이수열 거사가 왔다고 하는데, 전 이수열 거사를 몰랐죠. 그래서 온 줄을 몰랐어요. 나중에 알았어요.그 덩치 큰 사람이, 시커멓게 생긴 사람이 이수열 씨라고 하더라고요. 이수열 씨가 왔다 간 후 우리 부모님이 선생님 병문안을 갔어요.

그 때 선생님이 "서울에 이수열이라는 사람이 있는데, 안경애한테 장가 들 생각이 있다."고 말씀을 하셨대요. 이수열 씨는 선생님한테 말한 적이 없대요, 마음만 먹었을 뿐. 그런데 선생님이 그렇게 말씀하신 거예요. 아버지는 제가 선원에 가더니 집에도 안 오고, 출가한다고 하고, 공부해야 한다고 하고 이러니까, 불안해 하고 계셨지요. 그러던 차에 도인이 그런 말씀을 하시니 '이수열이 누군가 한번 보자'고 하신 겁니다. 그래서 이수열 거사가 1주일 만에 나시 부산에 내려 왔어요. 그 때 결혼이 결정된 거예요.

그 후 일주일만에 결혼하셨다면서요.

선원에서는 난리가 났죠. 야청 선생님이 앞장서 빈대했습니다. "일심행 결혼시키면 안된다. 좀 더 선생님 밑에 두고 공부시켜야 한다"며 반대했습니다. 저도 결혼할 뜻이 없었죠. 그래서 밤중에 선생님을 독대했어요.

"선생님, 전 출가하고 싶습니다. 속세에는 별로 마음이 없습니다."

그랬더니 "비구니계에는 너를 가르칠만한 스승이 없을 것이다. 그러니 출가는 안된다." 그러시더라고요.

"그러면 그냥 공부를 하고 싶습니다. 꼭 결혼을 해야 합니까?"하고 물었지요.

그러자 선생님이 "인연을 거스르지 않는 것이 불법이다."라고 하셨어요.

그 말씀 많이 하셨어요.

그래서 "오케이! 좋습니다! 결혼합니다!"했어요. 그리고 결혼을 했다니까요! 나도 참 간도 크지! 지금 같으면 "인연을 거스르는 한이 있어도 안 됩니다."했을 텐데 말이죠. 참 기개가 충만해 있었죠. 그리고 제가 너무 어렸어요. 대학교 3학년 말이었잖아요. 결혼이라는 게 한집에 사는 것, 이 정도 밖에 몰랐어요. 결혼하면 인생이 달라진다는 걸 생각 못했다니까요!

결혼 후에 선생님을 만나 "선생님, 제가 4학년 1학기만 되었어도 결혼 안 했어요. 3학년 말이니까 했죠."

그랬더니 선생님이 그냥 웃으시더라고요. 참말로 조선시대 얘기에요. 말도 안 되는 얘기에요. 그렇게 결혼을 했는데 20일만에 친정 아버지가 돌아가셨어요, 49세로, 심장마비로. 그래서 다시 부산에 내려왔고 계속해서 학교를 다니게 됐어요. 그런데 말이죠? 신랑 얼굴이 생각이 안나요, 별로 본 적이 없어가지고. 진짜 웃기지요? 신랑이 어떻게 생겼나? 키 크고, 덩치 좋다, 이것만 생각이 나더군요. 그런 결혼도 있어요, 이 시대에! 황당하죠?

**행주좌와에서 새말귀 수행을 하셨는데 그땐 새말귀가 없었다면
서요?**

예, 그때까지는 새말귀가 없었어요. 선생님은 늘

"'허공으로서의 나'를 계속해서 몇 일이라도 해라. 일주일만 해라.
그러면 바뀐다."

고 법문 하셨죠. 그러나 그 말씀을 따르는 사람이 없더라고요. 저는
인가를 받으면서 '빛깔도 소리도 냄새도 없는 나', '내가 한다.' 그것
을 하라고 하셨기 때문에 전 그것으로 돌아섰어요. 그 걸 딱 잡았어요.
저의 경우는 이 공부가 수월했어요. 선생님을 만나기 전에 이미 문제
를 가지고 있어서 법문을 그대로 빈아들일 수 있었습니다. 그런데 보
통사람의 경우에는 제가 가졌던 질문을 받아 들이는 것조차 쉽지 않아
요. 사람들은 모습에 대해 의심하지 않죠. 모습 속에서 잘 살고 있어요.
그러니 '모습이 허망하다'라고 하는 것이 씨가 안 먹히죠. 그러니까 공
부하기가 아주 어려워요.

저도 처음에는 화두를 든 셈이에요. '내가 뭣꼬?'리는 화두를 든 셈
이죠. 그런데 화두를 들면 다른 일을 잘 못해요. 일을 자꾸 잊어버리니
까 말이죠. 그래서 선생님께 이에 대해 말씀을 드렸죠. 4학년 때, 선생
님 시봉하고 있을 때죠. 그 날 선생님께 목욕탕 좀 가시라고 졸랐죠. 선
생님은 목욕탕에 안 가셨어요. 그래도 피부는 참 좋으셨어요. 맑고 투
명했어요.

묵산 스님 말씀에 따르면 때가 안 나왔다는 데요?

목욕탕 앞까지 선생님을 모시고 갔죠. 여자라서 목욕탕 안까지는 못 가고. 그 때 걸어가면서 말씀 드렸어요.

"속세에서 공부하기가, 화두 들고 공부하기가 너무 어렵습니다. 거사풍인데, 거사풍으로서 공부할 수 있는 방법을 제시하셔야 하지 않겠습니까?"

그랬더니 선생님이 "그거 한번 해볼까?" 그러시더라구요.

며칠 지나서 "일심행, 이리 와 봐라. 내가 새말귀라고 했는데 어떻노?" 그러시더라구요. "새말귀요? 그거 말이 좀 이상하잖아요!"

우리말로 하시려고 무척 노력하시는 분이라 그런 말을 만든 건데, 저는 좀 탐탁하지 않았어요. 그런데 '새말귀, 새말귀' 자꾸 하다 보니까 또 괜찮은 것 같기도 했어요. 선생님이 원고를 주시더라고요, 읽어보라고. 읽어보니까 너무 어려운 거라! 너무 어려워, 새말귀가! 우선 법문을 듣고 무상법신(無相法身)이 유상색신(有相色身)을 굴린다는 사실을 이치적으로 완전히 알아야 하고, 그 다음엔 그에 대한 실감이 와야 한다고 돼 있어요. 우선 논리적으로 깨닫고 다음으로 실감이 와야 된다는 거죠. 그래서 제가 항의했어요.

"선생님, 이거 실감 올 사람이 몇 명이나 되겠습니까? 너무 어려워서 보통사람들이 할 수가 있겠습니까?" 했더니,

"오십 년 뒤에 이 방법이 상당히 꽃을 피울 것이다." 라고 말씀을 하시더라고요.

그러나 저는 끝까지 "이 방법이 너무 어렵다."고 했어요.

보살님은 실지로 그걸 하고 있었음에도 불구하고 말이죠.

저는 아주 자연스럽게 되었죠. 그러나 모두가 다 그런 것은 아니잖아요? 저는 또 선생님을 만났기 때문에 가능했죠. 만약에 선생님을 못 만났으면 그 다음으로 못 갔을 것 아니에요? 내가 인지하고 있는 것이 꼭 그것이 아닌 것은 알았는데, 그 다음이 뭔지는 몰랐잖아요? 선생님을 만난 후 내가 아주 중요한 의문을 갖지 못했다는 걸 알았어요.

'내가 과연 태어났나? 내가 과연 있나? 나는 누구인가?'

이 의문을 갖지 못했던 거죠. 나의 외부에 있는 것이 있나, 없나만 생각 했지 내가 있나, 없나를 생각하지는 않았던 거죠. 주관이 아닌 객관에 대해서만 의문을 가진 겁니다. 결국 내가 있다는 것이 전제된 거죠. 문제의 출발이 잘못된 겁니다. 그러니 답을 찾을 수가 없었죠. 선생님한테 와서 공부를 시작하면서 '내가 정말 태어났나? 내가 있나?' 이 의문을 가지게 됐어요. 그리고 내가 없다는 것, 모습이 허망하다는 것을 알게 되었죠. 모습이 불생불멸(不生不滅)이라는 것, 모습이 본래 있는 것이 아니고, 태어나는 것도 없어지는 것도 아니고, 기미에 따라 나투었다 없어지는 것임을 알게 됐어요.

그런데 보통사람들이, 이런 선지식을 만나지 못하는 사람들이 이것을 어떻게 알겠어요? 참으로 어려운 일일 수 밖에 없지요. 그런데 요즘 들어서는 일상생활에서 이를 하면서 '상당히 좋은 방법이다' 라고 생각하고 있습니다. 저는 '내가 한다' 라고 합니다. 운전을 할 때에도 '빛 깔도 소리도 냄새도 없는 내가 한다', 이렇게 하고 있습니다. 새말귀는 생활이 곧 공부가 되는 방편입니다. 우리는 세속에서 사는 거사풍이기 때문에 생활이 곧 공부가 되는 방편이 정말 필요합니다.

입주했을 때 선원에서 있었던 에피소드를 좀 더 얘기해 주세요.

너무 오래돼서 생각이 잘 안 납니다. 그런데 제가 선생님을 지금도 정말 존경하는데, 선생님이 등을 벽에 기대신 걸 본 적이 없습니다. 편 찮으실 때에도 절대로 벽에 등을 기대지 않으셨어요. 철야정진 할 때 힘들잖아요? 좀 벽에 기대고 있으면 와서 불호령을 하셨어요. 바르게 앉아 있지 않다고….

저 입주했을 때는 안 그러셨는데…

아주 불호령을 하셨어요. 선생님은 거의 중앙에 앉으셨어요. 늘 그러 셨어요. 무슨 이유인지 모르나 저는 그걸 주의 깊게 본 것 같아요. 선생 님이 자세를 흐트리고 계신 걸 한번도 본 적이 없어요. 그거 하나만으 로도 정말로 존경심이 우러나요. 담배를 피우실 때, 이렇게도 앉아 계 시고 저렇게도 앉아계시지만 몸을 흐트리지 않으셨죠. 말씀을 안 하실 때는 삼매상태에 계신 것 같았어요. 늘 그 모습이었어요.

지금도 생각나는 게, 남천동 선원에 잔디밭이 있지요? 그 잔디밭에

쑥이 말도 못하게 많이 났어요. 그래서 쑥을 뽑는 게 일이에요. 선생님도 쪼그리고 앉아서 쑥을 뽑으셨어요. 선생님이 다리가 불편하시잖아요?

그래서 "선생님, 하지 마세요, 다리가 더 아파요!"하고 말렸지만 듣지 않으셨습니다. 선생님은 쑥을 뜯을 때마다 "요놈의 새끼", "요놈의 새끼"하면서 뜯으셨어요.

"왜 '요놈의 새끼' 하시며 쑥을 뜯으십니까?"하고 물었더니

"번뇌 망상과 같다, 이 쑥이."하셨어요.

당신 정진 하신 거죠. 많은 얘기가 있었지만 생각이 나질 않아요.

야단맞은 학인은 없었나요? 몽둥이로 두드려 맞은 학인은?

신심화 보살님? 선생님은 정법이 아니면 완전히 박살을 내신 분이셨어요. 최 거사라는 분이 계셨는데 젊은 분이었죠. 이 분은 탁 앉아서 누굴 떠올리면 그 사람이 뭐를 하는지 환히 보였다고 합니다. 그 사람이 어디 있는지, 무엇을 하고 있는지 다 보였다고 해요. 자꾸 그것을 하니까, 선생님이 "니 그것 하면 공부 못한다. 하지 마라!"고 하셨어요. 그런데도 거기서 빠져 나오지를 못하는 거예요. 경계라는 것이 묘한 매력이 있어가지고, 좋은 경계가 나타나면 그것이 또 보고 싶은 거예요. 결국은 쫓겨났어요. 매도 맞았는데 안 되더라고요. 공부할 때는 일체 경계를 완전히 놔버려야 한다고 하셨습니다. 그렇지 않으면 공부가 안된다는 겁니다.

공부하러 온 사람이 그냥 순순히 물러났습니까?

선생님이 불호령을 쳐 쫓아내셨어요. 야단치실 때는 목소리도 무지 크시고 호랑이 같아요. 아주 무섭습니다. 제가 "선생님, 성낼 때는 꼭 호랑이 같으시네!" 했어요. 안 나가려 해도 그럴 수 없어요, 그 기개에 눌려가지고.

야단치실 때는 그렇게 무섭게 야단을 치셨지만 사실 선생님은 야단 치시는 분이 아니에요. 항상 인정해주시고 격려를 해주셨죠. 조금만 아는 소리를 해도 "야! 대단하네!"하며 칭찬하셨어요. 한밤중에 졸지 않고 꼿꼿이 앉아 있는 학인을 보셔도 "대단하네!", 그리 어렵지 않은 질문에 대답해도 "대단하네!", 이렇게 평상시에 "대단하네!"하는 말씀 을 달고 사셨어요. 선생님 18번에요.

그래 제가 말씀 드린 적도 있어요.

"선생님! 그 '대단하네'라는 말씀 좀 하지 마세요! 정말 대단한 줄 착각하잖아요!"

그런데 제가 이 나이 되어 보니 충분히 이해가 돼요. 나이 스물 갓 넘은 젊은 사람들이 공부한다고 밤을 새고 하는 게 어찌 대단하지 않겠어요? 하여튼 선생님은 야단을 안 치셨어요. 항상 인정해주고 격려해주셨죠.

보림선원을 떠난 이후의 삶을 여쭤보죠. 대학을 졸업한 다음엔 서 울 시댁으로 오셔서 사셔야 했잖아요? 시조부모님까지 모시고 수 행에 어려움이 많았을 텐데…

4대가 함께 살았어요. 어려웠다기 보다는, 안 하던 짓 하니까 힘든 거죠. 안 하던 짓 하는 거잖아요, 시집살이 하는 것이! 그리 건강하지 않은 몸이었지만 육체노동을 많이 해야 했어요. 식구가 열 명이었어요. 그러니 하루 종일 일해야 했습니다. 밥하고 빨래하고 설거지하고 이러면 하루가 가요.

일을 하면서도 '빛깔도 소리도 냄새도 없는 내가 한다', 이것을 놓치지 않으려고 애썼지요. 새벽 다섯 시면 일어났어요. 1시간 참선을 하고 예불을 했어요. 우리 예불하는 것, 그 예불송 있잖아요? 예불하고 난 뒤에는 반드시 기도를 했습니다. 원을 입으로 말하고 모든 가족들 축원해주고, 또 문제가 있으면 그 문제를 다시 한번 상기를 했습니다. 그게 참 좋았습니다. 그렇게 하고 시간 있으면 책을 보았는데 처음에는 책을 볼 여가가 없었어요. 아이들이 크면서부터 경도 보고 조사어록도 보고 했지요.

제가 선원에 입주했을 때 백봉 선생님이 일심행 칭찬을 하셨어요. "시조부모님까지 섬기면서 산단다. 고생을 많이 할 거야." 그러셨어요. 선생님 모시고 공부하고 수행한 것이 사는 데 많은 도움이 되셨습니까?

안 그랬으면 상당히 불만이 많았을 거 같은데요? 수행한다는 것이 뭡니까? 본래의 자리로 돌아가는 연습이 수행이죠. 경계에 끄달리지 않는 것이 수행이죠. 그러나 살다 보면 열도 받고, 화도 나고, 그럴 때도 있죠. 하지만 앙금이 앉는다든지, 오래 간다든지 하는, 그런 것은 없죠. 부부싸움을 해도, 돌아서면 그냥 '헤~' 하고 웃으니까, 우리 남편이 기가 막히죠. 남편이 화내고 있을 때면 제가 한마디 합니다.

"공부하는 사람이 뭐 그러냐?"

하하하! 그리고 늘 생각한 것이 '문제 속에 답이 있다'는 겁니다. 이 것은 선생님한테 오기 전부터 갖고 있던 것이잖아요? 없는 집에 식구 열 명, 몸이 많이 편찮으신 어른들, 있는 그대로를 보면 되는데, 그렇게 보면 지혜가 솟아나서 일이 잘 해결이 되는데, 이게 쉽지 않습니다. 중생이 왜 중생입니까? 문제는 안 보고 맨날 자기 의견만 갖다 붙여요. 문제가 일어나면 문제를 잘 봐야 답이 나오는데 문제는 안 보고 자꾸 자기 답만 자꾸 갖다 놓는 거예요. 무슨 말인지 알죠? 공식은 알고 있었는데 막상 문제를 접하는 순간 공식이 잊혀지는 거예요.

그래서 응용문제를 풀며 공식을 익히는 것처럼 세상을 살았어요. 내가 선생님한테 배운 것은 공식이었죠. '공식을 배웠으니까 이제 응용문제를 풀어보자. 점수가 이번엔 몇 점 정도나 될까? 우등은 해야지!' 하하하! 웃기죠?

힘들었다면 힘든 삶이었죠. 내 마음의 강에 달 그림자가 깨지지 않도록 늘 관조를 했습니다. 불평, 불만이나 욕심이나, 이렇게 파도가 일면 달 그림자가 깨져버리잖아요? 달 그림자가 환하게 비추고 있나? 항상 그것을 관했습니다.

참 훌륭하십니다. 이제 인가를 받은 지 35년이 지났습니다. 인가

를 받으실 때와 지금을 비교하신다면 어떤 차이가 있는 거 같습니까?

풋과일과 약간 익은 열매? 그렇습니다.

아직 덜 익었습니까?

아! 예. 더 익어야 됩니다.

익었다든지 아직도 덜 익었다든지 하는 건 어떻게 아셔요?

우선은 내 자신이 행주좌와에서 자꾸 놓칩니다. 어떤 경계에서는 죽 연결이 안 되고… 반은 놓쳐버려요. 약간 경계가 덜 하면 잘 되고, 경계가 심하면 놓치고, 아주 미세한 경계, 오히려 큰 경계는 안 놓치고 잘 되는데 아주 미세한 경계, 내가 의식을 하지도 못하는 사이에 이미 고리가 끼어 있는 경계, 그런 경계는 상당히 많이 놓쳐요. 그렇기 때문에 여전히 진행 중입니다.

이제는 삼매에 대해서 좀 여쭙죠. 오매일여, 몽중일여를 말하는 사람도 있는데요.

저는 오매일여는 잘 모릅니다. 오매일여는 세간에서 많은 얘기가 있지만 잘 모르겠습니다. 선생님이 그때 말씀하시기는 "학인이 공부한다고 하면 몽중일여는 돼야 한다."고 말씀하셨어요.

"꿈꿀 때 꿈꾸는 줄 알아야 된다"고 하신 말씀은 저도 기억이 납니다.

예, 그 정도는 되어야 공부한다고 할 수 있다는 얘기를 하신 적이 있습니다. 선생님 밑에서 한창 공부할 때는 저도 그게 되었다고 해도 과언이 아닙니다만 지금은 반은 되고 반은 안됩니다. 꿈을 꾸면서 '이게 꿈이다' 하는 것을 놓칠 때가 있습니다. 그러니까 지금 훨씬 더 열심히 해야 합니다. 그리고 행주좌와에서도 늘 순일하게 되어야 하는데 아직 부족합니다. 선생님이 이런 말씀을 하신 적이 있습니다.

"오늘 내가 두 번 정도 놓쳤다."

초창기였습니다. 그 후로는 그런 말씀을 듣지 못했습니다. 그 말씀을 들으며 저는 '정말 대단하신 분이구나!' 하고 생각했습니다. 24시간중에 두 번 정도 놓쳤다는 건 엄청난 일입니다. 저는 어림도 없습니다.

예를 들어 영화관에 가서 영화를 볼 때는 어떻게 봐야 합니까?

말로 표현하기가 어려운 부분입니다. 저도 드라마를 보지 않습니까? 드라마를 보다가 재미있기 시작하면 내가 없어지고 드라마에 빨려 들어가 버리죠. 그런데 빛깔도 소리도 냄새도 없는 내가 그것을 볼 때는 뭐라 할까, 보는 자체가 된다? 드라마에 왔다 갔다 하지 않고 보는 자체가 된다? 간단하게 말하면 드라마를 본다는 것만 있습니다. 보는 주체와 보이는 드라마가 둘이 아닌 상태죠.

그래도 보는 재미가 있나요?

재미? 세속적으로 막 거기에 휘둘려서 하는 재미보다는 보는 재미가 있죠. 말을 다르게 하자면 내가 오십칠 세인데 다른 사람은 늙는 것이 싫다고 하지만 나는 늙는 것이 좋아요. 익어가는 겁니다. 풋과일이 익어가는 겁니다. 그래서 좋습니다.

보살님이 중학교 때부터 겪은 체험 얘기를 들어보면 전생부터 공부를 많이 하신 보살 같아요. 보살님에게 금생의 의미는 무엇입니까?

진행형! 진행형입니다.

백봉 선생님은 보살님에게 어떤 존재이십니까?

제 2의 영혼을 탄생시켜주신 스승님, 내 인생을 송두리째 바꿔버린 이정표!

하하하! 시적이에요. 우리는 깨달음을 추구합니다. 과연 견성은 뭘까요?

견성, 깨달음은 본래 자리로 돌아가는 것, 그리고 그대로 존재하는 것입니다.

그런데 견성이라는 것이 따로 내가 뭘 획득하는 것이 아니라 있는 그 자리를… 아까 중생은 문제를 보지 않고 자꾸 자기 답만 낸다고 했잖아요? 그와 마찬가지로 지금 우리가 해야 하는 것은 되밝히는 것이지 다른 것을 갖고 오는 게 아니죠. 그냥 본래 자리로 돌아가는 겁니다.

그게 왜 그렇게 어렵죠?

망상 때문에 그런가요? 자꾸 견성하려고 하는 망상 때문에 그런가요?

견성을 하려면 견성하려는 망상을 없애야 되나요?

처음부터 없애서는 안되겠죠. 처음에는 망상을 막 부려야 하겠죠. 견성을 하고자 하는 망상, 깨달음을 하고자 하는 망상을 막 부려야 하겠죠.
'내가 왜 공부하려고 하지? 내가 왜 깨달으려고 하지?'
하는 질문을 던져봐야겠죠. 그리고 나중에는 '아, 이게 망상이구나!' 하고 알겠죠. 그렇지만 본래 있던 자리에서 한 발자국도 비껴간 게 아니라는 것을 그때 가면 알겠죠.

보살님이 추구하시는 건 뭡니까?

자유와 회향.

자유는 무엇입니까? 아직은 자유롭지 않으십니까?

지금 거사님이 생각하시는 것, 그리고 하시는 그거죠. 그 물음을 하는 것이죠. 그 무엇에도 구애 받지 않고 속박 받지 않는 것입니다.
마음은 자유로운데 아직 행동은 그렇게 안 나오는 거 같은데요?

회향은 무엇입니까?

회향은 다 같이 본래로 가자는 것.

회향이라고 하는 것은 보살도로써 자비를 행하는 것이라고 생각이 되는데 맞습니까?

그때 뚜껑이 열렸을 때, 이 세상 자체가 회향을 하고 있는 상태라는 것을 알았습니다. 그 자체로서 이미 아름다운 세계고 이미 모든 사람이 회향을 하고 있는 상태더라고요. 그래서 내가 만약에 자유를 추구하고, 조금이라도 자유롭다면 그것이 저절로 남에게 회향을 하는 상태가 되는 겁니다.

회향과 자유가 둘이 아니군요.

　네. 그렇습니다. 내가 시집살이를 해야 한다고 했을 때 내가 그것을 아주 잘 해내는 것이 정말 자유를 추구하는 것이고 또 참된 회향입니다. 자기가 선 자리에서 자신의 몫을 다 하는 것이 회향이지 다르게 회향할 필요가 없다는 것이죠. 뜻이 있는 곳에, 뜻을 가진 사람은 다 그렇게 할 것이라는 거죠. 자유와 회향은 둘이 아닙니다. 전 그렇게 생각을 합니다.

무엇이 대승입니까?

　대승은 모습에 머물지 않는 것이라고 알고 있습니다.

그렇다면 보살님은 당연히 대승을 행하고 계신 거군요.

　행하고 있다고 볼 수 없지요.

좀 부족하신가요?

　부족 정도가 아니지요.

아까 기도를 하신다고 하셨잖아요? 어떤 원을 가지고 계세요?

저는 선생님께 인가라는 걸 받고 난 뒤부터 두 구절의 원을 가져 왔습니다.

'빛깔도 소리도 냄새도 없는 나를 반드시 착파하여 견성성도해서 회향할 수 있도록 인도하소서.'

'부처님의 원만성지를 되밝혀서 견성성도하여 반드시 회향할 수 있도록 인도하소서.'

이 두 구절을 지난 35년 동안 하여 왔습니다.

초발심을 낸 사람이 공부하는 법을 묻는다면 어떻게 말씀해 주시겠습니까?

처음에 원력, 그 다음 기도. 원력과 기도, 이 두 가지는 쌍두마차입니다. 저의 경우를 생각해보죠. 저는 제가 가지고 있는 문제점을 해결하지 못하면 이 세상에 살 가치가 없다, 이 생을 유지할 의미가 없다고 생각했거든요. 내 스스로 목숨을 끊는 게 낫다 라고 생각을 할 정도였거든요. 몇 십 년 있다가 죽을 거 뻔히 알잖아요? 이 문제가 해결이 안되면 괜히 고생만 할 뿐이니 죽음을 지체할 필요가 없다고 생각했죠. 이것이 저의 공부를 이끈 열정이기도 하고 원력이기도 합니다.

'이것이 아니면 안 된다.' 하는 강력한 의지가 있어야 합니다. 초발심을 내었을 때 그 원력이 얼마나 강하냐에 따라서 공부가 결정돼요. 용광로가 뜨거워야만 쇳물이 나오잖아요. 용광로에 한없는 에너지를 공급하는 힘이 원력입니다.

그 다음이 기도입니다. 바른 스승, 바른 법, 쉼 없는 정진, 이 세 가지를 정말로 잘 만날 수 있도록 마음을 다해서 기도를 해야 합니다. 반드시 이 문제를 해결하겠다는 원을 세우고 바른 스승, 바른 법, 불퇴전의 정진을 할 수 있도록 불·보살님들, 불·보살님들이 곧 나지만, 정말 불·보살님들에게 기도해야 합니다.

이렇게 쌍두마차로 해야 된다고 생각합니다. 그 원력과 기도가 인연을 만나게 만들고 행동으로 옮기게 합니다. 그래서 눈밝은 스승을 만나게 되고 정견을 세워 정진을 하게 되고 회향하게 되겠지요. 원력과 기도는 둘이 아니라고 생각합니다.

수행의 목표는 무엇이 되어야 합니까? 그 목표를 달성하기 위해 해야 할 일은 무엇입니까?

수행의 목표는 깨달음입니다. 그것을 위해서 수행자가 해야 할 일은 '법을 제대로 알아서 그대로 행하기', 그리고 '버리기… 아닌 거 무조건 버리기'입니다. 그럼 다 버려야죠. 자기 자신까지도 버려야 합니다. 법도 버려야 합니다. 마지막으로는 다 버려야 합니다. 그래서 버리는 것이 두 번째입니다.

여고 때 등교길에 소리가 끊어졌죠. 육교에서는 모든 경계가 사라졌습니다. 이제는 그에 대한 의문이 없습니까?

없습니다.

소리는 왜 끊어졌습니까? 경계는 왜 사라졌습니까?

소리와 경계는 왔다가 가는 것이죠. 처음엔 소리가 있다고 생각했죠. 있다고 생각을 했기 때문에 없어졌을 때 깜짝 놀란 거죠. 그러나 소리와 모든 모습은 본래로 나지도 멸하지도 않는 것이기 때문입니다.

무염(無染) 이수열 거사

1948년 전북 순창에서 출생했다. 대학교 2학년(1968) 때 백봉 선생을 만나 입문하였으며 백봉 선생과 한 집에 살며 지도를 받았다. 도반인 일심행 안경애 보살과 결혼하여 3녀를 두었다. 중앙대 창업대학원 겸임교수로 있으며 현재 경기도 군포시에 살고 있다. syl339@daum.net

인터뷰 일시 | 2010년 11월 14일 오후 3시 ~ 5시 30분
인터뷰 장소 | 산본 자택

믿고 결정하고 달려들어라

먼저 불교에 입문하시게 된 계기에 대해서 듣고 싶습니다.

대학 때 입문했습니다. 대학 입학 전에도 불교에 대한 관심은 있었지만 그저 관심뿐이었지요. 연세대학교에 입학해서 어느 날 학교를 가는데 '법회안내'라는 벽보가 보이더라고요. 학교 가는 길에 철도 굴다리가 있죠? 그 다리 밑에 대불련에서 벽보를 붙인 겁니다. 그걸 보고 찾아갔죠. 그것이 계기가 되어 법회에 참석하고 수련대회도 참석했습니다.

백봉 선생님을 찾아가게 된 계기에 대해서 좀 말씀해 주시죠.

대학교 1학년 겨울방학 때 직지사에서 열린 대불련 수련대회에 참가했습니다. 광덕 스님, 법정 스님, 녹원 스님, 이런 분들이 설법을 해 주셨죠. 수련대회중에 해인사에서 성철 스님의 백일법문이 열린다는 소식을 들었습니다. 그래서 저, 지환 스님, 그리고 대불련 소속의 대학생 3명, 이렇게 다섯 명이 수련대회를 마치고 바로 백련암으로 갔습니다. 2만 배를 하고 들어갔습니다.

2만 배를 하셨다고요?

성철 스님을 뵈려면 2만 배를 해야 된다고 하더군요. 그래서 백련암에서 2만 배를 하고《신심명(信心銘)》강의를 들었습니다. 그 때 원당암에서 묵었는데 어느 날 '무역통신'이라는 통신문이 절간 마루 위에 있는 거예요. 제가 상대생 아닙니까? 무심코 펴보았는데 거기에 백봉 김기추 거사가 정릉에 있는 절에서《금강경》설법을 한다는 내용이 있는 거예요.《금강경》설법을 하시는 분이 많지 않았기 때문에 저의 눈길을 끌었습니다.

참으로 특이한 인연이군요.

서울에 올라간 뒤 정릉으로 설법 들으러 갔죠. 신수가 훤하신 게 멋있는 분이었습니다. 설법내용은 기억이 안 납니다. 하하하!(무염 거사는 계면쩍은 듯 실소했다.) 설법 후에는 미아리 근처 다방에 가서 선생님하고 대화를 나누기도 했죠.

"마음이 괴롭습니다." 하면 "내놔 봐!" 그러시기도 하고,

그렇게 법문을 듣다가 혼자서 댁으로 찾아갔습니다.

선생님댁은 어디에 있었습니까?

원효로 4가에 있었죠. 제가 선생님의 생각을 크게 바꾼 사람입니다. 선생님은 나이 든 사람이나 불교공부를 하는 줄 아셨지 젊은 사람들이 관심 있다는 것은 모르셨어요. 그러니 젊은 제가 공부하겠다고 하니까 크게 놀라실 수 밖에 없었죠. 환희심이 나셔 가지고… 너무너무 좋아하셨어요.

하나 보여드리죠. 그때 댁으로 찾아가 선생님께 "무엇이 부처입니까?" 하고 물었지요.

그랬더니 선생님은 누어서 이렇게 발을 쭈욱 올리시며 "나는 이렇게 대답하겠어."(무염 거사는 의자에서 일어나 바닥에 반듯이 누운 후 오른 발을 90도로 들어 올렸다)라고 하셨습니다.

그리고는 자리에 다시 앉으시며 "자네 같은 젊은이들이 공부를 하겠다면 내가 목숨을 바치겠다."라고 말씀하셨습니다.(무염 거사는 목이 메어 한동안 말을 잇지 못했다.)

자네 같은 젊은이들이 공부를 하겠다면 내가 목숨을 바치겠다?

네. 그런 분이 없었다고 봅니다. 승속간에, 그렇게 결연하게… 스님도 여러분 만나 뵈었지만 그런 분을 보지 못했어요. 그때 비록 소견은 짧았지만 참 감동 깊었습니다. 얼마 후 지환 스님(당시 이름은 한상수, 조계종 기본선원장 역임)을 만나 그 감동을 전했지요. 그렇게 해서 둘이 선생님댁에 입주하게 되었습니다. 원효로 4가에서 각자 학교를 다녔죠.

무염 거사님하고 한상수 도반하고 둘이 학교에 다니고 인천 보살님은 밥해 주시고.

예. 그렇게 입주해서 지내다가 여름에 수련대회가 열렸어요. 수련대회를 위해 금곡에 있는 농가 주택을 하나 빌렸어요. 그때 다들 돈이 귀했어요. 그래서 모두가 돈을 모았습니다. 선생님은 동생이 보내 준 한 달 생활비를 내셨고, 대원경 보살님은 월세 받은 돈을 내셨고, 나는 덕산 거사에게 받은 2학기 불교 장학금을, 그리고 한상수도 장학금을 내놓았어요. 그렇게 했어요. 대원경 보살님이 밥을 해주셨습니다. 그 때 보살님이 병에 걸려 아팠어요. 그 아픈 와중에도 참 끄떡도 하지 않고 밥을 해주셨어요. 저는 그 때 장좌불와라는 것을 해보았습니다. 처음이었지요. 보름이나 했어요.

1주일이 아니고 보름이었나요?

예, 보름 동안 했습니다. 한상수도 같이 했죠. 한상수는 나보다 한결 앞서있었어요. 고등학교 때부터 불교를 공부했고 대학에서도 불교를 공부하고 있었잖아요? 이미 발심이 많이 되어있었어요. 나와는 비교

232

할 수 없는 수준이었습니다. 또 《원각경》을 보면서 의심이 상당히 모아져 있는 상태였어요.

당시 '이뭐꼬?' 화두를 들었는데, 어느 날 개울에서 걸레를 빨다가 무릎을 탁 치고 백봉 선생님한테 달려 왔어요.

선생님이 '만법귀일 일귀하처(萬法歸一 一歸何處)'를 물으셨는데 답을 귀신같이 하더라고! 내가 그 대답을 우연찮게 들었는데, 아주 쉬운 말이었어. 허허허! 그래서 난리가 났지. 선생님한테 최초로 인가를 받은 제자가 되었죠. 백봉 선생님도 감동을 하셔서 우셨어요. 그리고는 부처님께 삼배를 올리셨어요. 부처님 은혜를 조금이라도 갚았다고… 참 좋아하셨어요. 그 소식이 오비팀들에게 전해져 사람들이 우르르 몰려왔어요.

오비팀은 어떤 분들이죠?

수도약품 사장인 이인곡 선생, 서울공대 교수인 신윤경 박사, 벽사 선생, 서운 선생 등 많았죠.

신문 기자나 교수들이 많았다고 들었어요.

그렇죠. 인텔리들이 상당히 많았어요. 그분 들이 금곡으로 오셨어요. 인천 사시는 신원경 선생도 오셨고요. 그렇게 정진에 불이 붙었지요. 보림선원의 정진 움직임이 이렇게 시작이 되었습니다.

그 때 백봉 선생님이 종종 드시는 '어제 허공, 오늘 허공, 내일 허공' 일화가 만들어졌죠?

한상수는 깨쳤는데 나는 여전히 "모르겠습니다"하니 답답해 하셨지요. 농가 주택 뒤에 잣나무가 많이 있었는데 하루는 저를 그리로 데리고 가셨어요. 그리고 나보고 잣나무를 때리라는 겁니다.

내가 잣나무를 때리면, 선생님은 나를 때리시며 "무슨 소리가 나느냐?"고 물으셨어요.

난 "'펙' 소리가 납니다."라고 대답했죠.

또 어느 날은 갑자기 저에게 "어제 허공 봤냐?"고 물으셨어요.

제가 "네, 봤습니다." 하니,

"그러면 오늘 허공 봤냐?"고 하시더군요.

한참 있다가 "네, 봤습니다."

그랬더니 "그럼, 내일 허공 봤냐?" 하시더라고요.

무슨 소리인지 못 알아듣고, 가만히 있었더니 "예끼 이놈!" 하고 한 대 치시더라고요.

제자들을 깨우쳐 주시려고 경계에 따라서 설법을 이렇게, 저렇게 하신 것이 나중에 좋은 법문 자료가 된 거죠.

용맹정진이 끝나고 나서는 원효로로 돌아오셨나요?

아니요! 금곡 근처의 도농리에 살았어요. 흥안화섬 뒤편이죠. 시골

교회 목사가 소유한 별채를 빌려서 살았어요. 인근에 공동묘지가 있었지요. 그곳에서 선생님은 책을 쓰시고 나는 통학을 했죠. 68년도 가을입니다. 여름 용맹정진 끝나고 바로 거기로 갔습니다. 한상수는 어찌했는지 생각이 나지 않습니다.

그곳에 입주해서는 법문 듣고, 심부름 하고, 학교에 다니고, 통학에 두 시간이나 걸렸어요. (거사님은 잠시 회상에 잠긴 듯 했다) 공부하는 척은 했겠죠.(웃음)

정릉에서의 선생님 설법은 다 끝난 건가요?

아니요! 거기서 계속 하시다가 옮기셨어요. 성신어내 뒷산 산비탈에 보살절이 하나 있었어요. 그 보살절을 빌려서 2년 정도 설법을 하신 걸로 기억이 돼요.

거기서 설법을 하실 때 춘성 스님이 1년 정도 설법을 들으셨어요. 춘성 스님은 야사(野史)에 욕쟁이 스님으로 많이 등장하는 분입니다. 전강 스님 상좌라고 했던가? 도인으로 소문난 분이라고 했어요. 니야 스님을 알 리 없지요. 대원경 보살님이 "저 분이 춘성 스님이야"라고 해서 안 거죠. 머리는 깎으셨지만 사복을 입으셨고, 땅딸막한 분이였어요. 대단하신 분이에요! 먹물 옷을 입으면 폼을 잡으려 하잖아요. 이름이 나지 않은 승려들도 머리 기른 거사의 설법을 듣는 것이 쉽지 않죠. 소위 도인라고 추앙받는 그런 스님이 1년 동안 거사 설법을 들으셨다는 것 자체가 그분이 대단하신 분임을 보여주는 거지요. 참된 공부인의 자세가 아닌가 생각합니다.

그때는 선생님이《금강경》설법 하셨죠.

　그렇지요. 그 겨울이나 이듬해, 그러니 1969년 봄에《유마경》이 탈고되었을 거예요. 그걸 출간을 하시려고 여기 저기 알아보셨었어요.

《유마경》쓰시게 된 것도 거사님하고 인연이 있었다고요?

　내가 광덕 스님하고 친분이 있었어요. 68년도에 광덕 스님을 뵈었을 때 "수좌들이 늘 보는 책중에《능엄경》,《유마경》,《선문염송》이런 책이 있다"는 말씀을 하셨어요. 그 말을 백봉 선생님한테 전했더니《유마경》에 관심을 갖고 책을 구해 읽으셨어요. 그리고 책이 좋으니까, 그 책으로 법문을 하셨고 강론을 쓰시게 되셨어요.《선문염송》은 그 뒤의 얘기고.

그 다음 제2차 용맹정진 얘기를 좀 해 주시죠.

　2차 용맹정진은 68년도 겨울이 되겠는데 도농리에 있는 목사 주택에서 한상수, 나, 그리고 혜연 스님하고 했지요. 혜연 스님은 혜강 스님이라고도 했는데 향곡 스님 상좌에요. 나보다 나이가 한 살 아래였는데 부산고등학교 2학년 때 출가를 했지요. 아이큐가 160인가라고 했는데 신문 사설을 한번 보면 탁 외우는 사람이었어요.

《유마경》에 나오는 '개구리가 개골개골, 여자 절을 받으십시오.' 하는 법문이 그때 거기서 나왔죠. 한상수가 답을 한 거예요.

거사님 얘기는 없나요?

제 얘기요? 나는 계속 먹통이었죠. 그런데 선생님이 나에게 설법을 시키셨어요. 그래서 나가서 설법도 하고 했어요. 상단 설법을 하기도 했어요.

"구름이 흐르다가 구름이 멈추고…"

이런 설법을 한 것도 기억이 납니다. 무슨 말인지도 모르면서 했죠. 허허허! 선생님이 자꾸 설법을 하도록 요구하시는 바람에 선생님을 의심하기도 했습니다. '왜 이렇게 억지로 도인을 만드실까? 왜 이렇게 서두르시나? 도인이 왜 이러실까, 이게 아닌데?' 하는 생각이 들었던 겁니다. 선생님에 대한 신심이 떨어지고 의심이 고개를 들었습니다. 한상수하고 같이 들었던 성철 스님의 돈오돈수(頓悟頓修) 얘기도 슬그머니 고개를 들었습니다. 대단하신 분 같지만 한편으로는 '글쎄?' 하는 생각도 있었지요. 갈등의 시기였어요.

돈오돈수와 관련해서 이해하지 못할 점이 무엇이었나요?

성철 스님이 말하는 돈오돈수는 '깨달으면 모든 것이 다 끝난다. 닦을 것도 없는 경지에 이르러야만 견성이라고 할 수 있다. 그 이전엔 깨친 게 아니다' 는 것이죠.

그러니까 선생님은 '아직도 닦을 게 많으시니 돈오돈수가 안됐다'
고 볼 수 있었단 말이죠.

그렇죠. 성철 스님의 비중이 당시만 해도 굉장했는데 스님이 주장하
는 돈오돈수의 관점에서 보면 백봉 선생님을 깨친 분이라고 볼 수 없
다는 생각이 드는 거예요. 그렇게 신심이 흔들렸습니다. 그 후에 선생
님을 더 가까이 모시고 공부하면서, 또 공부하신 다른 분들의 말을 들
으며 돈오돈수의 진정한 의미를 되새기게 됐지만, 그 당시는 오히려
그러한 것들이 장애요인이 많이 됐다는 거죠.

알겠습니다. 두 번째 용맹정진 이후에 대해 말씀해주시지요.

도농에서의 두 번째 용맹정진 이후는 어떻게 공부했는지 기억이 잘
나지 않습니다. 3차 수련대회를 69년도 여름에 안성에 있는 청룡사에
서 한 것은 기억합니다. 오비팀과 나, 한상수, 그리고 여러 명의 선방 수
좌 들이 참가했습니다.
그때 청룡사 주지스님이 고월 스님이었는데 전강 스님 밑에서 참선
공부를 한 분이지요. 아마 전강 스님이 은사는 아니었을 거예요. 이 분
과 관악산 삼막사 주지인 정진 스님, 그리고 서너 명의 선방수좌들이
참석했습니다. 이 때 고월 스님이 백봉 선생님에게 인가를 받았어요.

238

백봉 선생님 설법을 듣고 환희심이 나서 게송을 읊으셨어요. 그 게송의 한 구절이 지금도 생각나는데,

‘구래다친무면옹(舊來多親無面翁), 옛날부터 내려오는 얼굴 없는 첨지더라.’

이런 게송을 읊으셨던 기억이 나요. 또 “백봉 선생님의 설법을 듣고 독대하며 대화를 나누어 보니 이미 내가 지나온 경지였다.”라고 말한 것도 기억이 납니다.

이전의 용맹정진에 비해서는 꽤 많은 사람들이 참가했군요.

그렇죠. 점점 많아지는 거죠. 청룡사에서 하계 용맹정신을 하고 가을에 속리산 법주사에서 차크라 수련대회를 열었는데 이 때 백봉 선생님과 이기영 박사님을 법사로 모셨습니다. 차크라라는 모임은 대불련을 이끄는 리더들의 모임이었습니다. 대불련이 활성화가 안되어서 그런 모임을 만들었습니다.

차크라 수련대회가 끝나고 백봉 선생님은 바로 대전 심광사로 가셨습니다. 제가 절로 찾아 뵈었더니 그 절에 계신 화봉 스님이 절에 계시라고 한다고 하셨어요. 화봉 스님은 유명한 분입니다. 동경제대 철학과를 나온 시인이셨죠. 유엽이라는 필명을 쓰셨어요. 백봉 선생님이 즐겨 쓰신 모자가 있는데 바로 그분이 주신 겁니다. 백봉 선생님은 그 절에 머무시며 대전불교학생회를 지도하셨어요. 대전불교학생회는 심광사에서 정기적으로 법회를 했습니다. 진전 거사라는 분이 지도법

사였죠. 진전 거사는 효봉 스님 상좌를 하다가 속퇴를 한 분입니다. 그분이 대전불교 학생회를 잘 키워놓았어요. 심광사에 도인이 나타났다는 소문이 나니 젊은 학생들이 선생님 주위에 모였습니다.

그때 당시 대전고등학교는 참 좋은 학교였지요. 대전불교학생회는 사실상 대전고등학교 학생들로 되어 있었어요. 재학생, 졸업생, 재수생들로 구성되어 있었고, 진전 거사가 몇 년 동안 잘 지도해 왔기 때문에 공부를 제대로 하는 학생들이 많았어요. 그 애들이 선생님을 따르기 시작한 거죠. 그 애들과 더불어 계룡산 신도안에서 겨울 수련대회를 했어요. 나와 구길모도 참석했죠.

그럼 그게 4차가 되는 거네요.

그렇죠. 4차가 되는 거죠. 대전불교학생회 시대가 열린 거고. 성태용 교수가 그때 재수하고 있었고, 구윤회 교수가 고등학교 1학년인가 2학년 학생이었죠. 충남대 의대 다니던 송성선, 지금 공주대 교수가 된 이효범, 지금 고등학교 선생으로 있는 임항재, 이렇게 똑똑한 친구들이 선생님을 모시고 신도안에 가서 용맹정진을 했습니다. 환희심이 대단했어요. 심광사에 계시며 유성에 집과 땅을 사셨죠. 진전 거사가 소개를 했어요. 그곳으로 이사해서 지내셨고 5차 수련법회도 거기서 열렸어요. 거기서 한 2년 계셨을 겁니다. 내가 71년도 5월에 군대에 갔는데 그 이후도 유성에 계셨지요. 거기 계실 때 내가 월급을 보내드려서 기억합니다.

군대 월급을 말입니까?

기업은행에 입사를 해놓고 군대를 갔거든요. 기본급이 나왔는데 절반은 집에 보냈고 절반은 백봉 선생님한테 보냈지요. 생활비에 보탬이 되셨을 겁니다.

대전 쪽으로 선생님이 내려가신 후에는 어떻게 관계를 유지하셨어요?

신도안에서 용맹정진 할 때가 3학년 겨울방학이었어요. 그때 구길모하고 신도안에 같이 있었는데 둘이 등록을 하지 않았어요. 4학년 1학기 등록을 말이죠. 등록을 안 하면 그냥 잘리는 겁니다. 그런데 뒤늦게 등록을 했어요. 그때 총학생 회장이 동기동창이고, 학생처장이 고등학교 선배고 해서 늦게 등록을 받아주었어요.

등록은 왜 못했어요?

그냥 서울에 안가고 버틴 거예요. 선생님 곁에 그대로 머물 생각도 있었고. 그렇게 제적이 될 뻔 했다가 친구가 도와줘서 등록을 하고, 그리고는 학교를 다니며 취직시험 준비를 했죠. 그 때부터 선생님하고 본격적으로 떨어졌습니다.

유성에 있는 논과 집도 어떤 분이 보시하셨다고 들었는데요.

네. 이일각 선생이라고 부천 심곡동에 계셨던 분인 데, 이 분이 진전 거사가 소개하는 집과 논을 사서 선생님께 보시하셨죠. 얼마 후에 하보리심 보살이란 분이 옆집을 사서 또 보시하셨어요. 그래서 두 집을 같이 썼죠. 하보리심 보살은 동국대 부총장 하셨던 분의 부인인데 대원경 보살의 수양딸이죠.

취직하고 군대 가시고. 이제 제대하신 후의 일을 듣고 싶군요.

74년 3월에 제대하고 기업은행 구로동 지점에 다시 복직을 했어요. 그때 에피소드가 하나 있어요. 여름에 경기도 어느 절에서 백봉 선생님을 모시고 수련대회를 개최했어요. 성태용, 명호근 선배, 전창렬 선배 이런 분들이 참석했죠. 저도 수련대회에 참가했어요. 은행에 다니고 있었지만 그냥 편지 하나 써놓고 일주일 동안 출근을 하지 않은 겁니다. 수련대회 끝나고 출근했더니 지점장이 "당신 어떻게 하려고 그래?"하며 참 황당해 하더군요. 그 수련대회는 백봉 선생님이 대학생들하고 활성화된 법회를 하신 최초의 사건입니다.

은행을 무단결근하면서 수련대회도 참석하셨고, 그 다음에는요?

세상 속에 살았죠. 간간히 사직동으로, 광안리로, 남천동으로 백봉 선생님을 찾아 뵈었어요. 입주는 못했고. 여름 철야정진 때 잠깐씩 참석하기도 했지요.

그러다가 결혼하셨죠. 번개같이 결혼하셨는데 그 이야기 좀 들려주세요.

75년 12월 말에 백봉 선생님이 위 수술을 하셨어요. 그래서 병문안을 갔지요. 76년 1월 2일 날이었습니다. 날짜도 안 잊어버려요! 은행이 쉬는 날이었으니까 말이죠. 그때는 3일까지 쉬었지요? 병실에 도착하니 선생님은 베드에 누워계셨고 그 옆에 간호를 하고 있는 젊은 처녀가 있었습니다. 바로 일심행이었죠. 선생님께 문안인사를 드리고 좀 앉아 있으니 선생님이 잠에 드셨습니다.

저는 일심행에게 차나 한 잔 하자고 권유했죠. 그래서 둘이 다방에 가 차를 마시며 대화를 나누었습니다. 대화를 하면서 '아! 이 사람이라면 내 일생을 같이 할 수 있겠다' 하는 생각이 속으로 들었습니다. 마음에 쏙 들었나봅니다. 허허허!

인가받았다는 것도 이미 알고 있었고.

예, 알고 있었죠. 일심행이 마음에 들었지만 그런 말을 할 상황이 아니잖아요? 혼자 생각만 했죠. 다방에 오래 있지도 못했어요. 선생님이 곧 깨어나실 것 같아 서둘러 차를 마시고 병실로 돌아왔죠.

그런데 일심행의 부모님이 문병 오셨을 때 백봉 선생님이 내 생각을 그분들에게 얘기해버리신 겁니다. "이수열이가 안경애한테 장가들 마음이 있다"고 말이죠. 나는 누구에게도 얘기한 바가 없어요. 선생님한테도 얘기한 적이 없어요. 그런데 선생님이 내 생각을 안경애 씨 부모님한테 얘기해 버렸단 말이죠.

본인으로서는 참 바람직한 일이었네요!

허허허! 그쪽에선 난리가 났죠. 딸내미가 중이 될까 봐서 노심초사하고 있던 판에 좋아하는 사람이 나타났다니까 "보고 싶다"고 하신 겁니다. 그래 열흘 후인 1월 12일 토요일 날 다시 부산으로 내려갔어요. 그리고 토요법회에서 모친을 뵈었어요. 그런데 모친이 좋은 점수를 주셨습니다. 80점을 주셨답니다. 안경애 씨 부친이 그 말을 듣고 "저 사람이 80점? 그러면 난 볼 거 없다"고 하셨고 내가 청혼을 하면 받아주시기로 바로 결정을 하셨답니다. 일요일에 찾아뵙고 인사를 드렸습니다. 부친한테 큰절을 해버렸어요.

사위 될 사람으로서 말이죠.

네. 부산 풍속으로는 사위가 처갓집에 갈 때는 좀 뻐기기도 해야 한답니다. 그런데 나는 그냥 들어가 바로 큰절을 해버렸으니 싱겁게 되었죠. 제가 걱정을 했습니다. "집안에서 반대가 있을 수 있습니다"고 말이죠. 그런데 장인어른이 통이 크신 분입니다. 아주 멋있는 분입니다. "이제부터는 걱정하지 말라. 내가 다 해결한다." 이러시더라고요.

그날 셋이 같이 상경했습니다. 장인, 나, 안경애 이렇게 말이죠. 원래 양가 상견례는 밖에서 하잖아요? 그런데 저는 두 사람을 집으로 모시고 왔어요. 허허허! 그냥 밀어부친 거죠. 집에서 사돈 후보끼리 정종 대포를 마시며 말씀을 나누셨어요. 정종 대포에 취해서 그러셨는지 부친도 '사돈을 보니 딸은 보지 않아도 되겠다'고 하시며 좋아하셨어요. 그리고 안경애에게 물으시더라고요.

"우리 집안이 가난해서 내놓을 게 없다. 이 어려운 집안에 큰 며느리로 정말 올 수 있겠느냐?"

대답이 걸작이었습니다.

"괜찮습니다. 지붕하고 벽만 있으면 됩니다."

아, 그 어린 나이에 그런 대답이 나왔군요!

참, 멋진 말이죠. 100점으로도 부족하잖습니까? 부친도 참 좋아하셨어요. 이튿날 아버지와 함께 할아버지를 찾아가 자초지종을 말씀 드렸습니다. 그랬더니 할아버지께서 "좋아! 해를 넘기지 말고 혼사를 치러라."라고 하시는 겁니다. 음력으로 말입니다. 그렇게 결정된 날이 1월 19일입니다. 양가 합의하고 1주일 만에 식을 올린 겁니다. 선학원에서 탄허 스님 주례로 식을 올렸죠. 백봉 선생님이 건강하셨다면 선생님을 주례로 모셨을 겁니다. 이렇게 일사천리로 진행되었어요. 처갓집에서는 죽을 맞이었었겠죠. 상황은 그렇지만 그래도 여자를 시집 보내는 것인데, 이부자리나 모든 것을 갑자기 준비해야 하니 말이죠. 아닌 밤중에 장모는 혼이 빠진 거고… 그 때는 함을 지는 게 풍습이었어요. 사주단자 전해주는 것 말입니다. 그 것도 생략했어요. 생년월일 써서 편지봉투에 넣어 서울에서 하숙하고 있던 큰 처남에게 주었고 큰 처남이 부산 집으로 받았다고 전화로 통보하고, 토요일로 날 잡고, 그렇게 끝낸 거예요. 참으로 보기 드문 결혼이었어요.

은행에 취업하면서 선생님의 육신을 모시고 공부하시진 못하셨지만 수행을 계속하셨을 것으로 생각이 되는데…

은행에 취업하고 바로 군대를 갔죠. 군대에서 뺑뺑이 도느라 자연히 공부하고는 멀어졌죠. 제대한 후에도 가끔 찾아뵈었을 뿐 학생 때처럼 모시고 있을 수는 없었고 또 직장을 옮긴 후에는 중동에 가서 몇 년 일했기 때문에 공부와는 점점 멀어졌죠. 백봉 선생님하고 공간적으로 떨어지게 되면서 자연히 공부와도 멀어지게 되었습니다. 또 한편으로는 너무 많이 들은 것이 부담이 되었어요. 화두를 들어도 성성하지 않았고….

그러나 한편으로는 시간이 지나면서 내 신심이 점차 회복이 되었어요. 젊은 제자들이 많이 생기고 열심히 공부하는 사람들을 보면서 말이죠. 공부는 열심히 안 했지만 공부의 끈을 놓지는 않았습니다. 지난 30년 동안 도반들을 계속 만났죠. 나하고 만나지 않았어요? 허허허! 또 가까이 선지식이 있잖아요, 24시간 같이 지내는… 나는 공부를 안

했지만 일심행은 꾸준히 공부를 해왔고, 공부에 대한 관심을 놓지 않았죠. 이런 것이 자극제가 되지 않았을까요? 그렇게 공부를 내려놓지도 못하고 세월을 보낸 거죠. 실참(實參) 수행은 하지 않으면서 관심은 놓지 않는, 그런 상태 말입니다. 그런 상태가 지속되었어요. 잘했다고는 볼 수 없지만, 아주 없는 거 보다는 나은, 이것도 아니고 저것도 아닌… 창피하군요!

백봉 선생님을 만나지 않은 것과는 전혀 다르다?

전혀 다르죠. '믿고 달려들어라!' 했을 때 믿고 달려들지는 못했지만, 그렇다고 해서 그 큰 빛과 밝음이 아무것도 아닌 것이 절대 아니잖아요. 큰 덩어리가 꽉 체해가지고 계속 내려온 거죠.

확실히 내가 깨닫지 못한 상태에서 시시각각으로 죽음이 다가오는데, '나는 어떻게 해야 하지? 후손들이 내 장례식 편하게 치르도록 보험두 하나 들어놓고, 초상화도 하나 그려놓고 헤야 되는 것 아닌가? 유서도 써놓고… 그러면 남은 기간은 뭘 하고 살지?' 이런 질문들이 요즘은 자주 떠올라요. 이제는 남은 시간을 가장 보람있게 보낼 수 있도록 결정하고 행동으로 옮겨야 하는 일이 남은 거죠.

지금 생각해 보실 때 백봉 선생님은 거사님에게 어떤 존재이십니까?

너무나 큰 벽. (침묵) 미해결의 장. (침묵) 큰 숙제를 주신 분. (침묵)

선생님의 초창기에 선생님하고 긴밀한 시간을 많이 보내셨는데 가장 기억에 남는 말씀이 어떤 거죠?

"믿고 결정하고 달려들어라."

중생이 그게 안돼요, 중생이! 그것만 하면 다 끝나는데 말이죠! 부처님 당시에 언하에 대오한 게 다 그거 아닙니까? 들으면 그냥 믿어졌고 믿으면 깨치는 데! 그런데, 그걸 못하는 거야, 우리 중생이! 백봉 선생님은 아주 쉽게 이야기해 주셨고, 그냥 그걸 믿고 달려들면 되는 건데, 그런데 그걸 못하는 겁니다. 여우와 같은 마음으로… 신심이 부족해서… 그 말씀도 아주 좋은 말씀이고 또

"내 눈깔을 믿어라."

하는 말씀도 기억납니다. 눈빛, 맑은 눈동자. 깊이를 알 수 없는….

그 말씀이 왜 그리 가슴에 사무치시죠?

왜 그랬는지는 모르겠어요. (침묵) 백봉 선생님은 부처님 말씀은 한 구절도 안 빼놓고 다 믿으신다고 하셨어요. 《신심명》에 나오잖아요? 신심불이(信心不二)라 불이심신(不二信心)이라. 신심이 진정한 종교, 신앙 활동의 첫 번째인데 자세가 안돼가지고.

삶을 돌이켜볼 때 어떤 후회나 회한이 있으신가요?

요즘은 생의 종말이 느껴집니다. 아주 빠르게 말이죠. 아버지께서 근래에 돌아가셨고 많던 친척 어른들도 다 돌아갔어요, 두세 명 빼놓고는… 사촌 형제도 둘이나 죽었어요. 그러니 이제 '내 차례가 오는구나' 하는 것이 느껴져요. 이제는 몸도 아파요. 난 어른들만 아픈 줄 알았죠. 그런데 이제 내가 아픈 겁니다. 얼마 전에는 담낭 떼어내고, 엊그제는 이빨을 왕창 빼고, 요로결석에, 이 모든 것들이 닥쳐오니까 변화에 대한 실감이 오는 겁니다. 인생이 그저 '듯' 한 게 아니라는 실감이 옵니다.

그런 면에서 느끼게 되고, 또 나이 육십이 되기 전에는 아직 공부할 시간이 많이 남은 줄 알았어요. 백봉 선생님도 육십 되기 전에야 견성하셨으니까 말이죠. 그런데 내 나이가 벌써 육십셋이에요. 백봉 선생님이 깨치신 연령을 넘었단 말입니다. 이제 남은 인생을 어떻게 보내야 하느냐, 어떻게 살아야 보람이 있느냐, 이런 고민이 심각하게 닥쳐옵니다. 도반들중에는 깨쳤다고 하는 분들도 있는데 난 해놓은 것이 없어요. 그러니 이제 바쁘게 됐지요.

"막속급호(莫速急乎)아, 막속급호아?"

바쁘게 무언가를 해야 하는데 뭘 해야 되는 겁니까? 막 결정하고 달려들까요, 초스피드로? 화두를 들까요?

마음공부하시는 분들께 당부하고 싶으신 것이 있다면 무엇입니까?

초발심시 변성정각(初發心時 便成正覺)이라는 말이 있잖아요? 이 초심(初心)이 정말 중요하지 않나 생각 돼요. 초심을 냈을 때 열심히 하고, 초심을 잃지 않고 초심이 지속되도록 하고, 그렇게 쉬지 않고 해서 끝장을 보는 것, 이것이 중요한 것 같습니다. 끝장을 보지 않고 질질 끄는 것, 이것이 문제의 시작이고 비극의 시작인 것 같습니다.

대원경 보살님의 장례 때에 맏상주처럼 장례를 치르시던 모습이 눈에 선합니다. 지금도 원경선원을 종종 찾고 계신데 대원경 보살님에 대해 가지고 계신 추억, 생각을 좀 들려주시기 바랍니다.

정릉 보림사에서 《금강경》 설법을 들을 때 대원경 보살님을 처음으로 뵈었죠. 그 때 구도심이 아주 대단하셨죠. 자세가 참 좋았어요. 그래서 인상이 깊었지요. 그리고 초기 수련대회부터 수련을 함께 한 동지 아닙니까? 동지! 1회 용맹정진부터 같이 한 동지!

도반이시네요.

그렇죠. 또 공부를 계속 뒷바라지 해주신 분이기도 하죠. 한 집에서 상당 기간 같이 살았잖아요? 그래서 어떻게 보면 아빠, 엄마, 아들 이런 관계로 볼 수도 있어요. 그분은 자식이 없었죠. 수양딸만 한 분 있었어요, 하보리심이라고. 그러니 돌아가시면 나라도 장례식을 치러줘야 한다고 생각했죠. 암으로 돌아가셨어요. 돌아가시기 전날, 의사가 "얼마 안 남았다"고 하더군요. 그래서 수양딸인 하보리심이나 내가 그 말씀을 전해드려야 했는데 하보리심이 자신은 얘기를 못하겠다며 나보고 말씀을 드리라고 하더군요. 그래서 제가 말씀 드렸습니다.

"보살님, 이제는 서로 헤어져야 할 때가 온 것 같습니다."

라고 했더니, 보살님이 눈물을 딱 한 방울 떨어뜨리시더라고! 앉아서, 정좌하고 얘기를 들으셨는데, 그 상태에서 눈물 한 방울 떨구시고 그대로 정좌를 유지하시더라고. 또 평상심으로 돌아오시더라고. 그만큼 하기도 참 어려운 것 아닌가요? 나보고, "당신 낼 죽어!" 그러면 과연 내가 그 정도 평상심을 유지할 수 있을까? 쉬운 일이 아닌 것 같습니다. 이튿날 돌아가셨어요. 다음 날 화장을 했지요.

백봉 선생님을 마지막으로 뵌 것은 언제였어요?

84년인가 85년에 중동에서 일하다 잠시 휴가 나와 뵌 것이 마지막입니다. 그 때 작별하며 선생님이

"아이가! 아이가! 니가 나를 또 볼 수 있을까?"

이런 말씀을 하셨어요. 나는 '무슨 말씀이신가? 에이, 설마 농담이시겠지' 하고 헤아려 넘겼지요. 그런데 그게 정말 마지막이었습니다.

명성(明性) 김명식 거사

1957년 경남 밀양에서 출생했다. 부산대 1학년(1976) 때 백봉 선생을 만났으며 한 때 입주하여 사사를 받았다. 교보생명 등에서 직장생활을 했다. 현재 창원에서 살면서 자영업을 하고 있다. audtlr07@daum.net

인터뷰 일시 | 2010년 10월 16일 오후 3시 30분 ~ 6시
인터뷰 장소 | 창원 자택

상(相)이 떨어져버리면 생사에도 걸림 없다

먼저 불교에 입문한 과정에 대해 여쭤보고 싶습니다.

대학교 1학년 때였습니다. 불교학생회에 나가는 친구가 있었는데, 어느 날 제가 그를 따라갔어요. 그 때 많이 불안했거든요.

그 불안은 사실 고등학교 때 시작되었습니다. 부산에 있는 동래고등학교를 다니고 있었는데 2학년 때 문득 공부에 대한 회의가 오는 거예요. 내가 자연과학을 잘했어요. 특히 수학을 잘했어요. 그런데 어느 날 '지금 이 이론을 열심히 공부하고 있지만 누군가가 나타나 이 이론을 통째로 무너트릴 것이다. 그리고 그의 이론도 또 다시 누군가가 나타나 무너트릴 것이다.' 하는 생각이 드는 거예요. 그러니 공부에 대한 회의가 오는 거예요. 과학도 싫어지고 수학도 싫어졌습니다. 좋아하던 모든 과목들에 흥미를 잃었습니다.

그래서 인문계 쪽으로 방향을 틀었지요. '눈에 보이는 것, 이것이라도 붙잡아 보자! 이건 사실일 것 아니냐?'는 생각이 들었기 때문입니다. 그래서 법대로 진학했는데 대학에 들어 오니 웬일인지 굉장히 불안한 거예요. 참으로 속이 갑갑하고 불안했습니다. 그 문제를 풀기 위해 나름대로 꽤 노력했습니다. 책을 잡히는 대로 읽고, 친구들하고 토론회를 만들어서 토론도 하고, 부산에 유명한 강사가 오면 강의도 들으러 가고 그랬죠.

뭣 때문에 그렇게 불안했나요?

불안의 이유에 대해서는 깊이 고민하지 않았습니다. 어쨌든 불안했고, 막연하지만 '사회가 나를 불안하게 만든다'고 생각했던 것 같습니다. 당시는 유신시대였습니다. 그 시대에는 불만이 많았잖아요? 그래서 막연했지만 그렇게 생각을 하고, 불안을 해소하기 위해 막 뛰어다녔지요. 중부교회, 기독교사회관, YMCA 모임에 나갔어요. 점조직으로 된 운동권에 들어가 그쪽 공부도 했어요. 그럴 즈음에 친구를 따라 불교학생회 모임에 나가 본 겁니다. '혹시?' 하는 마음이었죠. 1학년 2학기 때였습니다.

백봉 선생님은 어떻게 만나셨습니까?

어느 날 불교학생회 선배인 장귀예 누나가 회원들에게 보림선원을 소개했어요. 그래서 회원들과 함께 법회에 참석했죠. 백봉 선생님을 뵈니 속이 시원해지는 느낌이 있었습니다. 무섭다는 느낌도 들었습니다. 그러나 말은 못 알아들었어요. 어느 정도냐 하면 '빈 걸', 공(空)을 '빔'이라고 하잖아요? 나는 그것을 '뱀'으로 알아들었어요. 하하하!

경상도 사람끼리 말이죠?

공이라 했으면 다 알아들었을텐데 '빔, 빔' 하니 나는 뱀으로 들은 거예요. '왜 뱀이 나올까?' 생각했죠. 아마 제가 보림선원에 계속 나갔거나 장귀에 선배를 만났다면 그것을 물었을 겁니다. 그런데 그 이후에는 장 선배도 금강사에 오지 않고 나도 보림선원에 가지 않아서 그걸 물을 수 없었어요.

보림선원에 안 가셨다구요?

그 후 한동안은 동아리모임에만 나갔습니다. 겨울에 순천 송광사에서 대불련이 주관하는 철야정진이 있었습니다. 법정 스님, 구산 스님, 그리고 다른 분들도 많이 오셔서 설법을 해주셨는데 처음에는 법정 스님 쪽에 이끌렸습니다.

스님은 "여기 기관원 있는 것 다 안다. 내 말 그대로 가서 전해라." 하며 자신 있게 정권을 공격하기도 했습니다.

　　그러나 3일쯤 지난 후엔 법정 스님보다는 구산 스님한테 끌리더라고요. 그리고 '내가 가지고 있는 문제를 불교를 통해서 풀 수 있겠구나' 하는 확신이 들기 시작했습니다. 그때 백봉 선생님을 생각했죠. 백봉 선생님을 만난 후부터 백봉 선생님에 대한 생각은 항상 남아있었거든요. 그 자리에서 '철야정진 끝나면 바로 보림선원에 가야겠다' 고 결심 했죠.

그렇게 해서 보림선원에 확실히 들어오시게 됐군요. 그 다음에 어떻게 공부하셨어요?

　　내 문제가 급하니까 죽기 살기로 공부했죠. 제일 우선 순위를 이 공부하는 데 뒀어요. 학교에 가서 강의는 들었지만 학점은 신경을 쓰지 않았습니다. 당시에는 매일 새벽, 그리고 일요일 아침에 설법을 하셨는데, 저는 그 설법을 모두 들었습니다.

매일 새벽 설법을 들으셨다고요?

　　당시 주례에 살았습니다. 남천동까지 가는데 한 40~50분 걸렸는데 새벽 첫 차를 탔습니다. 버스 안에서는 보림삼관을, 즉 불거불래(不去不來) 심외무법(心外無法) 인아개공(人我皆空)을 하나씩 계속 되내었어요. 염(念)이라 합니까? 그러니 버스도 금방 가는 것 같았습니다.

　　새벽 설법에는 열 명에서 이십 명 정도 참석했습니다. 이렇게 새벽 설법을 빠짐없이 듣고, 토요일마다 철야정진하고, 일요법회에 참석했죠. 오직 공부하는 것, 거기에만 신경을 썼습니다. 옆에 어떤 사람이 지나가는지도 모를 정도였습니다.

참 열심히 하셨군요.

어느 날 법회에서 선생님이 "이것도 비었다. 저것도 비었다. 전부 다 비었다"고 하시는 거예요.

그때는 뱀을 뱀이 아닌 뱀으로 알아들을 때였습니다. 하하하! 그 설법을 들을 때 저에게는 오직 '비었다'는 생각밖에 없었습니다. 그 때 '뭐가 살아있지? 다 비었는데?' 하는 생각이 들더라고요. 오직 비었을 뿐 내 자신이 살아있다는 것도 모르겠더라고요. 그래서 입을 열었습니다.

"선생님, 질문 있습니다."

그랬더니 "말해봐라!"고 하시더군요. 그래서 질문했지요.

"선생님, 살아있는 것을 보여주십시오!"

그랬더니 선생님이 "나와!" 하시더라고요.

그래서 그냥 앉아있으면서 "나갔습니다."라고 대답했죠.

그 때도 '가는 것도 아니고 오는 것도 아니고' 라는 말마디는 알고 있었기에 그냥 앉아있으면서 "나갔다"고 대답한 것입니다. 하하하!

그랬더니 선생님이 불같이 화를 내시며 큰 소리로 외치셨습니다.

"나와!"

그 기운에 눌려서 나갔죠.

나갔더니 "돌아서!" 하세요.

돌아서니까 주장자로 엉덩이를 힘껏 때리시더라고요. 그때 '모든 걸 하나로 보라' 하는 걸 느꼈죠.

모든 걸 하나로 보라 하잖아요? 그러나 우리는 자기도 모르는 사이에 둘로 보죠. 살아있는 것하고 공(空), 그리고 뭐하고 뭐, 이렇게 말이죠. 자기도 모르는 새 말입니다. 그런데 한방 얻어맞는 바람에, 그 아픈 속에서 그 문제가 탁 풀리더라고요. 그때 하나로 보는 공부의 기틀이 체험적으로 마련됐다고 봅니다.

질문을 하고 매를 맞은 것이 큰 전환이 됐군요.

매를 맞은 그 자체가 엄청난 것이었습니다. 지나서 보니, 선생님의 방편 쓰시는 것이 정말 대단하셨습니다. 그 때 말로 그냥 적당히 풀어주고 했으면 지견이 되고 희석이 됐을 거예요. 그런데 한방을 때려주심으로써 그 공부가 몸에 와닿도록 심어주신 것이죠. 그때부터 '하나로 봐야 된다', 거기에 턱 걸렸습니다. 옆에 사람이 지나가는 것을 모를 정도로 공부에만 전념을 했죠.

화두처럼 들고 있으셨나요?

그때는 화두도 몰랐습니다. 그렇지만 공부에 전념한다는 그것은 계속 있었던 것 같아요. 내 문제를 풀어야 했거든요. 그 해 겨울 철야정진 때, 저에게는 그 해 여름정진에 이어 두 번째 철야정진이었습니다. 저는 선생님께서 처음부터 가속 페달을 밟는 느낌이 들었습니다. 선생님의 설법은 처음에 차분하게 시작되었습니다. 그러나 점점 피치를 올리시더니 끝에 가서는 극피치를 올리셨습니다. 철야정진이 끝날 무렵 선생님은 엄청나게 설법을 토하시더니 '동그랑땡, 동그랑땡' 하시면서 '동그랑땡 내놔라!' 하셨습니다.

무위당 선생님이 자리에서 일어나 두 손을 위로 들어 일원상을 만들어 보였어요. 그 때 짜릿한, 전기에 감전된 것 같은 느낌이 일었어요. '무위당 선생님이 끝나면 나를 지적할 것이다' 라는 느낌이 왔어요.

아니나 다를까, "김 군, 한번 내놓아 봐라" 하셨습니다.

저는 박수를 세 번 쳤지요. 그랬더니 "그 다음!" 하셨습니다. 그래서 오른 주먹을 내밀었습니다. 선생님은 다시 "그 다음!" 하셨습니다. 그래서 일어나 춤을 추었습니다. 선생님이 "니가 무위당보다 낫다!" 하시더라구요. 그런데 그 말이 나에게 하신 말이 아니고 무위당 선생님에게 하신 말로 들리더라구요. 내가 무위당 선생님보다 공부가 더 되었을 리가 만무하죠. 무위당 선생님에 대한 건책의 말로 들렸습니다.

철야정진이 끝나고 입주하셨죠? 그때 어떤 학인들이 입주해 있었습니까? 선원 생활은 어땠어요?

추 거사, 유봉 선생님, 변 선생님, 서운 선생님이 계셨죠. 입주한 사람이 그리 많지 않았습니다.

입주해서는 선생님 쓰신 《선문염송》 원고 교정 보는 게 주된 일이었죠. 제가 입주한 후 얼마 지나서 《선문염송 요론》을 집필하기 시작하셨습니다. 학인들에게 염송의 중요성을 종종 말씀하셨습니다. 그리고 인연관계도 얘기하셨어요. '염송을 집필하는데 참여한 이 인연이 보통 인연이 아니다.'라고 말씀하셨습니다. 저녁에는 교정을 본 원고를 가지고 설법하셨습니다.

아침에 예불이 끝나면 저는 언제나 선방에서 좌선을 했습니다. 얼마 있으면 대원경 보살님이 오셔서 제 어깨를 두드리며 "선생님이 김 군 찾으셔"하세요. 그러면 선생님 방에 들어가서 다리를 주물러 드렸습니다. 선생님은 정면으로 누워 눈을 감고 계십니다.

제 손이 닿으면 선생님은 "김 군이가?"하고 물으셨습니다. 눈을 여전히 감으신 채로 말이죠.

"김 군이가?"하는 그 말씀이 굉장히 그윽해요. 지금도 생생합니다. 지금 생각하면 삼매중에 사람을 알아보시고 말씀하신 건데, 말소리 자체가 참으로 그윽했습니다.

그렇게 지내다가 군대에 가게 되었습니다. 선생님이 청사포에서 환송회를 해주셨습니다. 일송 선생님, 서운 선생님까지 참석하셨습니다. 일송 선생님이나 백봉 선생님이나 종종 "김군은 공부하는 이걸 못 잊을 거야."라고 하셨습니다. 지금 생각하면 선생님의 제자에 대한 생각이 얼마나 깊었는지를 알 수 있습니다. 그때는 철이 없어 정말 몰랐죠. 그러니 군에 가서 배신 때린 거죠. 허허허!

군에 가서 배신했다고요?

그렇습니다. 내가 밀양 촌놈이잖아요? 법대에 들어갔고, 이름도 '밝을 명(明)'에 '법 식(式)'이니까 '법에 밝다' 이러니 이름값을 해야 할 것 아닙니까? 하하하! 그래서 군에서 제대하는 대로 고시공부를 하기로 마음먹었습니다. 그런데 고시공부를 막상 하려고 생각하니까 선생님 생각, 불교생각 나는 것이 공부에 제일 방해가 되는 것 같더군요.

제대한 후의 이야기가 아닌가요? 군에 있을 때 고시공부를 시작했나요?

군에 있을 때죠. 고시공부는 안 했지만 그래도 생각을 미리 정리해야 할 거 아닙니까? 하하하! 그래서 원을 세웠어요. 제발 고시공부 하는 동안에는 선생님하고 불교는 멀리 있어 달라고 말이죠. 그러나 원을 세웠는데도 종종 선생님이 꿈에 나타나 설법을 하시는 거예요. 그게 싫었어요. 마음 공부하려고 했다면 박수를 치고 환영했을 것이지만 마음공부를 안 하려고 하는데 선생님이 나타나니 싫었던 기죠. 그렇게 싸우며 군대생활을 했어요. 휴가를 나와서도 선생님을 찾아뵙지 않았습니다. 30개월 군 복무를 마치고 집에서 본격적으로 고시공부를 시작했죠. 그런데 어느 날 몸이 엄청나게 아팠어요. 열도 많이 나고 참으로 아팠어요. 아무 원인도 없이 말이죠.

감기 걸린 거 아니었어요?

감기 걸린 건 아니었어요. 몸살 같이 열도 났지만 감기는 아니었어요. 하여튼 엄청나게 아팠어요. 지금까지 살아오면서 그렇게 아픈 적이 없었어요. 삼사 일을 그렇게 아프게 지내다 보니 사람이 좀 순수해지더라구요. '고시공부 해야 한다'는 강박관념에 폭 빠져 있었지만 감당할 수 없을 만큼 큰 고통을 겪다 보니 '아무리 고시공부를 하더라도 선생님을 찾아뵙는 것이 도리인 것 같다.'는 생각이 들더라고요. 하하하! 병이 사람을 바른 길로 이끈 거죠. 그렇게 해서 선생님을 다시 찾아간 날이 12월 30일이었어요. 다음 날이 겨울 철야정진을 시작하는 날이었습니다.

선생님이 나를 보시더니 "잘 왔다" 하시더라고요.

야단 안 치셨어요?

전혀 야단 안 치셨어요. 야단 맞을 각오를 하고 갔는데 전혀 야단치지 않으셨어요.

"잘 왔다"고 하시며 선생님이 싱긋 웃으셨어요. 그리고 그 웃는 듯한 표정을 유지하시면서 "요번에 사람이 날 건데, 여자가 날 거야"라고 말씀하셨어요. 그런데 그 말씀하시는 것이 꼭 사람 약을 올리는 식이에요. 그 때 비가 오기 시작했어요. 선생님이 "뒤편에 생선을 널어놨는데 들여 놓세."하시며 일어 나셨습니다. 저도 따라 나섰죠.

방을 나가며 혼잣말처럼 또 "요번에 사람이 날 건데 여자가 날 거야."라고 하시는 거예요. 웃음을 띠면서 말이죠. 12월인데도 천둥 · 번

개가 대단했습니다. 그 때 남천동 앞바다에 천둥·번개가 치던 모습이 지금도 눈에 선합니다. 바다를 바라보며 선생님은 한번 더 그 얘기를 하셨습니다.

다음날 철야정진이 시작되었습니다. 그런데 선생님 설법이 귀에 그냥 쨍쨍하게 와닿는 거예요. 그렇게 듣다 보니 귀가 뚫리기 시작했습니다. 그러면서 '내가 지금까지 듣고 보며 이해한 뜻들이 그렇지 않구나. 사실은 이 뜻이구나!' 하는 생각이 계속 떠올랐습니다. 가슴속에는 법열이 가득했습니다. 잠은 아예 오지 않고요. 법문은 계속 쩌렁쩌렁하게 들리고 머리 속에는 그 동안 들은 온갖 것들이 떠올랐습니다. 나는 머리 속에 무언가가 떠오르면 '이것은 궁극이 아니다.' 하며 지워버렸고, 또 떠오르면 '역시 궁극이 아니다.' 하며 지워버렸습니다. 이렇게 사나흘을 보냈습니다.

그러다가 '무중생무중사 유중생유중사(無中生無中死 有中生有中死)'가 떠올랐는데 이것은 자신이 있는 거예요. 설사 부처님이 와서 '아니다'라고 해도 받아들이지 않을 만큼 자신이 있었습니다. 정말 대단한 자신감이었죠. 그래서 선생님을 찾아갔습니다. 어찌 선생님을 찾아 갈 생각을 했는지 모르겠어요.

여하튼 선생님 방으로 들어가 선생님께 절을 했습니다. 그런데 바지가 흥건히 젖어있는 거예요. 나는 눈물을 흘린지도 몰랐는데 엎드렸다 일어서면서 보니 바지에 눈물이 흥건하더라구요. 절을 끝내고 선생님 앞에 앉았습니다. 선생님이 저를 위에서부터 아래로, 아래서부터 위로 여러 번 훑어보시더군요. 그때 내 느낌에는 선생님 눈이 한 20센티미터 정도 튀어 나와서 나의 온몸을 훑으시는 것 같았습니다.

그렇게 몇 번을 쭉 훑으시더니 선생님은 "그래, 뭐꼬?" 하시더군요.

제가 "무중생 무중사(無中生 無中死)입니다"라고 대답했습니다.

선생님이 "그래? 그럼 유는 어떻게 되나?" 하고 물으시길래,

나는 "유중생 유중사(有中生 有中死)입니다"라고 대답했죠.

선생님은 잠시 저를 바라보시더니 "그게 조주 무자(無字) 화두다"라고 말하셨습니다. 그리고 이어서 "공부 더 해라!" 하시더라고요.

바로 축하파티를 여시지 않고요?

선생님의 말에 엄청난 분노가 일어났습니다. 선생님 방에 들어가기 전에 나는 '부처가 오더라도 자신 있다. 나를 꺾을 수 없다.' 할 만큼 자신이 있었거든요. 그런데 선생님이 점검하시고 "공부 더 해라!" 하시니 선생님에 대한 섭섭함과 분노가 일어난 것이죠. 정말 지독한 분노였습니다. 몸이 부들부들 떨릴 정도였습니다. 지금까지 그렇게 강한 감정을 느껴본 적이 없어요.

선생님 방에서 물러나오며 나는 '죽어도 다음부터는 선생님한테 "공부 더 해라!"라는 소리는 안 듣겠다'는 다짐을 수없이 했습니다. 참으로 강한 분심이 일어났습니다. 선방으로 돌아와 자리에 앉았지만 여전히 잠은 오지 않았습니다. 그전에는 법열이 가득 차 있어 잠이 오지 않았지만 그때부터는 분노로 인해 잠이 오지 않았습니다. 선생님한테 그대로 밟혔다는 그 쓰라림으로 인해 말이죠.

밟힌 거는 아니지 않습니까? 그게 무자 화두다 그게 답이다. 인정
하신 거 아닙니까?

　그렇기는 하죠. 그런데 공부 더 하란 그 말씀이 더 강하게 박혀버린
겁니다. 진짜 못 참겠더라구요. 잠이 올 수가 없었어요. 1주일 동안 잠
을 한숨도 안 잤어요. 내가 잤구나 하는 걸 느낀 적도 없었어요.
　마지막 날이었습니다. 변 선생님이 법창(法唱)을 하셨습니다. 창을
하니 나에게 소리가 들리잖아요? 그런데 그 소리가 나에게 오는 것이
보이는 거예요. 또 그 소리를 향해 내 마음이 가는 것이 보이는 거예요.
그리고 오는 소리와 가는 마음이 마주치는 게 보이는 거예요. 오는 소
리와 가는 마음이 마주치면서 그것이 세 가슴으로 이어졌습니다. 가슴
속에서 불꽃이 튀었습니다. 용접할 때 불꽃이 팍팍 일어나는 것처럼
말이죠. 그 불꽃이 내 가슴 속을, 응어리를 막 태우는 거예요. 처음에 설
법들을 때는 귀가 뚫렸는데 마지막에는 가슴이 타 나가는 거예요. 그
때 그 자리를, 빛깔도 소리도 냄새도 없는 그 자리를, 지견으로 알고 있
었던 그 자리를 체험했습니다.
　'아, 우주도 손만 까딱이면 무너져 내리겠구나!'
　하는 생각이 일어났습니다. 그와 함께 엄청난 희열이 일어났습니다.
희열에 못 이겨 저는 자리에서 일어나 춤을 추었습니다. 춤을 추는 그
순간에도 소리는 가슴으로 이어져 가슴을 계속 태웠습니다. 춤을 추다
가 선생님을 한번 쳐다보았죠. 아, 그런데 선생님하고 나하고 황금물
결 같은 통로가 이어져 있는 거예요.

어디와 어디가 통해 있었습니까?

선생님의 가슴과 나의 가슴이 이어져 있었습니다. 황금물결 같은 통로로 말이죠. 법창이 끝날 때까지 계속 춤을 추었습니다. 춤을 추고 나서 저는 한마디도 하지 않았습니다. 선생님에 대한 분노가 여전히 남아 있었기 때문입니다.

그러나 저는 이 일을 경험하면서 '야, 이 공부가 진짜라더니, 정말 진짜로구나! 다른 공부는 몇 년 지나면 다 잊어버리는데… 이 공부를 안 하려고 원을 세웠는데도 나도 모르게 이 공부가 진행되고 있었으니, 참… 이 공부를 진짜 해야 되겠다'고 생각했습니다. 그래서 입주를 결심하게 되었죠.

선생님의 "더 공부해라"라는 말에 모욕을 느끼고 분노가 일어났다고 하셨지요. 우리는 무자 화두가 깨지면 공부가 다 끝난 걸로 압니다. 지혜가 샘솟고 번뇌가 사라지고 더 이상 공부할 것이 없고, 이렇게 모든 수행이 끝나는 걸로 알고 있는데 안 그런가요?

선생님께서 정확히 점검하시고 처방을 하신 겁니다. 무자 화두가 깨지더라도 완전하게 깨진 것이 아니고, 예를 들어 화산이 폭발할 때는 전조증상이 나타나잖아요? 선생님은 제가 "무중생 무중사(無中生 無中死)"라고 말한 것을 완전히 깨지기 전의 전조증상으로 아신 거예요. 밑에 부글부글 끓고 있는데 화약을 더 넣어 크게 터트려야 폭발한다고 보신 거예요. 선생님 눈이 굉장히 정확하신 겁니다.

법창이 끝나고 자리에 앉으셨죠. 그 전과 그 후는 어떤 차이가 있었습니까? 뭐가 달라졌죠?

공부의 단계를 '신해오증(信解悟證)'의 네 단계로 보잖아요? 내가 눈물을 흘린 것은 '해'와 '오'의 과정, 정확히는 '해'에서 '오'로 넘어가는 과정으로 볼 수 있습니다. 가슴의 응어리가 녹아나간 것도 '오'의 과정입니다.

증은 아니란 말이죠. 증은 언제 오죠?

증(證)은 증득(證得)입니다. 요즘이 완전한 '증'의 단계에 있다고 생각됩니다. 그 후에 공부를 하면서 '증'의 단계가 왔죠.

무자 화두에 답을 내셨고 법창을 통해서 응어리를 녹였지요. 그린 과정이 끝났으면 백봉 선생님으로부터 인가를 받는 일이 있었을 법 한데, 왜 그런 일이 없었을까요?

허허허! 그건 백봉 선생님께 여쭈어보셔야지요. 저는 선생님이 인가를 한 사람도 있고 인가를 하지 않은 사람도 있다고 생각해요. 그리고 저의 공부로서는 저를 인가하지 않는 것이 맞다고 생각합니다. 처음에 제가 눈물을 흘리고 '무중생 무중사'를 말할 때 저에게는 법을 나타내려는 마음이 있었습니다. 만약 그때 선생님이 인가를 하셨다면 어떻게 되었겠어요? 아마 제가 춤을 추는 일은 없었을 것이고 결국 다음 단계로 넘어가지 못했을 겁니다.

또 춤을 추고 난 후 도반들 앞에서 제가 법을 한마디 말했다면 선생님은 또 도반 전체의 분위기를 반전하기 위해서 인가의 과정을 밟았을지도 몰라요. 그러나 내가 입을 다물었거든요. 선생님은 그걸 그대로 아신 거예요. 나의 그것을 아신 거예요. 그걸 아니까 나한테 맞는 길을 가게 하신 거예요.

선생님이 늘 말씀하셨잖아요. "무유정법(無有定法)이다. 정해진 법은 없다." 우리는 정해진 법에 집착하지만 선생님은 무유정법이에요. 선생님에게는 정해진 것이 없어요. 그 사람에 맞는 방편으로, 그 사람이 가야 할 길로 가도록 만드셨어요.

인가라는 것도 하나의 정해진 법으로 생각한다면 잘못된 것이다. 인가라는 것도 할 수도 있고 안 할 수도 있고 굴리기 나름이다 그렇게 본다 말이죠?

아니요. 진정한 인가는 깨끗한 두 거울이 마주 보는 겁니다. 줄 것도 없고 받을 것도 없는 것이 진정한 인가입니다. 그 때는 진정한 인가를 할 단계가 아니었습니다. 선생님은 줄 것이 없고 받을 것도 없었습니다. 그러나 나에게는 줄 것도 있고 받을 것도 있었습니다. '진정한 인가를 안 할 단계에서 괜히 김 군한테 흠집 생기게 할 필요가 없다'는 것이 선생님의 뜻이었을 것으로 저는 생각해요.

춤 춘 다음에는 어떤 일이 일어났죠?

철야정진이 끝나고 도반들은 모두 집으로 돌아갔습니다. 그러나 저는 입주하기로 결심하고 선원에 남았습니다. 그날 오후에 선생님을 모시고 이발소에 갔습니다. 대원다방 옆에 이발소가 있지 않았습니까? 이발을 끝내고 돌아가는데 길가에 화분들이 많이 나와 있었습니다. 꽃집에서 내 논 겁니다. 그중에 눈에 띄는 화분이 하나 있었는데, 붉은 꽃이 송이송이 피어있었습니다.

선생님이 걸음을 멈추시고 꽃을 바라보셨습니다. 아, 물아일여(物我一如)라 합니까? 선생님이 그 때 그 모습을 나투셨습니다. 선생님과 꽃은 하나가 되어 있었습니다.

그 인상이 워낙 강렬해서 5만 원을 주고 그 화분을 사 선원에 갖다 놓았습니다. 큰 돈이었죠, 저에게. 선생님이 선원에서 그 꽃을 보시고 저에게 손가락질을 하셨습니다. "저 놈이…."

그 당시 5만 원은 큰 돈이었죠.

선원으로 올라가는 길 중간쯤에 보림선원 간판이 서 있잖아요? 그쯤에서 선생님은 "참 안심이 되네!"를 세 번 정도 혼잣말처럼 하시더라구요.

얼마 후에 대원경 보살님이 가벼운 술상을 차리셨어요. 백봉 선생님, 서운 선생님, 대원경 보살님 그리고 나 이렇게 네 사람이었습니다. 대원경 보살님이 자리에 앉으시면서 한마디 하셨습니다.

"김 군, 춤 참 멋들어지게 추대!"

제 느낌에는 저에 대한 칭찬 보다는 저에 대한 선생님의 평가가 뭔지 떠보시는 것 같았습니다. 서운 선생님이 이어서 말씀했습니다.

"야! 난 김 군이 한마디 할 줄 알았다."

서운 선생님도 제가 춤을 추는 것을 보신 모양입니다. 서운 선생님은 언제나처럼 맨 앞에 앉아 계셨지요. 난 맨 뒤에서 춤을 췄는데도 그것을 보셨나 봅니다. 잠시 후에 백봉 선생님도 한마디 하셨습니다.

"내가 김 군을 알지."

불가사의하군요. 군대에 입대한 후부터 공부도 안 하고 오히려 백봉 선생님을 멀리 하려고 애썼단 말입니다. 그런데 어떻게 된 걸까요? 공부가 스스로 된 것 같아요.

예, 정말 불가사의합니다. 선생님도 자주 "최상승 법문은 귓뿌리에 담아놔라."라고 하셨잖아요. 1년 동안 열심히 법문 들으며 귓뿌리에 담아놨던 것이 나도 모르는 사이에 공부하는 쪽으로 흘러갔다고 봐야죠. 우리에게는 공부하려는 마음과 공부 안 하려는 마음이 둘이지요. 그러나 마음은 본래 하나 아닙니까? 공부하려는 마음이나 공부 안 하려는 마음이나 하나에요. 그러니 공부하려고 애쓰는 것이나 공부하지 않으려고 발버둥치는 것이나 실은 똑같아요. 그게 어느 한 방향으로 흘러가는데, 공부하지 않는 쪽으로 흘러갈 수도 있는데, 다행히 공부하는 쪽으로 흘러간 겁니다.

이제 입주생활에 대해 여쭈어보죠. 낮에는 학교에 가고 저녁엔 선원에서 잠을 자고 하셨을 텐데, 어떻게 지내셨어요?

원고 교정을 보기도 하고 틈틈이 공부했죠. 가슴에 응어리진 것이 녹고 나서는 모든 의심이 사라졌습니다. 일체의 의심이 없어요. 의심할 것 자체가 생기지 않는 거예요.

의심이 없는 상태에서 어떻게 공부를 하죠?

의심은 없지만 내가 부족하다는 것은 느껴요.

뭐가 부족하다고 느끼셨어요?

뭐라고 특정할 수는 없지만 느껴요. 예를 들어, 선생님이 질문하고 "답을 내놓아라" 해도 바로 안 나오잖아요. 생각을 해야 답이 나왔지, 바로 안 나왔죠. 특히 《선문염송》 설법은 질문에 바로 대답하고 법거량할 그게 안 되었죠.

선생님 염송 설법을 하셨을때, 그 내용을 화두처럼 붙잡고 앉아 있
었을 수도 있었겠군요.

　화두처럼 잡고 할 필요는 없었습니다. 그때 이후로는 그 자리가 떠나
지 않았어요. 빛깔도 소리도 냄새도 없는 그 자리가 안 떠났어요.
　그 자리가 떠나지 않은 상태로 얼마 지나자, 하늘이 활짝 열리는 것
처럼 '행주좌와(行住坐臥)가 선(禪)'이라는 느낌이 왔습니다. 강하지 않
았지만 분명했습니다. '아, 이것이 바로 공부한 사람들이 행주좌와가
선이라고 말한 그것이구나'를 분명히 느낄 수 있었습니다. 그 자리를
놓치는 일은 별로 없었습니다만, 처음에는 희미한 상태였습니다. 그러
나 공부가 진행될수록 더 또렷하게⋯.

비암비명(非暗非明)의 자리가 또렷할 때는 어떠합니까? 또렷하다
는 것은 어떤 것이죠?

　그 자리밖에 없는 거죠.

그게 느낌으로 오는 건가요?

　느낌이 아니고 증(證)입니다. 신해오증(信解悟證)의 증이 되어야 그
자리가 또렷합니다. 그 자리밖에 없죠. 일체의 걸림이 없어요. 제가 '또
렷하다'는 말을 썼지만 실은 그 말을 떠난 것입니다. 또렷하다 하는 것

도 상(相)이잖아요? 그런데 그 자리는 상을 떠났습니다. 또렷하다, 안 또렷하다는 일체의 상을 여읜 자리입니다.

그 자리를 증득하기까지 어느 정도의 시간이 걸리신 겁니까?

행주좌와가 되는데 꽤 많은 시간이 걸렸습니다. 그리고 행주좌와가 되면서부터 '이제 내 공부가 다 됐다'는 생각이 들었어요. 그러나 그것은 그릇된 생각이었죠. 진짜 공부는 대자유인이 되는 거잖아요? 그렇죠? 그래서 '내가 대자유인이냐?'고 스스로에게 물었습니다. 그런데 아니거든요? 다 된 것처럼 보였지만 여전히 대자유인이 아니니까, 결국 공부가 덜 된 거죠.

그래서 그 자리를 놓치지 않는 수행을 계속하였습니다. 물론 처음부터 그 자리는 잘 떠나지 않았습니다. 그래도 그 자리를 놓치지 않으려는 의도를 갖고 살았습니다. 그러다 그 수행을 멈추었습니다. 걸어다닐 때나 밥을 먹을 때나 그 자리가 잠시도 떠나지 않았기 때문입니다. 그러니 잡으려고 할 필요가 없어졌고 그래서 잡는 것까지 놔버렸어요. 그 때가 수행기를 쓴 2005년경입니다.

그 전에는 선(禪)이라는 말을, 그 이후는 삼매(三昧)라는 말을 썼죠. 잡을 것도 없고 놓을 것도 없고 그냥 자연스럽게 되는 거죠. 공부를 한다고 말할 수도 없고 안 한다고 말할 수도 없는 그런 것입니다. 일행삼매(一行三昧)죠. 그런데도 뭔가 부족하더라구요. 갈등은 아니고, 분명히 찾을 것도 없고 놓칠 것도 없고 깨칠 것도 없고 공부할 것도 없는데 가만히 생각하면 '무언가 완전하지 못하다' 하는 것이 있었어요.

네, 잠시 후에 그에 대해 계속하기로 하고 다시 선원생활로 돌아가죠. 선원에 입주했을 때 우리가 기억할만한 에피소드를 좀 얘기해 주시죠.

군에 가기 전에 있었던 일입니다. 사람들이 지견이 막 생길 때 용감해집니다. '내가 이제 알았다' 하면서 부딪쳐보고 싶은 거예요. 저에게도 그런 일이 있었어요. 토요일 철야정진을 할 때 서운 선생님이 설법을 하는데 의심이 드는 거예요. 백봉 선생님처럼 능수능란하지 못하잖아요? '정말 공부가 되었는지 한번 찔러 봐야겠다' 는 생각이 들더라고요. 용기를 내어 방으로 찾아갔죠. 보통은 선생님 방에 들어가도 절을 안 하는데 그 날은 절을 하니까 내가 작심을 하고 온 줄을 아셨어요.
절이 끝나자마자 바로 "내놔봐!" 하시더라고요.
하하하! 그러니 뭐, 그냥 한방 얻어맞았죠. 그 때 이미 서운 선생님은 "행주좌와가 다 선이 된다"고 말씀하시더군요.

당시 같이 입주했던 성장현 거사의 글을 보니 김 거사님은 철야를 했다고 쓰여 있더군요.

열심히 한 것은 맞아요. 그러나 철야는… 잠 안 잘 때 봤겠죠? 하하하!

성장현 거사는 김 거사님이 자신의 공부에 많은 도움을 주었다고 썼는데, 어떻게 도와주셨어요?

그 당시 대표적인 병이 공부할 게 없다는 병이에요. 공부할 게 없다는데 공부를 어떻게 해요? 지금도 많은 사람들이 그 병에 걸려있어요. 정말 공부할 게 없는 사람은 공부를 다 마치고 난 사람입니다.

처음에 공부를 할 때는 유심(有心)이에요. 생각이 있으니 유심이죠. 거기에서, 즉 유심에서 다시 무심(無心)으로 들어가는 거예요, 무심이 되더라도 대무심(大無心)이 되어야죠. 무심에 무슨 등차가 있겠습니까만 대무심에 이르기까지는 몇 번 무심을 경험하죠. 그러니 무심이라고 느끼지만 그게 완진한 무심이 아니라는 것을 대무심이 되고 나서야 알죠.

우리가 공부할 때는 유심이죠. 경이나 선생님 설법이나 모두 무심의 세계를 설법하고 있거든요. 그걸 무심에서 바라보아야 하는데 우리는 유심에서 바라보고 있지요. 그러니까 자기 깜냥대로 보고 있는 거예요. 한계를 못 벗어나는 거에요. 알았다 하더라도 진짜가 아닙니다. 무심이 되면 그 한계를 벗어납니다. 무심에 들어가면 저절로 그리됩니다. 성장현씨도 그 병을 앓고 있었어요. '공부할 게 없다'고 말했지요. 그러고 나서도 참선하고 앉아 있었지요.

거사님이 본 백봉 선생님은 어떤 분이었습니까?

말씀드리기 어렵습니다. 내 공부에 따라 선생님이 달리 보입니다. 지금도 찾아보고 있는 중이에요.

선생님은 설법할 때 설법삼매에 빠지셨어요. 평소에도 삼매였죠. 밥을 먹을 때도, 걸어 다닐 때도, 이야기할 때도 삼매에 있었죠. 우리는 그냥 모습으로만 보니까 그것을 모르죠. 못 느끼는 거고. 그러나 설법할 때는 강하게 느껴지잖아요. 설법할 때는 피를 토하듯이 하셨어요. 귀를 뚫어주려고 참으로 강하게 하셨지요. 걸어 다니고 밥 먹을 때도 항상 제자들을 깨우치려고 하셨죠. 밥을 먹을 때 이 얘기 많이 하셨지 않습니까?

"느그는 밥 먹을 줄 알제? 난 밥 먹힌다."

하하하! 실제 우리는 밥 먹히고 있고 선생님만 밥 제대로 먹고 있는데, 그걸 역설적으로 말이죠. 그래야 더 궁금할 거 아닙니까? 먹힌다는 말이 무슨 말이고 먹는다는 말이 무슨 말이지 그런 것을 알려주시려고 참….

제가 보림선원에 입주했을 때가 82년 3월이었는데 그때 김 거사께서는 선원에 안 계셨습니다. 여전히 대학을 다니고 계셨는데 입주를 끝내게 된 이유에 대해서 듣고 싶군요.

대학 4학년이니까 취업준비도 해야 했죠. 그러나 그 보다는 '장기전으로 가야 되겠다'는 생각이 들더라고요. 오(悟)에서 증(證)으로 가야 되는데 증은 시간을 요하지 않습니까? 그 때는 그런 것도 몰랐는데 어찌해서 그런 생각이 들었는지 모르겠어요. 또 밥 먹을 때나 걸어다닐

때나 그 자리를 놓치지 않았고, 의심도 거의 없어진 상태였기 때문에
자신감도 있었죠.

"입주를 끝내겠습니다"했을 때 선생님께서 한마디 하셨을 것 같은데요.

선생님은 아무 말씀 없으셨어요. 참으로 기묘합니다. 선생님을 떠나려
고 할 때 정말 선생님께 죄송한 생각이 들었어요. 그래도 떠나기로 했으
니 "집에 가겠습니다" 하고 말씀 드렸는데, 한마디도 안 하시는 거예요.
평소 학인들이 입주를 끝내겠다고 하면 "그게 아니다"하시며 달래
셨거든요. 부모가 무엇인지, 스승이 무엇인지를 설명해주시며 달래셨
어요. 그런데 저한테는 한 말씀도 없으셨어요. 알아서 오고 알아서 가
도록 하신 겁니다. 선생님이 저를 믿었다고 할까요?

**입주를 끝내고 나서도 선원에 종종 오셨지요. 아직도 증득해야 할
것이 있어서 오신 건가요?**

그렇죠. 선원을 오가며 장기전으로 가면 저절로 체득이 될 거라고 생
각했습니다.

**지금 나이가 오십이 넘었는데 돌이켜 볼 때 백봉 선생님은 김 거사
님께 어떤 존재입니까?**

선생님을 못 만났다면 참으로 아찔하죠. 내가 가지고 있는 문제를 어디 가서 풀었겠어요? 다른 방향에 가서 풀려고 했다면 분명히 벽에 부닥쳤을 겁니다. 선생님을 만났기 때문에 풀었죠. 생명의 은인이죠. 선생님을 만나서 진정한 웃음도 알게 됐고 행복이 무엇인지도 알게 됐고 인생관도 많이 바뀌었습니다. 우리가 어떻게 살아야 한다는 본보기를 보여주신 거죠.

선생님께서 말씀하신 것 중에 김 거사님께 큰 느낌으로 다가온 것은 무엇이었습니까?

무유정법(無有定法)이라는 것, 정해진 법이 없다는 것입니다. 사람들이 집착하는 것은 정법이 있다고 보기 때문이죠. 이래 돼야 된다, 저래 돼야 된다고 말입니다. 그러나 선생님은 항상 무유정법을 말씀하셨습니다.

제가 공부하며 보니 실상만 그런 게 아니에요. 마음도 무유정법입니다. 마음도 정해진 것이 없습니다. 법도 정해진 법이 없고 모든 것이 정해진 것이 없어요. 정해진 것이 있다고 생각하면 고통이 옵니다. 사람들은 죽는 것을 걱정하죠? 어디 가는 게 있다고 생각하니까 걱정하지요. 그러나 상이 모두 사라져버리면 가는 게 없으니 걱정할 게 없습니다. 상에 집착하는 근원은 이게 있다고 믿는 거죠(거사는 가슴을 두 번 쳤다). 선생님은 무유정법이라는 칼로 이런 생각을 모두 잘라 내셨죠.

증득을 하시면서 죽음에 대한 두려움을 느낀 적은 없었나요?

언젠가 꿈을 꿨는데, 실은 비몽사몽이죠. 굉장히 높은 데서 내가 떨어지는 거예요. 만일 공부를 안 했다면 놀라서 깨었겠죠. 그런데 떨어지면서 떨어지고 있는 것을 보는 거예요. 그냥 추락하고 있었지만 아무런 두려움도 없었습니다. 결국 바닥까지 떨어졌어요. 몸덩어리가 바닥에 떨어져 부서졌어요. 이 모든 것을 아무 두려움 없이 지켜봤어요. 바닥에 떨어져 있으니 사람들이 모여 웅성웅성하는 소리까지 들리더라고요. 그러나 자는 상태는 그대로 유지되었습니다.

대학 졸업하고 교보생명에 입사해서 직장생활을 하셨지요. 어떻게 일을 하셨습니까? 삼매가 유지되었는지, 욕망이나 분노나 번뇌는 없었는지, 몸과 정신을 움직이게 하는 에너지는 어디서 나왔는지 궁금합니다.

완전한 자유는 아니지만 행주좌와가 선이 된다는 걸 어느 정도 느끼면서 직장생활을 시작했죠. 회사에서 일을 할 때도 그 자리는 안 떠났어요. 그러나 분노라든지 이런 것은 아직 사라진 상태가 아니었어요. 예전에 비해서는 많이 줄어들었지만 여전히 남아있었어요.

정말 열심히 일했습니다. 일이 있으면 새벽 3시, 4시 가리지 않았습니다. 당시 보험회사 참 열악했습니다. 1년도 못 채우고 그만 두는 사람들 많았어요. 친구들도 나 같은 성격이 때려치우지 않는 것을 신기하게 생각했지요. 10년 이상 근무한다는 건 상상도 못했어요.

왜 그렇게 열심히 하셨어요? 사람들은 보통 승진도 빨리 하고 직장에서 인정도 받고 싶어서 일을 하는데 거사님도 똑같았나요?

제가 뿌리를 뽑는 성격이거든요. 내 일이니까 열심히 해야 된다 그런 게 강했어요. 그래 인정받았어요. 언젠가는 내가 받은 보너스가 다른 사람의 보너스와 같은 것에 상사가 분개해서 본사 인사부와 30분 넘게 통화를 한 적도 있어요.

직장생활 한 1년 하시고 도반과 결혼하셨죠? 공부하는 사람은 어떻게 연애를 하고 어떻게 결혼생활을 하는지 궁금하네요.

다른 사람들은 제일 궁금할지 모르지만 나는 제일 하기 싫은 건데. 하하하! 그 때 처와 사귀고 있었는데 처는 아직 대학을 다니고 있었어요. 그러니 결혼 이야기를 할 때가 아니었죠. 그런데 아버님이 결혼을 재촉하셨어요. 연로하셨거든요. 그래도 제가 결혼하려고 하지 않았더니 막 짜증을 내시는 거예요. 그래서 선을 보기도 했습니다. 처와 데이트를 할 때 내가 어디 가서 선을 봤다는 얘기도 다 했습니다. 일부러 한 것 같기도 합니다. 협박하려고 말이죠. 하하하! 그 후 잠시 서울 본사에서 근무하다가 다시 부산으로 내려왔고 그 때는 '정말 결혼해야겠다.' 하고 생각하고 있었습니다. 그런데 선생님이 그걸 아셨는지 설법을 하시다가 저에게 질문을 하는 거예요.

"김 군, 한번 내봐라!" 하셨습니다.

제가 "이러히[如是]입니다."라고 답했지요.

선생님이 다시 "이러히 이전에는 뭔가?"하시더라구요.

그래서 "이러힙니다." 했습니다.

선생님은 다시 "이러히 이후에는 뭔가?"그러셨고,

저는 다시 "이러힙니다."라고 답했습니다.

그 법회가 인연이 되었는지 처가 저와 결혼하겠다고 하더라고요. 하하하! 처가 졸업한 그 다음날 식을 올렸죠. 선생님이 주례를 서 주셨습니다.

연애는 어떻게 하셨어요? 모든 것이 공하고 허깨비 같은데…

밖에서 좀 만나고 했죠. 보험회사가 퇴근이 늦잖아요? 퇴근 늦은 것을 알면 결혼 안할까봐 조심을 많이 했습니다. 약속시간에 한번도 늦지 않았어요. 최소한 5분 전에는 도착했어요. 그러니 결혼하기 전에는 퇴근이 늦은 것을 전혀 몰랐죠. 결혼하고 나서는, 하하하! 그러니까 속았다고… 속인 게 많죠.

도반과 결혼하셨으니 이해해 주신 건가요?

도반이니까 공부할 수 있었죠. 도반이 아니었으면 무척 힘들었을 겁니다. 정말 힘들었을 겁니다. 서울에 있을 때도 토요일마다 철야정진 했거든요. 9월부터 그 다음해 3월까지는 12시 이전에 퇴근한 적이 없어요. 남편으로서의 역할은 거의 제로에 가깝다고 봐야죠.

불교 공부하는 사람들은 견성을 추구합니다. 견성은 무엇이고 깨달음은 무엇인가요?

내가 전에 '꿈을 깨면 그 자리도 없습니다'라는 글을 쓴 것이 있습니다.

"가는 것도 그 자리, 오는 것도 그 자리, 깨친 것도 그 자리, 미한 것도 그 자리! 물을 것도 없고 답할 것도 없고 지닐 것도 없고 버릴 것도 없네! 배울 것도 없고 구할 것도 없네!"

그랬거든요. 깨친다는 것은 미망으로부터 벗어나는 것입니다. 서산 대사가 "내가 깨치기 전에는 우주 속에 내가 있었는데 깨치고 나니까 내 속에 우주가 있더라."고 했습니다. 그렇습니다. 틀림없습니다. 이처럼 미망으로부터 벗어나는 것이 깨달음입니다. 자기가 전에는 요만하게 작았는데 진짜 자기를 찾으니까 자꾸 커지는 거예요. 정말 큰 자기를 깨치는 것이죠. 본래의 진여 자성자리를 깨치는 것입니다.

그리 되려면 심행처멸(心行處滅), 즉 마음 가는 길이 끊어져야 합니다. 좀 전에 말했듯이 우리는 다 유심이거든요. 성품이 번뇌 망상, 미망에 가려져 있어요. 가린 그것만 다 없어지면 성품이 저절로 드러나는데 말이죠. 비유하면 전등 스위치 찾아서 불 켜는 게 견성입니다. 전기가 설치돼 있어도 전등 스위치를 안 켜면 불이 안 들어오지요. 그러나 스위치를 찾아 불을 켜면 캄캄하다가도 바로 밝아져요. 전기 설치가 다 돼 있듯이 자기 성품도 다 가지고 있는 거예요. 스위치만 찾아서 켜 버리면 금방 밝아지는 거예요. 스위치만 켜면 되는데 그걸 못 켜고 있는 거거든요. 그럼 그걸 켜려면 어떻게 해야 됩니까? 우리는 한번도 켜 본 적이 없어서 스위치를 못 찾아요. 그래서 선지식이 가리켜 줍니다.

가르쳐주는데 다 달라요. 이 사람에게는 이리로 가라. 저 사람에게는 저리로 가라. 이렇게 사람에 따라 각기 다른 길을 가리켜 줍니다. 그렇게 가서는 마지막으로 버튼을 눌러야 하는데 이 버튼은 자기가 눌러야 합니다. 부처님도 대신 해줄 수 없어요. 자기 불은 자기가 밝혀야 합니다. 자기 성품은 자기가 밝혀야 합니다. 스위치만 찾아서 켜면 바로 밝아집니다. 미망만 사라지면 금방 밝아져요. 그러니까 찰라멸각아비업(刹那滅却阿鼻業), 순간에 아비의 업을 다 녹인다고 《증도가》에 나와 있잖아요.

거사님의 경우에는 미망이 거두어지는 데 시간이 걸린 거 아닌가요?

그 자성을 보고 나서 걸리는 시간, 보임기간은 다 달라요. 임제 스님도 황벽 스님 밑에서 20년간을 보임했어요. 조주 스님은 서른다섯 살 때 깨쳐가지고 팔십 살 때 대중 잎에 나섰서든요. 팔십 살 때 대중 앞에 나서고 백이십 살에 돌아가셨어요. 하하하!

보임의 기간이 길었군요. 그런데 백봉 선생님의 경우는 없었는지 짧았는지 모르겠군요.

예, 보임할 시간이 없었죠. 그래서 전강 스님 같은 분은 선생님께 보임해야 된다고 말했죠. 법문에서 그런 이야기가 나오잖아요? 그러나 이생에서 할 일이 있으셨으니까 백봉 선생님은 보임할 시간도 단축하고 중생들 귀를 뚫는데 더 많은 시간을 할애하신 거죠. 시간이 충분했다면 보임을 하셨을 것이고 그랬다면 한 결 더 강한 그런 게 나왔겠죠.

거사님도 지금 보임의 과정에 있다고 보이는 데 언제 끝이 나나요?

끝이 있으면 시작이 있죠. 지금 둘로 보고 계십니다. 하하하! 뭐든지 둘로 보면 안돼요. 이 세상에서는 끝도 있고 시작도 있지만 이쪽 세상에서는 끝도 없고 시작도 없는 거예요. 시작도 없고 끝도 없고, 닦을 것도 없고 안 닦을 것도 없고, 그 말이 이제 이해가 돼요. 선생님이 항상 그러셨잖아요. "허공이 끝이 없으니까 이 공부도 끝이 없다"고.

조주 스님은 팔십에 시작하셨다고 했는데, 김 거사님은 언제 시작을 하시나요?

무슨 시작이요? 대중 앞에 나서는 거요? 때가 되면 나서죠. 대중 앞에 나서자 하는 원(願)을 세우고 있어요. 공부에 대해 부족함이 없게 해 달라는 원도 가지고 있었는데 그건 많이 좋아졌어요. 그 전에는 내가 부족하다는 걸 느꼈기 때문에 그것을 없게 해 달라는 원을 가지고 있었습니다. 그러나 이제 부족하다는 느낌은 없어요.

이번에 '일과원명비내외(一顆圓明非內外)'라는 글을 홈피에 올렸잖아요? '일과원명비내외'는 한 덩어리를 말합니다. 전에도 '견문각지(見聞覺知) 하는 그것은 하나'라는 것은 알았는데 백봉 선생님 말씀대로

"눈에 비친 것을 아는 놈, 귀에 부딪친 것을 아는 놈은 하나다."

라는 식으로 이해했지요. 그런데 '비내외'라는 것은 전체가 하나로 통합되어 버리는 거예요. 안이비설신의는 그냥 거울 같은 것입니다. 그야말로 기관에 불과합니다. 오직 한 덩어리뿐입니다. 그러나 실은 한 덩어리도, 한 덩어리란 말도 맞지 않습니다. '비내외'를 알면서 부족하다는 느낌이 완전히 사라졌습니다. '묵시설 설시묵(默是說 說是默)', 즉 '침묵하는 것이 말하는 것이요, 말하는 것이 침묵하는 것이다.'라고 하는 것이나, '귀가 말하고 입이 듣는다.'는 말이 그냥 와 닿았습니다. 딱 맞는 말이거든요. 안이비설신의는 다만 기관에 불과합니다. 이 모든 기관을 떠나 다만 한 덩어리만 존재합니다. 그러나 존재한다는 말도 사실은 맞지 않습니다. 말하기 위해 불가피하게 쓰는 거죠.

이때부터 걸림이 없어졌습니다. 한 덩어리 안에서는 걸림이 없을 수밖에 없지 않습니까? 그것이 대자유입니다. 진여는 크고 작음이 없습니다. 그러나 공부를 하는 과정은 진여를 확장하는 과정입니다. 무한을 체험하는 과정입니다. 무한은 말 그대로 끝이 없는 것입니다. 그러니 끝이 없이, 한없이 확장되어야 합니다. 삼천대천세계가 얼마나 큽니까? 실감이 와요?

아니요.

실감 안 오죠. 진여가 완전히 확장되고 나면 삼천대천세계도 좁쌀보다 더 적게 느껴집니다. 정(定)이 되고 상(相)이 사라지면 저절로 그렇게 돼요. 삼천대천세계가 좁쌀보다 더 적게 느껴집니다. 확장한다니까 모습으로 생각하는데, 그게 아닙니다. 정이 깊어지면 그것이 느껴집니다. 느낌이라고 하나 실은 느낌이 없는 느낌입니다.

원(願)을 가지고 계십니까?

공부하려는 사람들, 인연되는 사람들을 지도하려는 원입니다. 내년부터 서서히 이를 하도록 하는 원을 세웠습니다. 그 동안은 나설 뜻이 없었습니다.

발원의 의식을 하고 계십니까?

발원에는 의식이 없죠. 식에서 벗어나야 합니다. 의식이라든지, 식이 있는 한은 다 유심이거든요. 그 식에서 벗어나야 됩니다. 유심에서 벗어나 들어가면 결국 무심이잖아요.

식이 없이 원을 어떻게 갖죠?

식을 떠나도 아는 자리는 있다 아닙니까. 모습 없이 모습을 굴리듯이 어떠한 마음의 상도 일으키지 않는 바램이 진정한 원이죠.

삼매(三昧)에 대해서 여쭤 보겠습니다. 삼매가 무엇입니까?

쉽게 말하면 망심과 진심이 하나가 되는 것입니다. 우리는 망심이 있고 진심이 있지요. 진(眞)과 망(妄), 둘이지 않습니까? 둘이 하나가 돼버리면 진심도 아니고 망심도 아니죠? 그 상태가 지속되는 거죠. 잡을 것도 없고 놓칠 것도 없는, 그 상태밖에 없는 그것이 삼매죠. 진망을 떠난, 진심도 아니고 망심도 아닌, 앉으나 서나 누우나 가나 그대로 있는 그 상태가 삼매죠.

오매일여(寤寐一如), 몽중일여(夢中一如)를 얘기하는 사람도 있는데 어떻습니까?

몽중일여는 사람들의 의견이 모아지는 것 같습니다. 꿈속에서도 일여해야 된다고요. 꿈을 꾸며 꿈을 보고, 꿈에서도 그걸 안 놓치는 것이죠. 거기까지는 다 돼요.

그러나 오매일여는 좀 혼란스럽습니다. 오매일여를 어떤 데서는 오매항일(寤寐恒一)이라 하는데, 저도 오매일여보다는 오매항일이 사람들에게 덜 혼란을 준다고 봅니다. 오매항일은 오매가 항상 같다는 것이죠.

숙면일여(熟眠一如)도 많이 이야기 합니다. 깊이 잠잘 때 일여가 되느냐, 한결같느냐는 거죠. 오매일여나 숙면일여는 체험의 세계입니다. 너무 말로 풀어버리면 문제가 될 수 있습니다. 일체의 망심이 다 없어지면 어떻게 됩니까? 자나 깨나 똑같을 수밖에 없지요? 예를 들어 바다에서 파도가 다 사라졌다면 어떻습니까? 밤이 됐다고 바뀌고 낮이 됐다고 바뀔 것이 없지 않습니까? 사람들은 잘 때에 깨어있느냐 안 깨어있느냐 하는데 관심을 많이 갖는데 그보다는 일체 망심이 다 가라앉았느냐, 그렇지 않으냐에 더 관심을 가져야 합니다. 또 잠잘 때 깨어있어야 한다면 '깨어있다, 안 깨어있다'의 둘이 있습니다. 이게 하나가 돼야 돼요. 이건 좀 어려운 부분이니까 깊이 들어가지는 맙시다.

일체의 망심을 다 제(除)해 버리면 바뀔 게 없어요. 망심에서 상(相)이 나오니 바뀌는 것이지 만일 망심이 없으면 바뀔 게 없고 오직 그대로죠. 오매일여가 안되면, 즉 잠잘 때 깨어있지 않으면 '자다가 혹시 죽으면 어떻게 되느냐?'고 말하기도 합니다. 이건 죽는다는 상을 가지고 얘기하는 거죠. 상이 없으면 죽을 게 없어요. 상이 있으니까 죽는 것이 있죠. 공부를 해서 '죽는다, 안 죽는다'하는 것을 넘어버리면 죽을 것이 없죠. 그런데 사람들은 거기까지는 안 갔으면서 '잠잘 때 가면 어떡하나!' 걱정해요.

불교는 무상(無相) 아닙니까? 상이 없는 것입니다. 모든 병이 모습에서 나오는데 상이 다 떨어져버리면 아무것도 걸릴 것이 없어요. 모습으로 보이는 상만 아니고 법상, 심상, 일체 상이 다 사라져야 돼요. 어떻게 해야 사라지죠? 망심이 없어지면 다 사라져요. 희한해요.

망심이 없어지는 게 증(證)이고 삼매 또한 망심이 없어지는 것이라면 삼매는 증에 따라서 저절로 일어나는 것이라 봐야 되겠군요.

그렇죠. 완전히 증이 되면 번뇌 망상이 사라지죠. 일체 번뇌 망상이 없는 상태의 증이 삼매죠.

번뇌가 없는, 망상이 없는 것이 우리가 추구하는 최종적인 것이라면 그 삼매는 갑자기 오는 것이 아니고 서서히 오겠군요.

하하하! 삼매 자체는 상이 없죠. 그러나 진입하는 데까지는 시간이 있죠. 그리고 이건 사람마다 다르죠. 사람의 근기에 따라서 깨침의 정도에 따라서 한꺼번에 되는 사람도 있고 서서히 되는 사람도 있고, 고집스럽게 공부하면 그게 또 단축될 수도 있고… 정해진 게 없는 거예요. 무유정법이죠.

지혜도 증(證)의 과정에 의해서 점점 밝아집니까?

전등을 보세요. 전등을 정(定)이라 생각하고 전등에서 나오는 빛을 혜(慧)라 생각하면 돼요. 촉수가 높으면 빛이 밝아질 거 아닙니까? 정이 깊어지면 촉수가 더 높아지는 것과 같습니다. 징의 결과불도 그렇습니다. 혜가 밝아지는 거죠. 정과 혜는 둘이 아닙니다. 그러나 정이 깊어진다 해서 상이 있는 거 아니죠. 상이 없이 그렇습니다. 그러니 참 미묘합니다.

정이 없음에도 불구하고 혜를 보이는 사람들이 많지 않습니까?

그렇죠. 그런데 정이 없는 상태에서 보이는 혜는 책 같은 걸 많이 봐서 보이는 혜는 사상누각입니다. 정이 바탕이 안 되는 혜는 아무 소용이 없어요.

그 혜를 가지고 뭐하겠습니까? 남한테 자랑이나 할 겁니까? 우리가 불교공부를 하는 것은 생사문제를 해결하기 위해서입니다. 그런데 그 혜가 생사문제 해결하는데 무슨 도움이 되겠어요? 전혀 관계없습니다. 우리의 공부는 생사문제를 해결할 수 있는가 없는가, 거기에 모든 초점이 맞춰져야 돼요. 생사문제를 해결하려면 마음을 가라앉혀야 해요. 예불송에도 있잖아요. '들뜬 마음 가라앉혀…' 들뜬 마음만 그대로 가라앉히면 모든 지혜가 다 열려요. 마음만 가라앉으면 생사문제는 자연히 해결돼요.

부처님은 가라앉은 상태에서 경을 설하셨거든요. 가라앉지 않은 상태에서 경을 보고 뜻을 안다고 생각할 수는 있지만 그것은 진짜 아는 것이 아닙니다. 부처님은 무심에서 펴냈는데 이 사람은 유심으로 보잖아요. 그러니까 속는 거예요.

수행의 목표는 무엇입니까? 수행자가 해야 할 것은 무엇입니까?

수행의 목표는 견성성불도 있고 많죠. 그런데 저는 '구할 것이 없는 대자유인이 되는 것'이 수행의 목표가 되어야 한다고 생각합니다. 구할 것이 없고 배울 것이 없고 얻을 것이 없어야 합니다. 구하는 것이 우리의 병이거든요. 구하는 것이 있는데 그걸 못 구하니 결국 갈등이 생기는 거죠. 그러니 구하는 것이 없다면 갈등도 없습니다. 구하는 것, 그

것 자체가 병이고 또 병을 키웁니다. 구할 게 없는 것이 수행의 목표인데 어떻게 해야 하느냐? 마음을 가라앉혀야 돼요. 마음을 가라앉히면 저절로 구할 것이 없는 경지에 가게 됩니다. 구할 것이 없고 얻을 것이 없는 상태가 됩니다.

그러면 대자유인이 됩니까?

예, 그렇습니다. 이 얘기를 듣고 "이 벽도 못 뚫는데 어떻게 대자유인이 되느냐?"고 말하는 사람도 있을 것 같군요. 대자유인이 된다는 것은, 마음속에 일어나는 심상이 하나도 없다는 거예요. 불교공부할 때 헷갈리는 부분이 아주 많은 데 모두 마음의 세계를 얘기하고 있어요. 마음을 밝히니까 상도 다 밝혀집니다. 일체 상이 일어나고 꺼짐이 없어요. 마음의 세계에 말이죠. 그러니 마음의 세계 스스로가 밝아요. 일체 걸림이 없어요. 삼천대천 세계도 진여(眞如) 안에 들어있는 거 아닙니까? 그 세계를 이쪽으로 옮겼다, 저쪽으로 옮겼다 하지 않습니까? 유마 거사가 말이죠. 이런 것도 저절로 다 밝혀집니다.

초발심을 낸 사람, 불교에 입문해서 공부하려고 하는 사람은 어떻게 공부해야 됩니까?

초발심시변정각(初發心時便正覺)이란 말, '처음에 발심한 그게 정각을 이룬다' 는 것이 빈말이 아니거든요. 또 내가 좋아하는 말중에서 일구요

연초백억(一句了然超百億), '한마디 말이 백억 법문을 능가한다'는 말이 있습니다. 말을 많이 안다고 깨치는 것이 아니거든요. 경을 많이 안다고 해서 깨쳐지는 게 아니거든요. 한마디 말에 깨쳐지는 거예요. 한마디 말을 제대로 알면 되는 거예요. 우리가 무자 화두를 그대로 알면 그만 양방상하(兩方上下) 다 뚫려 버립니다. 경을 좋아하는 사람들은 이 경도 보고 저 경도 봐야 한다고 하지만 실제 깨칠 때는 한마디 말뜻을 정확하게 뚫어보거든요. 이건 초학자들이나 공부를 많이 했다는 사람들이나 똑같습니다. 우리가 쓰고 있는 이 마음이 언제부터 있었겠어요?

시작이 없죠.

시작이 없죠. 마음이 시작이 없는데 공부가 시작이 있겠어요? 우리가 그 사람들을 초학자라고 마음을 내는 거지 사실 초학자 아니에요. 공겁(空劫) 이전부터 다 공부한 거예요.

초학자라는 말은 이제 쓰지 말아야겠네요. 누군가 와서 "어떻게 불교를 공부해야 합니까" 한다면 어떻게 말씀하시겠습니까?

한마디 말을 제대로 깨쳐야 한다고 하겠습니다.

그럼 "어떤 한마디 말입니까"하고 질문을 한다면 화두를 주실 겁니까?

한마디 말 많잖아요? 비심비불(非心非佛) 즉심즉불(卽心卽佛), 여러 가지 있지 않습니까? 깨칠 때는 그 한마디 말이면 되는데 초학자들이 바로 알아듣기는 어렵죠. 문답을 통해 안내를 해줘야 되죠.

그러면 화두 잡는 걸 추천하시는 겁니까?

거사로서는 화두 잡는 게 힘들죠. 공부하는 방법에 있어서는….

아까도 말했듯이 마음을 가라앉히는 것이 중요합니다. 그러면 어떻게 마음을 가라앉힐 수 있는가가 포인트입니다. 만일 회사에 가서 일한다고 하면 일을 열심히 해야 합니다. 일에 몰입하면 마음이 산란하지 않기 때문이죠. 그렇게 하면서 '빛깔도 소리도 냄새도 없는 그것이 일을 열심히 한다'고 한번씩 되돌아 보는 거예요.

새말귀 수행을 강조하시네요?

그렇죠. 일상생활에서의 수행이 중요하죠. 걸어 다니고 밥 먹고 할 때도 이렇게 하는 거예요. 그러다 시간이 좀 날 때는 본래무일물(本來無一物)이나 어떤 구절도 좋습니다, 한 구절을 속으로 계속 염하는 겁니다. 마치 염불하듯이 말이죠. 이처럼 자기가 마음을 가라앉힐 수 있는 방법, 자기에게 맞는 방법을 찾아서 죽 그대로 밀고 가는 게 공부를 이루는 첩경입니다.

한국불교는 대승불교라고 합니다. 무엇이 대승입니까?

일체중생을 구제하는 게 대승(大乘)이죠. 일체중생을 미망으로부터 벗어나게 하는 것이 대승이죠. 내 스스로도 그런 원을 세우고 있습니다.

우리는 법계를 유행하고 있는데 김 거사님에게 금생의 의미는 무엇입니까?

법계(法界)라면 어떤 것이 법계입니까? 법계는 내 마음속에 있지요. 하하하!

제가 인식하고 있는 김 거사님이라는 육체…

육체로서? 공부하는 것은 육체를 떠나는 것이지 육체에 머무는 게 아니죠.

법계를 떠나지 않고 중생을 제도하는 일을 하는 것이 보살인데, 거사님에게 이번 생의 의미는 무엇입니까?

이번 생은 선생님으로부터 배운 것을 갖다가 법을 펼치는 거죠. 선생님께서도 말씀하셨잖아요. 한 오십년 후에는 이 법이 펼쳐질 거라고. 선생님의 대법을 펼치는 일조자가 되는 거죠. 선생님에게 은혜 입은

294

걸 어떻게 다 갚겠습니까만은 일부분이라도 갚을 수 있는 기회를 만들고 동참하는 거죠.

육신으로서 이 생이 끝날 때까지 무엇을 하며 지내실 겁니까?

하하하! 웃으면서 지내야죠. 하하하! 진정한 웃음을 찾아가지고 웃으면서 지내야죠. 다른 사람도 그 웃음을 찾을 수 있도록, 같이 웃음의 대열에 낄 수 있도록 하면서 말이죠. 함께 공부하는 모든 도반들이 열반로(涅槃路)를 동행해서 걷도록 하면서 말이죠.

1953년 서울에서 출생했다. 대학을 마치고 잠시 직장생활을 하다가 보림선원에 입주해(1977) 백봉 선생으로부터 지도를 받았다. 그 후 선생으로부터 인가를 받았다. 현재 도이상사 대표로 일하며 봉사단체인 (사)작은손길을 이끌고 있다. khdoy@hanmail.net

인터뷰 일시 | 2010년 9월 4일 오후 3시~5시 30분
인터뷰 장소 | 서울 삼륜정사

※ 인터뷰는 청계8가, 서울풍물시장 앞에 위치하고 있는 삼륜정사(三輪精舍)에서 진행되었다. 삼륜정사는 당초 노숙인 쉼터로서 운영되다가 지역 주민들의 반대로 노숙인, 독거 노인 그리고 외국인 근로자에 대한 봉사활동 본부로 운영되고 있다. 마침 토요일이 되어 주변은 매우 혼잡하고 시끄러웠다. 서로 인사를 나눈 후 여운 거사는 예불을 제안했다. 우리는 모두 일어나 여운 거사를 따라 불단을 향했다. 나지막한 책장 위에 작은 불상 몇 개를 모신 것이 불단이었다. 여운 거사는 불상들이 네팔, 스리랑카 등에서 온 근로자들이 각기 자기 나라에서 가져 온 것이라고 설명했다. 우리는 여운 거사가 나누어준 《화엄경》 '보현행원품'에 있는 '항순중생원'을 소리 내어 읽었다. 이런 예불문을 가진 곳은 세상에 없을 것이다. 그러나 자비를 실천하는 봉사단체로서 '항순중생원'은 참으로 적절하고 의미있는 예불문이었다.

베푸는 자도, 받는 자도, 베푸는 물건도 없어야

먼저 불교에 입문하게 된 과정에 대해서 여쭤보고 싶습니다.

고등학교 때 친한 친구 집에 자주 놀러 갔는데 그 친구의 아버님이 도를 닦는 분이었습니다. 그분에게 종종 들은 것이 '음양', '태극', '무극', '백일 동안, 천일 동안 도를 닦으면 어떻게 되나. 초능력이 생기고…' 이런 것들이었습니다.

어느 날 저를 보더니 "자네는 젊어서 일찍 죽을 것이다"하시더군요.

그래서 "왜 그렇습니까?"하고 물었더니,

"주색을 밝히는 인간이 되어서 그렇다."는 거예요.

그래서 "그걸 벗어나려면 어떻게 하면 됩니까?"하고 물었더니,

"도를 깨달으면 된다."는 겁니다. 그래서 그 선생님을 따라서 경신일

(庚申日)에 잠을 안 자고 버티기도 하고…. 경신이 뭔가 하면, 갑자 을축 해서 경신이란 날이 나와요. 그 날이 우리 명(命)이 떠가지고 옥황상제 한테 기록이 되는 날이에요. 그 날 안 자고 깨어있으면 그 쪽으로 가지 않는다는 겁니다. 그런데 24시간 안 자고 버티는데 쉽지 않아요. 심지 어는 눈이 감기지 않게 성냥갑을 눈에 끼워 안 자려고 해도, 자게 되요. 1년에 여섯 번, 즉 6경신 인데 이게 쉽지 않았습니다. 이걸 경신도라고 하는데, 나중에 보니 스님들도 많이 하더라고요. 그 선생님 집이 수유 리였는데 화계사 뒷산에 올라가면 약수터가 있었어요. 밤 11시마다 거 기 올라가서《도덕경》을 외우고, 약수 물을 마시고 내려오는 백일기도 를 하기도 하고… 대학 다닐 때 그렇게 할 수 있었던 것이, 데모를 많이 해서 휴교하는 날이 많았거든요.

그러다 울진 불영사에 가게 되었습니다. 내가 고전독서회라는 서클 에 속해있었는데 공자, 맹자, 소크라테스, 이런 고전을 보는 모임입니 다. 서클에서는 방학 때마다 불영사에서 수련회를 했습니다. 거기서 먹 고 자고 하면서 책을 읽고 토론을 했지요. 나는 그때 한편으로는 산에 올라 도를 닦았습니다. 기합을 질러 귀신을 제압하는 기합술, 정신을 통일해서 기합을 지르는 겁니다. 또 새벽에 떠오르는 해를 바라보면 몸 이 가벼워져 날아다닐 수 있다고 해서 새벽마다 산에 올라 떠오르는 해 를 바라보았지요. 날다가 엎어져서 죽을 뻔했던 적도 있습니다.

한번은 주지스님이 우리 왔다고 설법을 하시는데, 후에 보니《육조 단경》법문이었습니다. 육조 대사가 신수 대사의 글을 보고 '본래 무일 물인데 어디에 먼지가 묻겠느냐?' 는 말씀을 하셨다는 법문이었습니

298

다. 그런데 그 법문을 들은 날 밤, 꿈속에 여자 귀신이 나타난 겁니다. 나는 평소에 하던 대로 기합을 팍 질러 귀신을 제압하려 했지요. 그런데 엄청난 기합에도 불구하고 귀신이 전혀 요동하지 않고 다가오는 겁니다. 기합을 두 번, 세 번, 네 번 거듭해도 계속 다가 왔습니다. 내가 그동안, 대학 들어가서 2년 동안 닦은 도술이 아무 효력이 없는 거예요. 난 완전히 코너에 몰려서 오갈 데가 없게 되었습니다. 그 때 마침 주지스님이, 비구니스님이신데, 계시는 거라.

당황해 가지고 스님에게 "어떻게 하면 되겠느냐? 도와 달라!" 했더니, "본래 한 물건도 없는데 뭐를 물리치려 하느냐?"는 거예요.

그 말씀을 듣는 순간 앞에 있는 모든 것이 무너져버렸습니다. 너무 놀래가지고 와장창 잠을 깼지요. 주변은 소용했습니다. 시계를 보니 새벽 두 시쯤이더군요. 마음 속에는 모든 것이 확 풀려나가는 환희심이 가득했습니다. 그런 상태로 누워있는데 새벽 도량석이 돌고, 예불이 시작되더군요. 예불이 끝난 후 주지스님을 찾아갔지요.

꿈 이야기를 했더니 "정말 숙세의 선근"이라고 말하더군요. 그러면서 내가 "초견성을 했다. 더 공부하시리."고 밀하셨습니다.

그 때 옆에 있던 한 스님이 "그러면 이 학생을 향곡 스님한테 보내자."라고 하기도 했습니다.

어쨌든 그때부터 방학만 되면 그 절에 가서 불교 공부를 하게 됐어요. 급기야는 그 다음 해 휴학을 하고 불영사에 갔습니다. 한 달 동안이나 공부하러 가니까 절에서 방을 하나 내 주시더라구요. 그 방에서 참선을 했습니다. 포장마차 가면 앉는 긴 의자가 있잖아요. 절에 그게 하나 있어서 그걸 방에 갖다 놓고 그 위에서 참선을 했지요. 졸면 떨어지라고. 그리고 나서 동국대학교에 가서 한 학기 동안 홍정식 교수의 원시불교 강의를 들었습니다. 또 연대 가서는 노자 강의를 들었습니다.

그리고 동국대 다니는 친구에게 "공부 잘 하는 스님 한 분 소개해 달라." 했더니 한보광 스님을 추천해 주더군요. 스님은 서초동 예술의 전당 위에 있는 대성사란 절에 계십니다. 거기서 꽤 오래 공부를 했어요. 스님은 용성 스님 문중입니다. 그래서 제가 용성스님 책을 많이 읽었습니다. 한보광 스님은 지금 동국대학교 불교대학장 하시죠.

홍정식 교수는 제 친구의 아버지 입니다. 그런데 불행히도 그 친구는 고등학교 1학년 때 만리포로 캠핑을 갔다가 죽었습니다. 저와 중학교 동창이면서 고등학교도 같은 학교를 다녔기 때문에 제가 가장 친했고, 그래서 교지에다 추도사를 쓰기도 했습니다. 그 친구가 살아있을 때 자기 아버지가 동국대의 유명한 교수라고 그랬는데, 그때는 그냥 지나가는 소리로 들었지요. 그런데, 아! 동대 가서 원시불교 강의에 들어가니까, 죽은 내 친구가 살아서 걸어 들어오는 거야! 바로 내 친구 아버지에요. 내가 가서 소개했더니, 참 반가워하십디다. 책도 많이 주시고… 그분이 《법화경》으로 박사학위 받으셨는데, 내가 그 덕에 《법화경》 공부를 많이 했죠. 한번은 함께 동대 언덕길을 걸어 내려가는데 그 때 석양이 지고 있었습니다.

교수님은 혼자 말로 "우리 만희가 지금쯤 어디에 가있을까?" 하시더군요.

모르죠, 나도! 그렇지만 '내가 공부를 하면 이 질문에 답할 수 있겠다. 공부해야겠다.'고 원을 세웠습니다. 그래서 아함부 경전을 빨리 익혔어요.

보림선원, 백봉 김기추 선생을 찾아가게 된 계기는 무엇이었습니까?

학교 졸업 후 직장생활을 하는데, 아! 그때 직장생활은 매일 술 마셨어요. 매일 술 마시고, 12시 퇴근하고 그때만 해도 수출해야 먹고 산다고 해서, 아침 6시 반에 출근해서 10시에 퇴근하고, 그 시간에 퇴근해서는 술 먹고, 그렇게 살았어요. 낮에 뛰어다니며 일하고 밤에 술 먹고, 그렇게 정신 없이 살았이요. 그러다 잠반 자면 나무토막이 되는 거예요. 바닷가에 떠다니는 나무토막이…. 어디로 가는지 모르고, 괴롭더라고. 공부한 사람인데도 불교 공부하고 직장생활하고 연맥(連脈)이 안 되는 거예요. 그래서 직장생활 관두고 '탄허 스님한테 갈까?' 하는 생각을 하고 있었습니다.

대학 다닐 때 전재성 박사, 고은 씨, 이런 분들과 민중불교운동을 하려고 했습니다. 그런데 집회가 허가 안 되니까, 절에서 모였어요. 고대 앞에 있는 대원암이라는 암자였는데, 거기서 탄허 스님한테《금강경》 법문을 들었어요. 법문이 끝나면, 이 시대를 어떻게 해야 되느냐고 토론했죠. 고준환, 황석영, 고은, 여익구, 전재성, 이런 사람들하고 하다가 그만 대학 4학년 8월에 발각이 났어요. 끌려가서….

'탄허당한테 갈까' 할 때에 한 선배가 회사로 찾아온 거예요. 박창길 선배라고. 학교 서클 선배면서 경영학과 선배였는데 나하고 친했습니다. 그런데 뜻밖에도 그 선배가 불교를 꽤 많이 아는 거예요. 불교 공부를 안 한 선배가 말이지요. 나도 지지 않았죠. 내가 불교에 대해 아는 척을 많이 할 때였습니다. 그래서 둘이 토론을 많이 했어요. 그 선배가 헤어지기 전에 그러더군요.

"넌 불교를 많이 아니까 번뇌가 없겠다."

확 뒤통수를 치는 소리더라구요.

그래서 "형, 어디서 공부해?" 하니까,

"부산 보림선원 다닌다."고 해요.

그래서 사표를 쓰고 그 선배 따라 부산 보림선원에 가게 됐어요.

왜 탄허당에게 안 가셨습니까?

그 선배가 백봉 선생은 무식한 사람이란 겁니다. 그런데 깨달은 사람이라는 거죠. '내가 그 동안 공부했는데 안됐으니까 이런 분한테 가야 되지 않겠느냐?' 고 생각했죠.

그 선배가 백봉 선생을 찾아간 스토리도 재미있습니다. 그 선배의 고향이 대구인데, 고향 옆집에 사는 할머니가 밤만 되면 우는 겁니다. 북한에서 내려 올 때 아들을 두고 내려왔다나요? 그 선배는 대학원에서 심리학을 전공했습니다. 그래서 나름대로 심리 컨설팅을 해본 사람인데 그 할머니에 대해서는 어떤 컨설팅도 먹히지 않는 겁니다. 현실에 대해선 아는 게 없는 것이죠. 그런데 이 선배에게 들려 온 소문이 어떤 사람이 사업에 실패하고 자살하려고 산에 갔다가 자살 안 하고 살아 돌아왔는데, 한 스님을 만나 그렇게 되었다는 겁니다. 그 사람이 죽기 전에 마지막으로 왕생을 잘 해보려고, 그 근처 절의 경봉 스님을 찾아갔는데, 이 스님이 생각을 바꾸게 했다는 거예요. 이 선배는 그 소문을 듣고 '나는 할머니 우는 것도 말 한마디 못하는데 이런 스님은 죽으려고 하는 사람도 살려내는구나' 생각하고는 그 스님을 찾아갔어요.

경봉 스님을 찾아가서 "내가 사실 심리학을 공부하는데 부족한 게 많으니 스님한테 공부 배우고 싶습니다." 하니,

경봉 스님이 "그러지 말고 부산 보림선원에 백봉 선생이 있으니 거기 가서 공부하는 게 어떻겠나?" 하신 거예요. 그래서 그 선배가 백봉 선생님한테 가시 공부하게 된 겁니다.

사실 저도 전에 백봉 선생님을 뵈었어요. 대학 2학년 때 백봉 선생님이 서울 칠보사에서 법문을 하셨는데 저도 불교학생회 회원들과 함께 거기에 참석했었습니다. 석주 스님 계실 때였지요. 누군가가 '유마 거사의 화신'이라고 선생님을 소개하더군요. 법문을 하는데 뒤에서 누가 "잘 한다." 하고 소리를 지르더군요. 나중에 사람들이 동광혜두 스님이라 하더라구요. 그 법문이 인연이 되어 내 친한 친구 하나가 그 다음 해에 선원에 갔어요. 윤종진이라구, 지금은 인천에서 한의사하는 친구인데, 그 친구는 휴학이 아니고 잘렸어요. 한국사상문제연구회라는 서클 소속으로 데모를 심하게 하다가 잘렸어요. 학교 잘린 후 놀다가 마장동에 갔는데 도살장에서 얼굴이 잘려 나오는 소와 눈이 딱 마주친 거예요. 소가 눈물을 흘리고⋯ 그 친구가 굉장히 충격을 받았어요, 그

래서 제가 "백봉 선생한테 한번 가보지 그래."라고 권했는데 그 다음 날 내려가더라구요. 그 때는 선원이 광안리에 있을 때에요.

입주해서 생활은 어떻게 하셨어요? 학인들이 있었을텐데…

그때 추 거사, 최인영 씨, 변선생, 서운 선생이 있었고, 김명식 거사도 한 때 있었습니다. 고대 의대 다니던 학생도 하나 있었는데 금방 올라 갔죠. 바로 밑에 사는 대인화 보살 딸인 옥희씨가 한번씩 올라오고… 안쪽에 인천 보살, 대원경 보살이 계셨고, 낮에는 나밖에 없었습니다. 나는 그때 퇴직금 가지고 내려갔어요. 직장생활 2년 정도 하고 받은 겁 니다. 한 달에 3만원인가 2만원씩 내었습니다. 지금 대전 사는 박정숙 보살도 한 때 있었습니다. 대구사람이죠. 휴학해서 와 있다고 했는데 묵언한다고 말을 안 했습니다.

선원의 하루 일과는 어땠어요?

아침 5시에 예불을 했습니다. 지금 하는 예불 그대로 입니다. 예불이 끝나고 좀 있으면 사람들이 법문 들으러 오죠. 그러면 법문 하시고, 법 문이 끝나면 다 출근하고 나하고 서운 선생만 남죠. 둘이서 잔디밭의 풀을 뽑거나 뒤의 배추밭에서 일했습니다. 옥희 씨, 최인영 씨, 추 거사 와 함께 일하기도 했습니다. 일이 없을 때는 참선하고. 저녁을 먹고 나 면 사람들이 법문 들으러 옵니다. 일요일은《유마경》을 강의하셨고, 토요일은《금강경》을 하셨어요.

무위당 이원세 선생님하고도 친하게 지내셨죠?

　내가 있을 때 오셨죠. 그분은 이퇴계 선생의 후손이에요. 유학자죠. 대구에서 한의사를 하셨는데 판사, 검사, 교수들이 많이 왔다고 하더군요. 박 거사가 거기서 약을 먹으며 백봉 선생님을 소개했답니다. 내가 학교 다닐 때 노장(老莊)을 공부했기 때문에 저하고 얘기가 되고 해서, 친하게 지냈어요, 맞담배까지 피웠습니다. 무위당 선생님은 당시 70대였는데 27살인 제가 그 앞에서 마주보며 담배를 핀 겁니다. 처음에는 안 그랬죠. 얘기 나누다 선생님이 담배 피면, 나는 밖에 나가 피고 들어왔습니다. 그런데 선생님이 그러지 말라는 겁니다. 시간이 아까우니 그냥 앞에서 피라는 겁니다. 공부가 먼저고, 담배는 다음이라는 거죠. 사람을 안아주신 겁니다. 뭣도 모르고 맞담배 했지요. 맞담배 하며 얘기하고 있을 때 누군가 오면 얼른 불을 껐습니다. 저는 선생님 연세를 실제보다 적게 알고 있었습니다. 실제로는 백봉 선생님보다 세 살이나 위였지만 일부러 나이가 적은 것처럼 하셨어요, 백봉 선생님께 부담을 안 주실라고. 그래서 저도 나이가 적은 줄 알았어요.

댁을 나오실 때 글을 써놓고 나오셨다는 얘기를 들었는데요.

　그분은 퇴계 선생 후손으로 대구에서는 유학계의 거두예요. 서예로도 유명하시고. 연대 이가원 교수가 그분 조카입니다. 평생 공부를 하신 분이고 또 공부가 깊었던 분입니다. 그런데 공부를 해도 허전한 게 있는 거예요. 그래서 백봉 선생님을 찾아온 겁니다. 그런데 무위당 선생님 입장에선, 이 분이 사교의 교주인지, 진짜인지 알 수가 없잖아요? 그래서 먼저 한마디를 하셨어요.

"일체만법은 오행에서 나왔고, 오행은 음양에서 나왔고, 음양은 태극에서 나왔고, 태극은 무극에서 나온다"고, 성리학으로 죽 말씀을 하셨습니다.

그 말에 백봉 선생님이 잠시 가만히 계시더니 바로 "무극의 앞 소식을 깨달아야 됩니다. 무극의 앞 소식을 깨달아야지 알지, 안 깨달으면 그거 다 말마디에 불과합니다."라고 하시더라구요.

그렇게 만난 후 댁에 가서 짐을 싸가지고 오셨습니다. 그런데 칠십 먹은 노인이 집을 나오면서 '불견자성(不見自性)이면 불입차방(不入此房)이라', '견성하지 못하면 이 방에 안 들어오겠다.' 이렇게 글을 써서 방에 붙이고 나오셨어요. 친구분들이 놀러왔다가 이것을 보고 "자네 아버지, 이제 죽어 들어오네."하며 농담했다고 합니다. 저도 나중에 가서 그 글이 방에 붙어있는 것을 보았습니다.

무위당 선생님은 허리가 아프셔서 늘 이렇게 엎드려 참선하셨어요. 아침에 법문을 들으시고 종종 큰 환희심에 차있었습니다. 참 환희심이 대단했습니다. 말로 표현하기 어렵습니다. 아침 법문 끝나면 저와 함께 산책을 했는데 그 때 "공부도 안 한 분이 어떻게 저런 놀라운 말을 할 수 있느냐?"며 감탄하셨어요. 무위당 선생님은 석곡 선생 제자로서 공부를 많이 하신 분이에요. 유학에 대해서도 이해가 깊고, 주역도 깊으신 분인데, 그런 분이 백봉 선생님 법문에 아주 놀라워하신 겁니다. 진리를 본 사람만이 가질 수 있는 확신에 찬 법문에 대한 평가였죠.

선원에 입주하셨을 때 백봉 선생님하고 있었던 에피소드 들려주시죠.

얼마 안되는 퇴직금으로 다달이 얼마씩 대원경 보살에게 드리다 보니 돈이 점점 떨어져 가는 거예요. '어떻게 해야 되나?', '올라가서 취직해야 하나?' 하고 있었는데 한번은 백봉 선생님이 설법하실 때 "공부만 열심히 하면 내가 동냥싯을 해서라도 뒷바라지 하겠으니 공부만 열심히 하라."는 말씀을 하시더라구. 나한테 하신 얘기 같더라구. 이렇게 남의 마음을 깊이 있게 보시는 것, 이런 일이 많이 있었습니다. 사람들을 모아놓고 법문을 하셨지만, 그 보다는 개개인에게 접근해서 말씀 나누셨던 게 더 크게 와 닿았습니다.

선생님께서는 학인이 방심하지 않고 공부하도록 계속 옆에서 찔러대셨죠?

선생님이 이가 안 좋아 한동안 치과에 다니셨어요. 선원에서 내려가면 바로 옆에 분도수녀원이 있어요. 이해인 수녀님이 계신 곳입니다. 분도수녀원 안에 치과가 있는데 나이 많은 분들은 공짜로 해줬어요.

내가 선생님을 모시고 치과에 다녔습니다. 몇 달을 다녔어요. 1주일에 한번이나 두 번씩.

치과의사나 수녀들이 "이 젊은 사람은 누굽니까?"라고 물으면, 선생님은 "내 손잡니다."라고 하셨어요. 치과에 오가며 늘 말씀을 하세요.

한번은, 그 때 달이 있었나, 해가 있었나, 하여튼 "저게 왜 머리 위로 안 떨어지느냐?"고 물으시더라구요.

선생님이 만유인력의 법칙을 몰라 물으시는 것은 아니잖아요? 그것을 알면서도 '만유인력'이라는 말을 할까 말까 하는데,

선생님이 "만유인력의 앞 소식을 알아야 한다."라고 말하셨습니다. 그냥 콱 막히는 거죠.

하루는 새벽 예불을 막 끝내었는데 대원경 보살이 저를 부르셔요. 선생님 다리를 주물러드리라고 하더군요. 선생님은 한 쪽 다리가 안 좋으셨어요. 나는 선생님께 기(氣)의 흐름이 있는데 어느 쪽으로 아프신지 여쭈었죠. 대학 다닐 때 친구 아버지한테 동양의학도 배우고 경락을 배웠기 때문에 여쭈어 본 겁니다.

그런데 백봉 선생님이 "시끄럽다!"하고 소리를 빽 지르시는 거예요.

그 소리에 그만 기니 뭐니, 이런 생각이 다 없어져 버렸어요. 버릇이 있잖아요? 이런 게 싹 없어지더라고. 깨닫는 것이 중요하지, 이런 시시한 일에 머릴 쓰지 말라는 거죠.

또 한번은 선생님을 크게 노하게 한 적이 있어요. 대인화 보살 집에 '순치 황제 출가시'가 있었어요. 그런데 보살님이 옛날 분이라 글을 모르잖아요. 그래 제가 가서 해석을 해 드렸지요. 그 일이 있은 지 얼마

후에 선생님이 저를 부르신다는 겁니다. 그런데 무척 화가 나있다는 거예요. 그때는 잘못 보이면 선생님한테 엄청 얻어맞는다는 얘기가 돌았어요. 등뼈가 터지게 얻어맞았다는 소문도 있고, 대원경 보살도 뭐라 했다가 엄청 맞았다고 했어요. 최인영 거사가 약간 떨리는 목소리로 선생님이 몽둥이 들고 날 부르신다고 하데요. 영문도 모르고 들어갔더니 선생님 눈썹이 위로 치켜 올라가신 게 보이더라고. 이만한 몽둥이를 잡고 계시고.

"광하, 니가 대인화 보살집에 가서 출가시 풀이 했나?"

"'자손을 위해서 소·말 노릇하지 말아라' 라고 했나?"

시에 '막위아손작마우(莫爲兒孫作馬牛)' 라는 구절이 있습니다. '자손을 위해서 소, 말 노릇하지 말라' 라는 뜻입니다. 공부나 하지, 이승 짓은 하지 말라구요.

"그게 아니다. 자식들이 다음 생에 소, 말 되게 하지 말라, 그 뜻이다."

"네가 뜻도 모르면서… 한문 좀 안다고, 다 아냐?"

이! 기세가 몰려오는 거예요. 어찌나 기세가 상한지 전혀 대꾸를 할 수가 없었습니다. 평소 들은 말이 있기 때문에 '오늘 죽는 날이구나!' 하고 있었습니다. 그러다가 선생님하고 눈이 딱 마주쳤는데, 아! 그런데, 선생님 눈이 웃고 있는 거예요. 난 침을 꼴깍 삼켰어요. '어디가 터지나!' 하고 있었는데 의아했죠. 아마 5초나 10초 정도 침묵이 흘렀을 거예요. 선생님이 "가봐라!"하시더군요.

그래서 나왔지요. 살아 나왔습니다. 사람들은 내가 엄청 맞은 걸로 알더라구요. 내 해석이 잘못된 것은 아닙니다. 무위당 선생님도 내 해석이 맞다고 하셨습니다. 선생님께서 그리 꾸짖은 것은 너무 알음알이를 짓거나, 뜻풀이에 몰두하지 말란 뜻으로 생각합니다.

또, 하루는 선생님이 쓰신 《유마경》을 읽고 있었습니다. 선생님이 이를 보시고, "넌 틀렸다" 그러시는 거예요. '글자에 뭐가 있느냐?' 는 식이었습니다. 난 선생님이 쓰신 책을 보면 선생님에게 칭찬 들을 줄 알았어요. 대개 사람들이 그렇잖아요. 그런데 틀렸다고! 선생님은 내 자신에 대한 문제점을 많이 알고 계신 분이 아니셨나 생각합니다.

그 때 그런 점을 지적당하실 때 선생님에 대해서 어떤 느낌이 있으셨나요?

절벽, 엄청난 큰 바위, 이런 느낌이었어요. 범접할 수 없는 그런 느낌. 호락호락하지 않는, 젊은 사람으로서는 상대방을 그렇게 보기가 힘들지 않습니까? 비판을 많이 하고, 토론에 익숙한 사람으로서는 상대방의 약점 같은 걸 빨리 간파하고, 논리의 허점을 많이 보는데 익숙해 있었지만, 그때 선생님에 대한 느낌은 은산철벽같은 느낌이었어요.

또 생각이 나는 게, 무위당 선생이 입주를 하셨을 때입니다.

밥을 먹는데 선생님이 "어이! 김 군, 밥맛이 어디서 나오노?" 하시는 거예요.

순간적으로 찬바람이 휙 불드라구요. 뺨이라도 한 대 맞은 것 같은, 섬뜻한, 콱 막히는 그런 일이 있었고.

한 때는 공부할 때 너무 편하게 공부한다고 하시며 부엌에서 서서 밥을 먹게 했어요. 나하고, 무위당 선생하고, 최인영 씨하고, 어떤 보살하고 이렇게 넷이었는데 모두 부엌에서 서서 밥을 먹었습니다. 주방 싱크대 위에 밥과 반찬을 놓고, 서서 먹는 겁니다. 무위당 선생이 굉장히 불쾌해 하셨어요. 항상 대접받고 사시던 칠십 노인인데 충격이 클 수 밖에 없지요. 소화도 안되고. 아상(我相)을 많이 참회하셨어요. '내가 대접받는데 많이 익숙해 있었구나' 하는 것을 아신 거죠.

입주해서는 공부는 어떻게 하셨죠? 그때는 새말귀 얘기 안 하실 때였죠?

그 때 《절대성과 상대성》, 그 책 교정을 보곤 했어요. 아침 법문 듣고, 낮에는 뒤의 밭에서 일 하던지, 잔디밭 풀을 뽑던지, 참선하던지 그런 식으로 생활을 했지요. 다른 분들은 모두 부산 분들이고, 저는 공부하려고 내려온 사람이라 마음의 여유가 없었어요. 철야정진 하고 나면 기념사진 찍고들 하잖아요? 저는 사진도 안 찍었습니다. 찍고, 웃고 하는 게 나한테는 사치라고 느꼈이요.

화두를 잡으셨나요?

네, 선생님이 그때 저한테 주신 화두가 '무자(無字)' 화두였어요. 그런데 선생님 법문을 들으면 자꾸 깨지는 거예요. 화두가 안 들어지는 거예요. 법문이 명쾌하시니까, 또 다른 의문을 갖기가 힘든 거예요. 주긴

주셨지만 그렇게 뭐… 열심히 한 때도 있었어요. 그러나 법문을 위주로 했습니다. 하루는 선생님이 붓글씨를 쓰셨어요. 누굴 준다던가 그랬죠. 내가 옆에서 먹을 갈았습니다.

그런데 그거를 보시고 선생님께서 "넌 틀렸다. 먹 가는 게, 그게 뭐냐? 하나도 마음공부가 안돼 있다."하셨습니다. 스트레스 되게 받았죠.

《절대성과 상대성》 책이 나와 있었다면 새말귀에 대한 것도 이미 있었군요. 그런데도 새말귀를 잡게 하시진 않았나요?

새말귀를 제창하셨지만 잡으라는 말씀은 하지 않았어요. 아침 저녁으로 설법 듣고, 낮에도 수시로 찔러주니까, 그걸 공부라고 생각했지 따로…. 물론 선생님하고 끊어지면 어떨지 모르지만, 그 때는 선생님이 계시니까 그걸 공부라고 생각한 거예요. 지금 보림선원에서 테이프를 듣고 공부하는 데 그게 안타까워요. 선생님 계실 때는 학인의 마음을 보시고 개인적으로 막힌 데를 뚫어주시고 하셨는데 지금은 이런 게 없지 않습니까? 우리는 은혜를 받았지만 지금 분들은 안타깝기도 하고.

백봉 선생님이 《선문염송》을 쓰기 시작한 것도 그때였습니까?

평일 법문으로 《능엄경》을 시작하신 지 얼마 안되었을 때인데 야청형이 동국역경원에서 나온 《선문염송》을 한 질 보냈어요. 선생님이 그 책을 보시며 탄복하셨습니다. 그리고 며칠이 지났는데 낮에 선생님이 누워 계세요, 원고를 쓰지 않으시고. 그 때《능엄경》강의하며 원고를 쓰셨거든요.

그래서 "선생님,《능엄경》안하십니까?" 했더니,

"아! 시끄럽다! 안 할란다!" 하시더군요.

그 날 이후《능엄경》안 하셨습니다. 사실《능엄경》할 때 위태위태했습니다.《능엄경》논리가 복잡하거든요. 선생님도 복잡하게 말씀하시더라구요. 한번은 설법하시다가 "어렵지?", "어렵나?"하고 묻곤 하셨어요.

그러다 중단하시고 염송을 시작하셨습니다. 그전에도 염송 스타일 강의를 많이 하셨습니다. 원을 그려놓고, 입야타 불입야타(入也打 不入也打), 대원경 보살님 이름을 넣어서 시를 지었다는 설법도 하셨어요. 안산답지대원경(案山踏地大圓鏡), 크게 둥근 거울, 그 시가 그거예요.

백봉 선생님께서 여운 거사님을 인가하셨죠? 자운, 서운처럼 운자 돌림의 여운이라는 호까지 주셨는데, 그 인가하시게 된 경위에 대해서 알고 싶습니다.

지금 생각해도 불가사의한 일인데, 하루는 아침 법문을 듣고 무위당 선생님이 저한테 오는데 얼굴이 환해요. 환희심이 가득해요.

"아! 김군, 나 이제 알았네!"하시며 느낀 점을 쭉 얘기하시는 거예요.

그 얘기를 들으며 저도 가슴이 벅찼습니다. 너무나도 벅찼습니다. 공감을 한 거죠. 무위당 선생님이 나한테 이것 저것 물으시고 나도 느낀 점을 얘기했죠. 그런데 나를 가만히 보시더니 "어, 자네도 알고 있네!" 하시는 겁니다.

그래서 제가 "매일 법문 들어서 그런 거 아니겠습니까?" 했더니, 갑자기 안방으로 뛰어 들어 가시더라구요.

그리고 아마 "아니, 김 군은 다 아는 데 왜 인가를 안 해 주십니까?" 하고 백봉 선생님께 말했나 봐요. 그래서 얼떨결에 인가받았어요. 다음 날 서운 선생님, 최인영 거사, 옥희 씨, 이런 분들을 앉혀놓고 저한테 인가를 내셨어요.

몇 가지 법문을 하시면서 "이게 바로 역대 조사가 전한 심인(心印)이다." 하시고 호를 같을 여자, 여운(如雲)이라고. 난 처음에 '여우'라고 들어서 '무슨 호가 여운가?' 하고 생각했는데 여운이었습니다. 그러다가 일어나 걸으시면서 저한테 말씀하셔요.

"좀 있다 줄려고 했는데."

그 말씀을 듣고 '아! 선생님은 인가하는 것도 방편으로 하시는구나!' 하는 느낌이 다시 들었어요. 한 때 서운 선생님께서 술을 많이 드시고 일주일이나 선원에 안 들어오셨어요. 이에 선생님께서 크게 화를 내시면서 "인가해 주면 뭐하나? 견성도 줬으면 뺏어야 돼! 뺏으면 주고, 주면 뺏어야 해!" 하셨습니다. 그 때 '선생님은 인가 주는 것을 방편으로 하시는 구나!' 하는 생각이 들었는데, 그를 확인한 겁니다.

그때는 인가를 받으면 일송 선생님이 《반야심경》을 써서 주셨어요. 인가에 대한 기념이지요. 이 외에 보림선원 뺏지, 목걸이 같은 것도 받앞어요.《반야심경》은 삼배를 하고 받았어요. 기념으로 그 자리에서 선생님이《반야심경》법문을 해주셨습니다. 그 때 저에게 큰 환희심이 일어났습니다. 환희심에 차, 자리에서 일어나 춤을 췄습니다. 변동조 선생도 일어나 같이 춤을 추었습니다. 가십이지만… 다음 질문으로 가죠.

아니, 계속해 주십시오. 궁금합니다.

서운 선생님은 나를 의심하는 듯 했습니다. 자꾸 날 쳐다보았습니다. 며칠 후 저는 서운 선생님 방에서 그분과 대화를 나누게 되었습니다. 최인영 거사가 함께 있었죠.

서운 선생님이 "유(有)도 아니고 무(無)도 아닐 때 김군, 어쩔래?"하고 물으시더군요.

그래서 내가 "원수도 외나무 다리에서 만납니다."

그랬더니 가만히 계시더라구요. 그리고 큰 염주를, "백봉 선생님한테 인가받을 때 받았다"고 말하며, 그것을 나한테 수시더라구요. 안 받았습니다. 안 받은 이유가 있있습니다.

인가를 받으신 후에 보림삼관(寶林三關)에 대해서 선생님하고…

저는 그때 선생님께 가장 큰 은혜를 입었습니다. 인가 받은 후의 일이죠. 생활이 바뀐 게 없어요. 인가 후 며칠 동안은 여운이라 불러 주시더니, 어느 날 광하라고 부르시더라구요. 그러고는 다시 광하로 돌아갔습니다. 바뀐 게 하나도 없었습니다. 낮에, 선방에서 참선하고 있는데 선생님이 들어오시더라구요. 들어오시더니 ‘보림삼관’ 제일관(第一關)부터 물으시더라구요.

“생자하물 멸자하물(生子何物 滅子何物), 태산괄목래 녹수엄이거(泰山刮目來 綠水掩耳去). 태산은 눈을 부릅뜨고 오고, 녹수는 귀를 가리고 간다. 이 뜻이 뭐냐?” 선생님은 눈을 부릅뜨고 두 손으로 귀를 가리셨습니다.

“허공이 하나니, 지도리가 하나고, 목숨도 하납니다.”

“아니다. 다시 말해라.”

“생자와 멸자가 다 공인데 오고 가는 게 다 말마디 아닙니까?”

“아니다. 다시 해봐라.”

아, 죽겠더라구! 그 동안 공부해 온 게, 밑천 다 드러났는데도 불구하고, 계속 아니라고 그러니까, 황당한 거예요. 나름대로 대학교 때부터 공부를 해왔고, 선원에 와 매일 법문을 들었고, 나름대로 이해했고, 그저께 인가까지 주셨는데, 아니라 하니 멍해지더라구요, 순간적으로.

오기가 있어서 그런지, 울면서 떨리는 목소리로 “그동안 선생님이 허공이니, 뭐니 하신 말씀은 뭡니까?”하고 물었더니,

“그거 다 말마디다!” 그러시더라구요. 그때 큰 쇼크를 받았습니다. 선생님께서 늘 법문을 하시면 “허공으로서의 내가 한다”, “허공으로서의 나다”, “허공으로서의 남자다.” 그려셨는데 그게 다 말마디라고 그러는 거예요. 그런 걸 이해하고, 그 뜻을 가지고 선생님 말씀을 이해하고, 나름대로 만족하고, 나름대로 분명한 게 있었기 때문에, 그것으로

살아온 사람인데, 그게 아니라고 하니까 굉장히 큰 충격을 받았어요. 그때 굉장히 놀랐고, 순간 넘어졌는지도 모르겠어요.

막 웃는 소리에 정신이 들었습니다. 제가 정신을 차리자, 선생님은 이관(二關), 삼관(三關)을 다 말씀하셨습니다. 그리고 오규(五規)를 법문 하시더라구요. 그때 문자나, 이런 것에 대한 것이 확 부숴져 버렸어요. 마음 속에 문자나 논리나 의미를 가지고 내가 지켜오던 부분이 무너져 버렸어요. 그리고 제가… 이제 그만 다른 이야기 하죠.

아니요, 궁금합니다. 다 털어놓으시죠…

허허허! 그래서 제가 "신생님, 사람들은 선생님 법문을 허공으로 듣고 세상이 백봉 선생님 하면 다 허공법문으로 알 텐데, 나중에 이런 오해를 어떻게 하실 겁니까?" 하고 물었더니,

"니가 가서 설법해라. 니가 서울 가 설법해라." 이러시더라구요. 어쨌든 그때부터 고민이 시작됐습니다.

어떤 고민입니까?

저는 제 살림살이가 없지 않습니까? 그러니, 내가 법문을 한다면, 역시 백봉 선생님 타입으로, 그런 스타일로 할 것 같은 생각이 드는 거예요. 선생님 법문을 되풀이하는 이상으로는 못 나갈 것 같더라구요. 내 공부가 안됐으니까, 내 살림살이가 없으니까 말이죠. 내가 더 고민하

게 된 것은 그 후로 선생님이 무슨 법문을 하더라도 의심이 안 가는 거예요. 또 선생님이 다음 시간에 무슨 법문을 할지 미리 다 아는 거예요.

한번은 '허공에 방석을 깐다'는 법문을 선생님이 할 것 같은 거예요. 그래서 최인영 거사한테 "선생님, 요새 무슨 법문 합니까?"하니 "허공에 방석을 깐다."는 법문을 한다는 거예요.

보림삼관에 대한 말씀을 나누신 이후로도 입주를 계속 하셨나요?

계속 있었습니다. 그러다 선생님이 조계사에 법문하러 올라오실 때 저도 따라왔습니다. 그 때 선생님이 제 아버지를 만나셨죠. 그런데 그 때 갑작스럽게 아버지께서 미국에 가시게 되었어요. 그래서 입주를 끝내고 서울로 올라왔습니다. 내가 장남이거든요. 입주생활을 끝내고, 서울 와 사촌형 회사에 취직했죠. 증권관계 잡지를 만드는 회사였습니다. 부산에 왔다 갔다 하면서 일했습니다. 사촌이니까 좀 자유로웠거든요.

선생님을 안 뵌 것은 1980년도부터였어요. 한동안 찾아뵙지 않고 있을 때 선생님이 서울에 오셨습니다. 바로 찾아뵈었죠. 그러나 두 번째 오셨을 때, 그 때 돈암동에 있는 어느 한의원 집에 계셨을 때였는데, 그때 선생님이 저를 부르셨습니다.

그러나 가지 않았습니다. 그 때 제가 발을 끊었습니다. 내가 더 이상 선생님을 만난다면, 이미 익숙해진 선생님 법문에 더욱 의지할 것 같은 생각이 들었기 때문입니다. 내 살림살이가 없기 때문입니다. 습이 든다고 그럴까요? 그때부터 선생님을 찾아뵙지 않았습니다. 그래서 선생님 돌아가신 것도 몰랐지요. 어느 날 거사님하고 통화를 했는데, 그 때 사십구재 지내러 선원에 간다고 하셨죠. 그래서 홍종화 씨와 함께 선원에 갔죠. 참 회한이 많았습니다.

나는 내 살림살이가 될 때까지 살아계실 줄 알았어요. 느낌에 선생님은 용광로 같으신 분이라, 돌아가신다는 생각을 해본 적이 없었어요. 선생님은 활화산, 용광로 같았습니다. 그 용광로가 꺼진단 생각을 해보질 않았어요. 참 어리석은 거죠.

백봉 선생님을 경험하지 않은 사람들은 선생님을 잘 모르거든요. 선생님에 대해서 좀 소개를 해주시죠.

선생님은 법문중에 늘 방편을 드러내셨습니다. 선생님의 방편 중 가장 큰 법문이 '무유정법(無有定法)'입니다. '정해진 법이 없다'는 이 방편을 불교의 생명처럼 말씀하셨어요. 심지어 박 선배가 '백봉 선생님이 다리 저는 것도 방편 아닌가?' 하고 생각할 정도였어요. 그 정도로 방편을, 그 사람의 그때 상황에 따라시 직질한 방편을 베푸신 거죠.

한번은 이런 일이 있었어요. 입주한 어떤 집이 있었는데, 딸이 열여섯 살이었나, 하여튼 말썽을 피웠습니다. 선생님이 법문을 할 때도 말썽을 피웠습니다. 말대답도 잘 했죠.

선생님이 "이게 뭐냐?" 하면 "허공!",

"어디서 왔노?" 하면 "허공이요!"

이런 식으로 말이죠. 사람이 약간….

어느 날 작은 사고를 쳤는데 선생님이 저한테 "혼 좀 내줘라!" 하시더군요.

그래서 선생님처럼 큰 소리로 혼을 내주고 있는데, 절 부르세요. 그리고 "그럼 안된다" 하세요.

"마음이 흔들림이 없어야 한다. 마음은 여여하지만 희로애락을 부릴 줄 알아야 된다."

그렇게 말씀하셨습니다. 돈오돈수 돈오점수에 대해서도 여쭤봤더니,

"그걸 써야지, 거기에 휘둘려서는 안된다. 법을 굴려야지 법에 쓰이면 안된다. 법을 굴리려면 자기 살림살이가 있어야 된다."

하시더군요. 그런 게 저한테는 크게 왔죠. 선생님의 방편은 예측불허였죠.

입주를 끝낸 후에는 어떻게 수행을 하셨습니까?

선원에 있을 때 보니, 부산 사는 보살님들이 저녁 드시면 선원에 올라오세요. 그리고 참선하세요. 텔레비전도 안 보시고 말이죠. 9시 뉴스, 드라마 안 보시는 분들입니다. 대혜승 보살, 대인화 보살, 이런 분들이 지식적으로는 어떨지 몰라도, 느낌이 달라요. 공부하시는 분들이라. 그분들을 보고 '불교는 글자로 공부하는 게 아니구나' 하고 많이 느꼈죠. 저도 그분들 따라 텔레비전을 끊었어요. 이십 년 정도 텔레비전을 안 보았습니다. 안보니까 굉장히 시간이 많아요. 경전공부도 하고 참선도 하는데, 꼭 지키는 것은, 자기 전에 한두 시간 참선하고, 아침에 한

두 시간 꼭 앉는 거죠. '모습을 잘 굴리자'는 것은 보림선원의 캐치플레이즈인데, 그건 선생님 말이고, 중요한 것은 자기가 어떻게 모습을 굴리느냐는 거예요. 애를 키우고, 사업을 하고, 많은 사람 만나고, 그럴 때 말이죠. 저녁에 앉아서, 그날 만난 사람을 떠올리는 거예요. 그리고 '내가 어떻게 대했나? 어떤 목소리로, 어떤 행동을 하고, 그 사람 말을 어떻게 들었나? 내가 어떻게 행동했나? 내가 행동할 때 내 마음 속에 무엇이 있었나?'를 늘 리뷰했어요. '법을 잘 굴리는 것은 그런 상황에서 어떻게 하는 것인가?'를 생각해 보았어요. 또 아침에 일어나면, 그날 만날 사람을 생각합니다. 아내, 장모, 직원, 거래처 사람들, 이렇게 사람들을 만나야 할 일이 있잖아요. 그들을 만나 '어떻게 말을 할 것인가?'에 대해 생각합니다. 그러면 나는 답을 가지고 사는 거예요. 이렇게 해야 하고, 저렇게 해야 실수 안 하고. '허공에서 모습을 굴린다'는 건 참말로 어떻게 하는 것인가를 이렇게 늘 생각해 왔습니다.

보임공부라고 해도 되겠습니까?

뭐 그렇게 까지 말씀드릴 건 아니고. 그 후에 초기불교나 대승불교… 내 살림살이를 공부하면서 느낀 점이 '선생님을 보림선원 안에서 보면 안되겠다' 하는 것이었어요. 불교라는 긴 역사 속에서 백봉 선생님을 바라봐야, 선생님을 바로 알 수 있지, 선생님 안에서 선생님을 보면 선생님밖에 못 보는 거예요. 잘못되면 백봉 선생님을 숭배하는 걸로 끝난다고 느낀 겁니다. 그것은 선생님이 바라는 것이 아니죠. 선생님은 우리에게 깨달으라고 하셨지, 자신을 숭배하고, 백봉교를 일으키라고 한 적 없어요. 저는 큰 불교의 흐름 속에서 백봉 선생님이 우리에게 어떤 의미가 있는가를 찾으려고 노력했습니다.

부처님 가르침중에 큰 가르침이 연기법입니다. 오관에서 쾌락이 일어나죠. 눈 귀 코 혀 촉에서 느낌이 일어나고, 그때 사랑스런 느낌은 더 가지려고 하고, 괴로운 느낌은 피하려고 하고, 그래서 애착이 일어나죠. 촉수애(觸受愛), 그 다음에 집착. 여자가 아름다우면 취하려고 하고, 그러다 싫으면 안 만나려고 하고, 이런 집착이 있죠. 그걸 유지하려면 물적으로도 강해야 되니까 '내 꺼'라는 소유욕구가 일어납니다. 그래서 생활할 때 집착과 소유욕구가 일어나면 생로병사와 우비고뇌(憂悲苦惱), 즉 걱정, 슬픔, 고통, 번뇌는 불가피합니다. 이것을 연생(緣生)이라고 합니다. 무명이 행을 낳고, 행이 식을, 식이 촉을….

그 다음에 멸법(滅法)을 배워요. 무명이 없으면 행이 사라지고, 행이 사라지면 촉이 사라지고… 이렇게 연기법의 핵심은 두 가지입니다. 이것은 이론이 아닙니다. 수행입니다. 부처님 때부터 했던 것입니다. 탁발을 갔을 때 '저 여자가 예쁘구나', '저 여자가 나한테는 특별히 해주었으면…', '내가 좀 도가 높은데' 이런 식으로 했을 때 고통과 미움, 질투가 있지요. 그러나 이런 것을 하나하나 놓는 것, 버리는 것, 이것이 바로 연멸법(緣滅法)입니다. 이처럼 수행할 때는 연생, 연멸, 두 가지로 했습니다.

백봉 선생님 모시고 공부할 때는 이것을 알지 못했습니다. 그 후에 나름대로, 나의 살림살이로서, '어떻게 해야 모습을 잘 굴리는 것인가?' 를 늘 생각하고, 지나간 일에 대해서는 '내가 이렇게 했으면 어땠을까', 저녁에는 그날 하루 일어난 일을 죽 그려보며 '내가 법을 잘 굴린다는 것은 어떻게 하는 것인가?' 하는 반성과 성찰을 한 겁니다.

또 아침에 일어났을 때는 '내가 누굴 만났을 때 어떻게 할 것인가? 다르게 할 수 있는 게 뭔가? 그게 법을 잘 굴리는 것인가?' 를 생각한 것입니다. 모두 법을 굴리는 차원에서 해본 거예요. 그런데 이게 나중에 보니 '이것이 있으면 저것이 생기고 이것이 없어지면 저것이 없어진다' 는 연생연멸법이었습니다. 부처님 때부터 해온 법이더라구요. 그게 수행이라면 수행이죠.

2003년 이후에는 《도덕경》이나 《금강경》, 《무문관》, 이런 책을 쓰셨는데 책을 쓰시게 된 계기에 대해 듣고 싶습니다.

제가 1997년부터 한 불교 NGO단체를 후원하기 시작했어요, 우연히. 그 단체에는 젊어서 운동한 분들이 많더라구요. 겉은 불교단체인데 속이나 행동하는 것은 계급투쟁사상, 소위 말하는 마르크스주의에 많이 물들어 있었고 불교도 그런 식으로 보고 있었습니다. '민중이 부처님이다' 라고 했습니다. 물론 불교에 자비, 중생, 이런 게 있죠. 그런데 문제는 그것을 계급투쟁적 관점이나 민중 쪽으로 자꾸 이해하려는 것입니다. 민중이 억압받는 시대에는 나름대로 대의가 있지요. 문제는, 그들의 마음 속에 증오심이 있는 거예요. 그 문제를 나름대로 건드려야 했고. 또 이 분들은 노자(老子)니 이런 분을 관념주의자라고 생각하더라구요.

이 분들에게 '그분들은 그 시대의 현실을 고민했던 분들이고, 당대에서 인간이 어떻게 성숙할 수 있고 세상이 더 평화로울 수 있는가, 이런 쪽으로 생각하신 분 들이다' 라고 말하고 싶었어요. 그래서 그분들을 모아놓고 불교 강의를 시작했어요. 여운이란 법명도 삼십 년 만에 꺼내었습니다. 《도덕경》, 《금강경》, 《무문관》 이런 책들이 우리 삶 속에서, 바로 우리에게 와닿는 문제를 얼마나 잘 다루고 있는지를 말하고 싶었어요. 그 강의한 것을 모아 책을 썼습니다.

쓰고자 하는 욕구는 가질 수 있지만, 글을 쓸 수 있는 지혜는 그냥 나오는 게 아닌데, 그 지혜는 오래 전서부터의 지혜였습니까?

물론 학교 다닐 때 《도덕경》을 배우고 했지만, 늘 공부하고 생각했죠. 지난 20년간 텔레비전도 안 보고 밤에 늘 공부했죠. 《금강경》, 《무문관》도 다시 공부하고, '법을 잘 굴리자' 이런 수행을 하면서 현실과 접목이 많이 되었습니다. 《도덕경》, 《금강경》, 《무문관》 이런 책들의 큰 특징 중의 하나는 그 속에 역사와 현실이 많이 들어가 있다는 것입니다.

《무문관》은 공안을 다룬 책으로, 선지(禪旨)에 밝지 않으면 손대기가 어렵다고 알고 있는데 백봉 선생님 모실 때, 입주했을 때의 지혜로 그 책을 이해하셨습니까?

백봉 선생님께 '보림삼관'을 배우면서 문자나 뜻이나 이미지로 불교를 이해하던 것이 깨지고 나니 《무문관》이 보이더라구요.

거사님께서는 도반들에게 《수타니파타》를 같이 읽자고 권하기도 하셨고 빨리 《나까야》에 나오는 부처님의 일화를 모아서 《붓다를 기억하는 사람들》이란 책도 쓰기도 하셨죠. 이러한 행동은 선을 추구하는 사람들한테는 어딘지 낯선데 어떻게 해석해야 될까요?

나름대로 문제의식을 느낀 겁니다. 선생님께서 법문하실 때 "허공!" 하셨지만 실생활에서는 그런 알음알이도 경계하셨어요. 상대성, 절대성, 모습놀이, 허공, 이런 법문을 들으면 알음알이를 끊고 가는 게 아니라, 그걸 하나의 이미지로 가지고 가는 거예요. 물론 저도 그런 과정이 있었지요. 허공이란 걸 계속 이해하고, 듣고, 생각하고, 법문 듣다 보면 허공이라는 이미지가 살아있어요, 머리 속에. 허공이란 게 느껴지는 거예요. 마치 우리가 멀쩡한 사람도 도둑으로 의심하면 도둑으로 보이듯이, 허공으로 보고, 허공으로 생각하다 보면, 허공의 최면에 걸리는 거예요. 허공처럼 보는 거예요. 그러나 그 사람의 의식 속에 있는 모든 미망, 오만, 교만은 그대로 있는 거예요.

선원에서 몇 십 년이나 참선했다는 사람들도 진보, 보수 이야기 나오면 열 받아가지고 욕해 대고, 마음 속에 성숙한 것이 없는 거죠. 30년 공부했다는 사람들도 '화두가 틀렸어' 하면 길길이 날뛰구요. 사실상 마음공부가 안돼 있는 거예요. 《수타니파타》나 《니까야》가 좋은 것이 부처님이 살아계실 때, 살아있는 사람들하고 나눈 대화에요. 현실이 있는 거예요, 논리적 전개가 아닌 겁니다. 살아 숨쉬는 사람들의 얘기를 들을 수가 있어요. 내 삶으로 돌아올 수 있는 겁니다.

선생님의 법문은 법문이지, 그 안에 실제로 스승은 없는 거 아니에요? 낱말, 뜻, 이미지 이런 것만 남아있는 거예요. 그래서 공부하기가 어렵습니다. 교만만 늘어나고. 그래서 제가 그런 얘기를 했던 겁니다. 주위에서 이의를 다는 사람들이 있었지만, 오히려 나로서는 선생님 없을 때는 이렇게라도 해야 된다고 생각했어요. 지금은 선생님처럼 지적할 사람이 없지 않습니까? 그래서 선생님만 바라보고 있을 게 아니고, 전체 불교의 큰 흐름 속에서 선생님을 바라봐야 한다고 말한 거예요. 그래야 선생님을 넘어설 수 있는 것이고, 자기 살림살이를 가질 수 있는 것이고, 현실에서 살면서 자기의 미망을 바라볼 수 있다는 거예요. 그래서 그렇게 강조했던 거예요.

석가모니 부처님이 생존 시에 제자들과 있었던 일, 이런 게 중요하다고 말씀하셨는데 석가모니 부처님은 우리 중생에게 어떤 의미가 있습니까?

부처님은 '나는 남들이 돌보지 않는 사람을 돌보는 사람이다', '나는 아픈 사람을 찾아가서 간호하는 사람이다', 이런 말을 많이 하셨어요. 그 다음으로 많이 하신 말씀이 '모든 생명은 배고프다'에요. 모두 살아서 움직이는 거예요.

어떤 스님이 아파서 누워 있는데 전부 참선만 하고 쳐다보지도 않았습니다. 부처님이 찾아갔어요. 그 스님은 막 울면서 "왜, 아무도 날 돌봐 주지 않습니까?" 하고 부처님께 물었습니다.

부처님 역시 물으셨습니다.

"자네는 남이 아플 때 그렇게 했는가?"

"안 했다"는 대답에 부처님은 다시 물었습니다.

"그럼 자넨 그 동안 뭘 배웠나?"

부처님은 '깨달은 사람은 남이 찾아가지 않는 사람을 찾아가고, 아픈 사람을 돌보는 사람이다' 라고 하셨어요. 《유마경》 '불국품' 에도 '중인 불청 우이안지(衆人不請 友而安之)', 사람들이 청하지 않아도 내가 가서 벗이 되어 주고… 이런 말이 나와요. 그건 단순히 복 지으라는 게 아니고, 도와주는 게 아니고, 그 안에 깊은 부처님의 가르침이 있습니다.

수달다 장자가 부자에요. 아버지는 재산을 안 내놓거든. 아들이 거지들한테 잔치를 베풀어요. 베품으로써 복을 짓고, 다음 생에 좋은 집에 태어나고자 하죠.

이 때 유마 거사가 와서, "이것이 불법이 되려면 달라야 한다"라고 합니다.

"베푸는 사람도 없고, 받는 사람도 없고, 베푸는 물건도 없어야, 이 세 가지가 없어야 부처님 가르침에 대한 법공양이다."라고 말씀하세요. 그러니까 '일체가 빈 자리에서 법을 굴리는 거다.' 라는 거죠. 이게 《유마경》에 나옵니다. 이 모든 게 부처님 때부터, 이 삶 속에서 법을 굴리고, 그 속에서 눈밝은 소리가 내려 온 거예요. 부처님의 가르침과, 조사의 가르침과, 수많은 가르침의 흐름을 잘 봐야 되는데 너무 관념적으로 받아들여요.

《화엄경》공부를 많이 했다는 사람들을 보면 성리학자 같아요. 너무 관념적으로 접근해요. 아까 우리가 읽은 것처럼 깨달음은 중생이 없으면 나올 수가 없어요. 고통이 있기 때문에 자비가 나오는 거예요. 먼저 고통을 보면서 연민을 느껴야 합니다. 이 연민은 모든 사람에 대한 연민이에요. 그럴 때 이걸 해결하겠다는 발심이 나오고, 그 다음에 깨달아야겠다는 보리심이 나오고, 그리고 깨달음이 있는 거예요. 이 과정이 없으면 불교가 아닙니다.

여운 거사님께 금생(今生)의 의미는 어떻습니까?

생사일여(生死一如), 이런 말 많이 하지 않습니까? 생이라는 것과 죽음이라는 것을 이해해야 되는데 생에 대해 우리가 갖고 있는 이미지가 별로 없어요. 생이라고 하면 그냥 생이죠. 그러나 세 끼를 안 먹으면 얼마나 힘이 듭니까? 생사일여라 말을 해도, 생 자체가 갖는, 그 안의 수많은 우비고뇌, 이런 것을 이해하지 못하면, 죽음에 대한 얘기도 할 수 없는 거죠. 삶 자체를 깊이 이해할 때, 즉 어떤 고통이 있고 어떤 미망이 있다는 걸 이해할 때 비로소 공부를 왜 해야 되는지를 알 수 있습니다. 금생에 불교를 접함으로써, 선생님을 접함으로써, 자신의 미망에 대해서 관심을 갖게 된 거죠. 진정한 해탈이 무엇인지 생각하게 된 거죠.

지금 이 순간에 돌이켜보신다면 백봉 선생님은 여운 거사님께 어

떤 존재입니까?

백봉 선생님이라는 존재를 정의하는 것은 보림선원의 성격을 규정하는 것이고, 보림선원의 성격을 규정하는 것은 보림선원에서 공부하는 제자의 수행방향도 가늠할 수 있는 중요한 문제라고 생각합니다. 아까 말씀드렸지만 백봉 선생님을 제대로 바라보려면 선생님 안에서 볼 게 아니라 선생님 밖에서 바라봐야 한다고 생각합니다.

먼저 시대를 보세요. 고려, 조선, 해방, 6·25사변…모든 게 무너진 사회에요. 기독교가 들어오고 불교는 있지만 그 안에 진정한 수행자는 많지 않은 시대에요. 대다수 일반 재가자는 절에 쌀 갖다 주고, 촛불 켜고, 이런 수준에서 멈추고 있습니다. 지금은 점점 인지가 늘어나는 때입니다. 갈등이 일어나고, 종교의 역할이 뭔지, 재가자 들은 자신이 뭘 해야 할지 회의가 깊어지는 때에요. 모든 게 혼란의 시기였어요. 그리고 또 하나 놀라운 것은 인쇄술의 발달로 불교교리를 배우는데 스님의 독점이 사라진 거예요. 옛날에는 불교공부를 하려면 스님한테 의지를 많이 해야 했어요.

이런 시대에 거사인 백봉 선생님이 56세에 공부를 하셨다는 겁니다. 내가 만난 많은 사람들이 백봉 선생님을 애기할 때, 나이 얘기를 해요. "내가 오십 넘었는데, 지금 해도 되는구나." 하는 분들이 많아요. 육십 다 된 사람들이 "나도 공부할 수 있네. 깨달을 수 있네. 높은 그 이상으로 될 수 있네"하는 희망을 갖는 거예요. 공부를 안 해도, 화두를 들든 뭘 하든, 확실하게 한 가지 수행을 열심히 하면, 터지는 경우가 있다는 사실에 사람들이 놀라는 겁니다. 백봉 선생님처럼 무섭게 정진하면, 긴 시간이 아니라 짧은 시간에도, 높은 경지를 얻을 수 있다, 견성할 수 있다는 겁니다. 재가자도 말이죠.

남방불교에서는 출가 안 한 사람은 절대로 아라한과를 없을 수 없다고 합니다. '수다원과를 얻고 몇 백 년 후에 얻는다'는 식이에요. 대승에서는 그렇지 않죠. '자비심 내는 그 순간이 깨달음이다.'라는 겁니다. 다르죠. '깨달아서 가는 그런 것이 없다'는 거예요. 내가 하나씩 닦아나가는 것, 그것이 다 아상(我相)이라는 겁니다.

수행을 많이 한 사람은 그것을 버리기 어려워요. '내가 닦은 게 얼마인데? 재가불자중에서 아주 나이가 많은 사람이, 공부도 오래 안 한 사람이, 견성을 한 겁니다. 이게 보림선원의 큰 종지입니다. 화두 들고, 짧은 시간에 이룰 수 있다는 가능성을 열어준 거예요. 그렇지 않으면 영원히 그런 희망을 못 가졌을 거예요. '재가자가 해봐야 얼마나 하겠어?' 하는 소리, '내가 아무개 스님하고 친하다', 이 정도에서 만족하는 것, 다 깨 주신 거예요. 보림선원 종지는 바로 당장의 마음에서 견성해 들어가버리는 거예요. 그게 선생님이 전하신 거예요. 일체 역대 조사가 전한 바에요. 그런데 이것을 받아들이기 어려워요. 공부한 게 있어가지고 말이죠. 당장의 마음에서 견성해 들어가버리는 거, 이거 의심하면 안됩니다. 이거 의심하면 보림선원에서 공부 못합니다.

과연 견성은, 깨달음은 무엇일까요.

우리 선생님께서 늘 하신 말씀처럼 본래 자기 자신을 이해하고 통찰하는 거죠. 그러기 위해서는 절대로 언어 문자의 이미지를 가져서는 안됩니다. 자기가 어떤 미망에 사는지 봐야 돼요. 그래야 깨달음이 빛으로 들어옵니다.

그건 깨달음이 일어난 이후에 그렇게 되는 것이 아닙니까.

출발은 연민입니다. 아까 《화엄경》에서 보셨지요. '우리가 왜 이렇게 살고 있는가?', 이에 대한 연민이 출발입니다. 거기서 출발을 해야 깨달음이 온다고 봐요. 그렇지 않고 '나도 한 소식 하자. 화두 들고 하면 깨친다는데…', 이런 정도의 문제의식 가지고는 답이 나오지 않습니다.

그동안 제가 여러 수행자들 많이 봤지만, 대부분 무슨 로또 복권 하는 식으로, '이거 한번 하면 된다더라' 하는데, 그거 아니에요. 부처님 때부터 내려오는 대승경전에 그걸 다 경계하고 있어요. '첫걸음이 자비가 아니면 절대 깨달음이 올 수 없다'는 것, 나는 그것이 옳다고 봅니다. 나이가 이제 오십 넘어, 육십이 다 되어가니 그래서는 안된다는 걸 알았어요. 그래서는 절대로 마음 속의 밑창이 빠지지 않는다는 것을 알게 된 거예요. 젊어서는 그렇게 해도 되는 줄 알았어요.

거사님은 그런 연민을 가지고 행위를 하기 전에 보림선원에서 백봉 선생님 모시고 공부하면서 이미 알지 않았습니까?

아까도 말씀 드렸지만, 내가 알고 있는 모든 공부가 단계 속에서 언어와 문자에 의지해 있다는 것, 그것을 받아들이기가 쉽지 않았어요. 저는 그것을 선생님한테 배웠어요. 쉽지 않습니다.

한국이나 중국의 불교는 간화선을 하는, 화두를 들고 공부하는 선종이란 말이죠. 화두를 깨는 것, 무문관과 같은 방에 들어가서 면벽하고 좌선해서 화두를 깨면, 견성해서 성불한다고 하는데 여운 거 사님은 그 보다는 연민을 가지고 자비를 실천해야 한다고 말씀하시는 것 같습니다.

자비를 실천하는 데 모든 것이 있는 것은 아니지요. 출발은 연민입니다. 연민의 근원에는 중생의 고통이 있습니다. 그리고 고통은 미망에서 오죠. 그 미망을 깊이 이해할 때 깨달음이 온다는 거예요. 사명 대사, 서산 대사, 이런 분들이 다 도인들 아닙니까? 그분들이 임진왜란 때 뭘 했습니까? 또 전쟁 끝난 후에는 무엇을 했습니까? 일본에 가서 붙잡혀 간 조선 사람들 다 데려왔죠. 보살행입니다.

그렇다고 하면, 우리가 화두를 들기 전에 해야 될 뭔가가 있는 거 같군요. 그게 뭘까요?

대분심, 대신심! 크게 분한 마음, 크게 믿는 마음, 그게 있잖아요. 그리고 '첫걸음이 곧 구경각' 이라고 해서 첫걸음 얘기를 많이 하죠. '일체중생 구하겠다, 일체중생 해탈하게 하겠다', 이런 서원으로 시작하지 않습니까, 모든 게. 거기에 깊은 뜻이 있다는 거죠.

거사님은 처음에 불교에 입문하셨을 때부터 그러한 연민을 가지고 있었습니까.

그렇지 않았습니다. 공부의 한계를 깨닫고 나서부터죠. 아까 말씀드린 것처럼 선생님께서 법문하라고 하실 때 두렵기도 하고, 선생님 법문 이상의 뭐가 있는가, 나에게 살림살이가 있는가 고민하게 된 거죠. 내 살림살이, 내 삶, 내 직장생활, 내가 뭘 알고, 내가 어떻게 행동하고 있는가를 바라보면서 내 마음 속에 미망은 그대로 있다는 걸 알게 된 거죠. 불교의 긴 역사를 통해서 오랫동안 내려온 걸 보게 된 거예요. 나만의 생각이 아니고 모든 깨달음에는 그런 과정이 중요했다는 걸 알게 된 거예요. 법문에는 그런 것이 안 나올지 몰라도 선생님 가까이에서 그것을 배울 수 있었습니다.

연민을 이해하기 전에 진정한 깨달음이 오지 않는다면 그전에 있었던 것은 진정한 깨달음이 아니라고도 볼 수 있겠네요.

그 동안 살아오면서 공부를 많이 한 사람들을 만나왔는데 대부분 도식적인, 책에 있는 내용을 달달 외워 이해하고 있거나, 특정한 경지에 대한 이미지를 가지고 있었습니다. 그렇기 때문에 실제 현실경계가 닥치면 너와 나가 일어나고, 높고 낮음이 일어나고, 그런 걸 많이 봤습니다.

그렇다면 진정한 수행이라는 것은 실전 경계에 부닥쳐도 흔들리지 않는 여여한 것…

자기 마음 속에 너와 나, 수행의 높고 낮음, 그걸 발견하고 그것이 미망이라는 걸 깨닫고 다 놔 버렸을 때 진정으로 견성했다고 보는 겁니다.《반야심경》에 '하나도 얻을 바가 없다' 고 하잖아요. 그러나 수행자들은 '내가 얻었다' 는 걸 많이 갖고 있어요, 마음속에…. 그것 때문에 일어나는 모든 갈등, 그걸 이해할 때 된다는 거지요. 법성(法性)을 이해할 때 말입니다.

오래 전부터 봉사활동을 하고 계시죠? 봉사활동을 하시게 된 계기는 무엇입니까?

참 중요한 질문입니다. 봉사, 많이들 하죠. 국가에서 하는 극빈자에 대한 봉사도 있고, 재벌들이 사회적 소기업을 통해서 하기도 하고, 기독교에서 하는 것도 있고, 많이 있어요. 그런데 봉사를 통해서 노숙자나 극빈자들이 마음에 평온을 얻었느냐? 아니에요, 현실이! 얻어먹을수록 더 비참한 것도 있고, 베푼 자에 대한 분노도 있어요. 사고도 많이 납니다.

어떤 목사 한 분이, 서울역에서 추울 때 삼계탕 무료급식 봉사를 하는데, 차가운 바닥에 한 시간을 앉혀서 찬송가를 부르게 했어요. 그 목사 얻어맞았어요. 노숙자 들이 주먹으로 쳤어요. 이처럼 베푸는 자에 대한 분노가 있어요. 마음속에 깊이 있는 너와 나, 증오, 이런 걸 어떻게 풀 것인가? 어떻게 하면 모든 사람들이, 나를 포함해서 너와 나라는 이 함정에서 벗어날 수 있는가? 어떻게 하면 삶과 죽음을 제대로 바라볼 수 있는가? 이런 문제가 중요한 문제였습니다. 부처님의 그 깨달음을 함께 하면 다 풀리지 않을까 싶었어요.

《금강경》에 '주는 것도 없고, 받는 것도 없고, 주는 물건도 없다'고 하는데, '일체가 공하니까 이건 당연한 거 아닌가?', 이러면 할 얘기가 없어요. 그건 도식적인 얘기에요. 실제로 마음 속에 주는 내가 없고, 받는 사람도 없어야 하는데, 이것을 어떻게 할 겁니까? 10년 전, 처음으로 노숙자에게 봉사할 때, 설대 이름을 묻지 않았어요. 그냥 오면 밥해주었지요. 지금도 가서 합장하고, 떡 나눠주고, 먹고 나면 싸가지고 오고, 이걸 10년 가까이 하고 있어요. 무엇이 일어났습니까? 우리가 가면 경계를 안 해요.

'먹기 때문에 내가 뭘 해줘야 하나?', '저 사람들은 우리를 먹여서 무엇을 하려고 하나' 이런 피아(彼我), 경계가 없습니다.

무엇이 일어났습니까? '너와 내가 공하다'고 아무리 해봐야 아무것도 나오지 않습니다, 현실적으로. 노숙자들이 우리 만날 때는 자기 본래의 미소를 찾아요. 눈치 볼 게 없으니까. 여기 독거노인들 50 가구, 매주 수요일 반찬봉사를 7년째 하고 있어요. 처음에는 우리가 국가에서 돈 받아서 하는 줄 알았답니다. 그런데 사실을 알고는 달라지더라구요, 사람들이. 교회 나오란 말 한 적도 없고, 불교의 비읍자도 말한 바가 없습니다. 그랬더니 사람의 진심이 나와요. '아! 너·나 안 따지고도, 사람이 살 수 있구나!' 하는 것이 말이죠.

'우리 회상이 오천 명 회상' 이라고 합니다. 1주일에 두 번, 종로 노인들에게 가는데, 한 주 팔백 명, 한 달이면 삼천 명… 1주일에 두 번 노숙자들에게 가는데 1주에 사백 명, 1달이면 천육백 명… 그리고 외국인들도 있고… 그렇게 하면 모두 육칠천 명 돼요. 그렇게 봉사했지만 발자국을 남겨본 적이 없습니다. 뿌리 없는 나무에요. 그분들 나한테 시비를 안 걸어요. 피아를 안 가려요. 극렬한 시비의식, 미움, 이런 게 없어집니다.

왜 그게 없어질까요?

그걸 일으키지 않으니까요. 내가 그 사람들에게 가서 "내가 누구요" 하고 말하지 않잖아요. "먹는 대신 이것을 해주시오!" 하고 말하지도 않고… 그걸로 텔레비전에 한번 나오지도 않잖아요.

처음에는 '이놈한테 얻어 먹으면 내가 뭘 해 줘야 하나?' 하고 생각했지만, 몇 년을 가도 아무 일이 없으니 경계심이 사라집니다. 아까도 말씀 드렸듯이 방편을 어떻게 굴리느냐, 즉 자기 살림살이라는 게, 그 미망을 이해할 때 가능하다는 거예요. 향적여래가 향으로써 일체중생의 마음을 쉬게 했듯이 나는 떡하고 커피를 사용해 보는 거예요. 백봉 선생님께서 늘 말씀하신 것이 무유정법이거든요.

'정한 법이 없다, 법은 굴려야 한다. 법에 굴림을 당해서는 안 된다.'

자기 쌓아온 걸 갖고 있으면 허공을 굴릴 수가 없어요. '내가 닦았다.

내가 누군데' 하면 허공을 못 굴립니다.

상(相)에 머물지 않는 봉사가 진정한 봉사일텐데, 상에 머물지 않은 봉사는 과연 어떻게 하는 것입니까.

우리가 나를 포함해서, 마음 속에 어떤 상이 있는지를 봐야 한다고 생각합니다. 그 상 때문에 어떤 일이 일어나는가, 바로 연생법이죠. 나의 어떤 미망이, 이 시대의 어떤 미망이 어떤 고통을 일으키는지를 말이죠. 또 자본주의, 사회주의, 이런 것이 아니더라도 여러 단체들이 있는데 이런 단체들의 미망이 어떤 고통을 일으키는지를 연생법으로 보는 겁니다.

또, 이게 없어지면 어떤 결과가 올 것인지를 연멸법으로 보는 것입니다. '법에 굴림을 당하느냐, 법을 잘 굴리느냐, 허공을 잘 굴리자', 이것이 어떻게 하는 것인지, 관념 속에서가 아니라 현실 속에서 걸어가 보는 거죠. 발자국을 남기지 않는 행은 어떤 행인가 해보는 거죠.

조금 더 쉽게 풀이 해 주시죠. 발자국을 남기지 않는 행을.

처음에 종로에 갔을 때, 노인들에게 커피를 주니까 안 먹으려고 해요. '요놈들에게 커피 얻어 먹었다가 혹시 뒷골 땡기는 일이 일어나는 것 아냐?' 하고 의심하는 거예요. 안 먹어요. 계속 그랬어요. 특히 그중에는 노인들에게 몸을 파는 50대, 60대 여성들이 있었는데 이 분들은 전혀 오지 않았어요. 그런데 5년이 지나니 와요. 커피 달라고. 얻어먹어도 자기한테 아무 일이 없다는 것을 안 겁니다. 시비를 거는 사람이 없어요.

한번은 어떤 할아버지가 그러더군요.

"아무도 고마워하지 않는데, 뭘 팔아서 이 짓을 하느냐?"고 묻더라구요.

그래서 제가 "살다 보면 이런 사람도 있습니다"라고 그랬어요.

이제는 우리하고 아주 친해졌어요. 노인들이 와서 짐을 날라다 주죠. 마음 속에 두려움, 피아, 이런 것이 사라진 거예요. '이 사람 베푸는 사람이다', 이런 것도 없는 거죠. 저는 이런 과정에서 사람이 성숙해진다고 봐요. 보시법회를 통해 그 사람들의 교만이 적어지고 피아 의식도 가라앉는다고 봅니다.

내가 그렇게 함으로 해서 상대방도 똑같이 그렇게 한다?

네, 노숙자들이 다른 사람을 대할 때 말이죠. 그분들도 다른 사람 대할 때 쉬는 마음이 나온다는 거죠.

거창하게 세상 사람들을 위해서 상(相)을 가지고 뭔가 하려고 애를 쓰지 말아라. 네가 상을 가지고 하지 않으면 세상 사람들도 상이 없어진다?

자기가 먼저 평화로워져야죠. 자기 먼저 허공이 돼야 하고.

혹시 원(願)을 가지고 계십니까?

일체중생하고 다 같이 해탈하는 거죠. 그게 원이죠. 일체 중생이 다 깨달음의 세계로 오기를 바라는 거죠.

공부를 새로 시작하는 사람, 초발심을 낸 사람이 "어떻게 공부해야 합니까?" 하고 묻는다면 어떻게 지도해 주시겠습니까?

약산위엄이란 분이 당나라 때 스님인데, 그분이 한 말을 듣고 조주라는 위대한 스승이 평생 마음을 놓았다고 합니다. 어떤 사람이 약산에게 물었어요.

"누가 와서 '어떻게 공부를 해야 되겠습니까?' 하고 물으면 뭐라고 대답을 해야 되겠습니까."

그랬더니 약산이 "개 아가리를 닥쳐라! 이렇게 말해주면 된다"라고 말했어요.

그 당시에는 마을에서 개를 키웠기 때문에, 개가 하루는 이 집에서 얻어먹고, 다음 날은 저 집에서 얻어먹었다고 합니다. '그런 것을 당장 때려쳐라!' 라고 말하라 했어요. 그 말을 듣고 조주 선사가 평생 배가 불렀다고 합니다. 그 의미를 깊이 생각해 봐야 합니다.

우리 모두는 수행자입니다. 수행의 목표는 무엇이 돼야 합니까?

대승불교중에서 한 종파는 '옴마니반메훔'을 많이 외워요. '마니'는 보석입니다. '반메훔'은 연꽃 위에 있다는 거죠. 그러니 옴마니반메훔은 '연꽃 위에 보석이 있다'는 뜻입니다. 거기서 연꽃은 깨달음이고 보석은 자비입니다.

'깨달음은 자비를 낳는다.'

달리 표현해서, 자비가 안 나오는 깨달음은 불교의 올바른 깨달음이 아니라는 그런 의미를 갖고 있어요. 어려운 화두에요. 자기가 공부를 해가지고 자비가 안 나오면 '아, 이거 문제가 있구나!' 하고 아시면 될 거예요. 허허허!

수행의 목표는 자비심?

대승에서는 그렇게 얘기했다는 거예요. 깨달음이 오면 미망(迷妄)이 무너지거든요. 미망이 가져오는 모든 고통을 보게 되는 거죠. 그러면 깨달음이 자비를 가져오죠. 만일 깨달음과 동시에 미망을 보지 못하면, 건혜(乾慧: 메마른 지혜)가 되기 쉽죠.

미망을 보지 못하는 깨달음은 이미지에요, 내가 보기에. 이미지는 미망을 건드리지 못해요. 지식으로는 아상(我相)을 깰 수 없다는 것입니다. 제가 나이 먹어 보니까, 사람을 만나면서, 제 자신을 보면서 확신하게 된 겁니다.

우리 모두가 미망을 보는 깨달음을 해야 되는데, 어떻게 해야 하죠?

모든 불교에 공통성이 있습니다. 참회를 많이 하잖아요. 모든 불교는 기본이 참회입니다. '몇 겁 동안 내려온 탐욕과 미움과 어리석음을 참회합니다' 라고 늘 이렇게 시작하잖아요. 그걸 통해서 자신의 미망을 보는 겁니다.

거사님도 참회를 하시고 계신 것 같군요. 선원에 입주해 계실 때도 하셨나요?

'법을 잘 굴리자' 하면서, 매일 생활에서 저를 보다 보니까. 제가 모난 것도 많잖아요. 못된 것도 많고, 허허허! 그러니 제가 어찌 참회하지 않을 수 있겠습니까? 허허허!

입주해 있을 때는 혼란 속에서 벗어나고 싶다는 것이 강했죠. 지와 행이 괴리되고, 사는 것과 공부하는 것이 연맥이 없고, 그럴 때 어떻게 해야 하는지, 몸으로 깨달은 분은 어떻게 살아가는지, 그런 것을 보고 싶었죠.

1951년 김해에서 출생했다. 32세에 백봉 선생을 만나 입문
했고(1982) 3개월만에 인가를 받았다. 부산에서 서예원을
운영하고 있으며 새말귀선원 선원장으로 있다.
chundang71@daum.net

인터뷰 일시 | 2010년 12월 4일 오후 3시 ~ 7시
인터뷰 장소 | 새말귀선원(부산 광안동)

다 놓아라, 그리하면 누리의 주인공!

먼저 불교에 입문하시게 된 경위에 대해 말씀을 듣고 싶습니다.

저는 어려서부터 낙천적이었죠. 어릴 때 가난해서 밥을 굶은 적도 있었지만 '우리는 왜 이렇게 사나?' 하는 생각이 없었어요. 굉장히 낙천적이었어요. 종교에도 관심이 없었어요. 대학에 들어갈 때까지 불교를 전혀 몰랐죠. 불교를 만난 것은 군대 갔다 와서 복학한 후에요. 군대 가기 전에 서도부, 글씨 쓰는 모임 있잖아요? 그 서도부 회장을 했는데 부회장이 아주 독실한 불교신도였어요. 당시 부회장은 여학생이었는데, 그 부회장이 입만 열면 부처님 이야기를 했어요. 그런데 그분이 저를 좀 쓸 만하게 보았는지, 아니면 내가 회장이라서 그랬는지 거사림회에 저를 데리고 갔어요. 백봉 선생님이 만드셨다는 부산불교 거사림 알죠?

네. 자운 선생님이 회장하셨죠.

그건 모르겠네요. 그 거사림회에 저를 데리고 갔어요. 거기서 처음으로 법문을 들었어요. 76년 제대하고 난 그 직후였는데, 그냥 따라갔지만 법문을 들으며 '뭔가 있긴 있구나' 하는 생각이 들었어요. 그 때까지 나는 누가 종교 얘기하면 "내 자신을 믿으면 되지, 뭘 다른 걸 믿느냐?" 하며 자신 만만했지요. 그런데 그 뒤에 보니까 제 자신을 믿는 것이 맞더라고요. 응 그렇잖아요? 자신이 바로 부처인데….

네. 자기부처 찾는 것이죠.

자기부처 찾으면 자신을 믿는 것이 맞지요. 그런데 그 때는 그런 것은 몰랐죠. 1주일에 한번씩 거사림에 가서 법문을 들었어요. 불교학개론 책을 내신, 승려하시다 환속한 분인데, 성함이 지금 생각이 안 나는 분이 고정적으로 법문을 했고 무진장 스님, 이기영 박사, 통도사의 지안 스님, 이런 분들이 번갈아 나오고 또 다른 스님도 오셔서 법문을 했어요. 한 1년 넘게 들었을 거예요.

저를 거사림에 데리고 간 사람은 처음에만 동행했어요. 처음 저를 데려다 주더니 그 다음은 알아서 하더라고요. 그 사람이 굉장히 착실했어요. 성실하고 행이 아주 좋았어요. 그러니 내가 따라 갔겠죠. 그 사람

이 저에게 책을 한 권 권했어요. 권했다기 보다는 그냥 지나가는 말로
"김일엽 스님의 《청춘을 불사르고》라는 책이 나왔는데 시간 나면 한번
보세요."라고 말이죠. 어느 날 보수동 헌책방 골목에 갔다가 문득 그 책
생각이 나서 240원 주고 샀어요. 굉장히 쌌어요.

가격까지 기억하시는군요.

책을 읽어보니, 뭐 소설처럼 되어있는데 말귀를 못 알아듣겠어요. 불
교용어가 나오는데, 도저히 무슨 말인지 모르겠어요. 그러나 뭔가 있
는 것 같아서 사흘을 밤샘하며 세 번을 읽었어요.

그 당시 불교에 상당히 몰입했어요. 부산에서 법회가 있다는 소식만
들으면 어디든 달려갔어요. 한 때는 경봉 스님이 대중법문을 하러 부
산에 오셨어요. 한 달에 한번쯤 오셨을 거예요. 부산시민회관 대강당
빌려 했는데 사람들이 굉장히 많이 왔어요. 스님 법문을 듣는 데 대충
다 알아 듣겠더라고요.

그런데 못 알아들은 게 딱 하나 있있어요. 어느 날 일본 사람이 경봉
스님에게 절을 했어요. 그리고 경봉 스님이 손을 내라 했는지, 안 그러
면 일본 사람이 먼저 손을 내밀었는지, 뭐 악수하려고 내밀었는지는
모르겠는데, 손을 내밀었어요. 이렇게 손을 내밀었는데 경봉 스님이
그 손을 손바닥으로 탁 치셨어요. 그런데 그 일본 사람이 그렇게 좋아
하는 거예요. 그게 이해가 안 갔어요. 왜 좋은지. 손 한번 치는 게, 뭐 그
리 좋은지 이해가 안 갔어요.

그 무렵 백봉 선생님의 설법을 듣게 되셨죠?

그 때 제가 불교에 반쯤 미쳐가지고 있으니까 집안 식구들이 다 알게 되었지요. 불교서적, 불광 책, 이런 것들이 집에 쌓이고 있었고, 나는 또 독경도 했어요. 우리 집에 낡은 유성기가 하나 있었는데 독경 레코드판을 사서 그것을 듣고 똑같이 따라 했어요. 곡조, 액센트까지 똑같이 했어요. 그러니 여동생도 제가 불교에 반쯤 미쳤다는 것을 알고 있었죠.

여동생이 어느 날 서울 갔다가 기차를 탔는데, 옆자리에 백봉 선생님 문하에서 공부하는 분이 앉은 거예요. 내 생각에는 서운 선생님의 동생인 서암 선생님이었던 것 같아요. 둘이서 이런저런 이야기를 하다가 불교 이야기가 나왔고 동생이 제 얘기를 한 겁니다. "우리 오빠도 불교에 반쯤 미쳐 있다."고 말이죠. 그래서 그분이 동생에게 알려준 겁니다. '백봉 선생님이라는 분이 계신데, 이 분이 광복동 미화당 예식장에서 금요일 7시부터 1시간 동안 법문을 하신다.' 고요.

저는, 그 때는 '누가 어디서 법문 하신다' 하면 무조건 갔어요. 포스터가 붙거나, 신문에 나오면 쫓아다닐 때였으니까 당연히 갔죠. 예식장에 갔더니 법문하기 전에, 보림선원 예불 있잖아요. 지금 우리 선원도 그렇게 하지만, 그 예불을 하는데 《반야심경》을 한글로 하는 거예요. 반야심경을 한글로 하니까 조금 이상하더라고요. 거사림이나 부산대학교 불교학생회 행사를 할 때면 반야심경을 한문으로 하고, 그 다음에, 뭐 '양족존(兩足尊: 두 발을 가진 존재중에서 가장 높은 이라는 뜻으로, 부처님을 높여 이르는 말)' 이런 것도 했는데 내가 그런 물에 젖어있었던 겁니다. 그래서 이상했죠. '어, 그래? 사이비 종교가 많다던데, 혹시 사이비종교가 아닌가?' 하는 의심을 했어요. 그런 의심을 하게 된 결정적인 이유는 제가 선생님의 금강경 법문을 한마디도 못 알아들었다는 거예요. 한 시간 동안 법문 하셨는데도 말이죠. 저는 경봉 스님 법문도 다 알아 들었거든요. 손바닥 치는 것만 못 알아들었지, 다 알아 듣는다고 생각 했는데 백봉 선생님 법문은 하나도 못 알아들었단 말입니다. 그러니까 의심이 안 가겠습니까?

불교가 아닌 무언가 이상한 것 같다?

《반야심경》도 한글로 하고 뭔가 좀 이상하다고 느꼈지만 의심이 강하지는 안 했어요. 법문 후에 여동생이 말한 사람을 찾았지요. 기차에서 여동생 옆 자리에 앉았던 그 사람 말입니다. 거기 계시더라고. 서로 "반갑다"고 인사를 나누었어요. 그분이 남천동에 있는 선원으로 한번 오라고 초대했습니다.

그래서 혼자서 선원을 찾아 갔어요. 일요일이었습니다. 용맹정진 1주일 전이었어요. 1977년, 12월말쯤. 3학년 마치고 4학년 올라가기 전이었죠. 법회에서 만난 분은 없었고 서운 선생이 저를 맞았어요. 그 당시에는 영감이 아니었지만 수염이 길어 영감처럼 보였어요. 그리고는 대원경 보살님을 만났지요. 그 때가 막 저녁공양을 하려는 때였어요. "왔으니 공양이나 하고 가라"고 하셔서 앉아서 공양을 했습니다. 잘 얻어먹었어요. 그런데 곰국이 나오더라고요. 좀 이상했죠. '뭐, 선원에 곰국이 나오나?' 절 물에 젖어 있었으니 '선원이라는 데는 이런 거를 먹어서는 안 된다' 하는 고정관념이 있어 그런 생각을 했습니다.

먹고 나니 서운 선생님께서 저한테 질문을 하더라고요. "학생, 공부가 얼마가 되었나 보자!" 이러시더라고요. 제가 그 때 얼마나 무식했나 하면 '뭐, 대학 정도 다녔으면 되었지, 공부는 무슨 공부야?' 하고 생각하고 가만히 있었어요. 뭐라 뭐라 하시는데 무슨 말인지도 모르겠고 그래서 대답을 안하고 있으니 더 이상 묻지 않으시더라고요. 그리고 저한테 "1주일 있으면 우리 선원에서 1주일 철야정진을 하는데, 학생 올랑 가?"하셨어요. 바로 "오지요!"하고 대답했습니다. 선원을 나오는데 《절대성 상대성》 책을 한 권 주시더라고요.

백봉 선생님을 만나지는 못하셨나요?

네, 만나지 못했습니다. 저녁 공양도 방에서 따로 드셨어요. 조금 편찮으시다는 말씀을 들은 것 같아요.

《절대성 상대성》이라는 제목을 보며, '그래 아인슈타인의 상대성 이론이 있지! 나도 공대 출신인데 《절대성 상대성》 그게 뭐 별것 있겠나!' 하는 생각이 들었습니다. 집에 와서 그 책을 펴 들었지요. 뭐 좀 못알아 들을 말로 시작하잖아요. 머리말 끝에

"인연이 있으면 오고, 인연이 없으면 가라, 그러나 인연의 당처(當處)가 비었음을 알면 가다가 돌아오라."

도저히 못 알아듣겠어요. 다 못 알아듣겠어요. 책장을 넘겨 첫 페이지를 읽으려니 도저히 진도가 안 나가는 거예요. 그래서 바로 던져버렸어요. 그리고 안 읽었죠. 그런데 고민이 생겼어요. 철야정진 날은 다가오는데 자신이 없는 거예요. 그때 제가 몸이 아팠어요. 결핵성 늑막염이 폐까지 진행되어 치료받고 있던 중이었거든요. 몸이 아프니까 아무래도 자신이 없는 거예요. 결국 못 갔죠, 약속은 했지만. 약속을 하고 못 가니 다음에는 미안해서 못 갔어요. 법문 들으러도 못 가고, 선원에도 못 가고, 미안해서 한번도 못 갔어요. 그렇게 해서 세월이 흘렀습니다.

대학 졸업하기 전에 금성사에 취직했어요. 부산공장에서 1년쯤 일했는데 부산공장이 없이지면서 서울 본사로 발령이 났습니다. 저는 그때 신혼이었어요. 집사람은 대학 서도부에서 만났지요. 서울에서 하숙하면서 '서울생활 할 만 하면 모두 올라오고, 아니면 도로 내려가야겠다'는 생각을 하고 있었어요. 본사 생활은 할만 했어요. 그 때 제 옆자리에 누가 있었는지 알아요? 양봉환 씨라고.

예, 선원에 나왔지요.

그래요. 저는 늘 백봉 선생님 만나야 한다고 생각했어요. 그때 미안해서 못 갔지만 '다시 가야 한다'는 생각이 늘 있었습니다. 집사람과 결혼하기 전에 데이트를 하면 항상 대각사를 먼저 갔어요. 법당에 가서 둘이서 우두커니 앉아 있었어요. 참선이 무엇인지도 모르고, 앉는 방법도 모르고 그냥 앉아 있었죠.

그러다 참선의 필요성을 느꼈어요. 그래서 《선입문(禪入門)》이란 청담 스님이 지은 책을 샀어요. 그 책을 읽어 보니 참선이 너무 어려워요. 뭐, 열 몇 단계로 나누고, 하여튼 너무 어려운 거예요. 거기다 결정적인 것이 '혼자 하다가 잘못되면 미쳐버린다' 는 거예요. 미치면 안되죠! 그러니 스승을 만나야 했어요. 그러다가 백봉 선생님 법문을 들었는데, 그 이후 계속 '아, 참선을 해야 될 건데. 그러면 스승을 당연히 만나야지.' 하며 백봉 선생님을 늘 생각했어요.

한번밖에 안 뵀는데도 불구하고 늘 생각을 하셨군요.

양봉환 씨하고 간혹 가다 불교 이야기를 했어요. 연말연시 연휴를 보내고 양봉환 씨하고 휴가 이야기를 나누는데 양봉환 씨가 보림선원에서 용맹정진을 하고 왔다는 거예요. 양봉환 씨는 서울대 철학과를 나왔는데 대학 때 이미 보림선원을 알았대요. 선원에 갔다 온 얘기를 들으니까 막 화가 나더라고.

"아니, 이 사람이! 나도 불자인지 알면서 자기 혼자 살짝 했단 말이야!"

그래서 막 화를 냈죠.

그랬더니 "아니! 이 형은 집에 부인도 있고 하니까, 집에 가야 될 것 아니냐?"고 하더군요. 그 때 집사람이 애를 가지고 있었던가, 아니면 애가 갓 태어났을 때였어요. 그런 일을 겪으니 백봉 선생님이 더 생각이 나죠. '만나야 될 텐데, 만나야 될 텐데', 더 생각이 나죠.

그 무렵 다시 부산으로 내려가기로 작심했습니다. 집사람이 선생이니 '혹시 서울로 옮길 수 있을까?' 해서 알아보았지만 안되더라고요. 서울에서 전세 살 돈도 안 되고, 그래서 마케팅본부 본부장님한테 부탁을 했어요. 올라간지 7-8개월쯤 지났을 때였습니다. 우여곡절 끝에 다시 부산에서 근무하게 되었어요. 본사 소속으로 부산에서 영업을 했습니다. 이 때 야청 선생님을 만났지요. 저를 두 번째 보림선원으로 인도해주신 분입니다.

어떻게 만나셨어요?

제가 담당하는 한 카 오디오대리점 사장이 야청 선생하고 초등학교 때부터 친구였어요. 부산에서는 꼬치친구라고 합니다. 이 사장과 저는 만나면 사주팔자, 성명철학, 이런 이야기를 자주 나눴어요.

어느 날은 "자기 친구중에 서울법대를 나온 사람이 있는 데 사주에 대단하다"는 겁니다. 만나 보고 싶었어요. 그래 찾아가 만났지요. 만나 보니 부산고등학교 선배였습니다. 만나 사주 이야기를 하는데, 바로 나보다 한 수위, 아니 몇 수 위라는 것을 알았어요. 저는 사주는 깊이 공부하지 않았어요. 수상(手相)에 제일 밝았고, 성명학에 밝았어요. 사주 공부 하려고 애는 썼죠. 속으로 '졌다' 하고, 이런저런 이야기를 나누었습니다. 그런데 내가 사주 봐 달라고 하는 것으로 말을 잘못 듣고 "좋다. 7회 후배니까. 생년월일 대봐라"고 하더라고요. 그래서 대줬죠.

사주를 보더니 대뜸 "종교 가진 거 있지?"하고 묻는 거예요.

"없어요"하고 잡아뗐어요.

그런데 "먹고 사는 거는, 내가 니보다 낫다. 그런데 수행에 들어가면 니가 나보다 낫겠다. 수행을 하면 대성할 사주다"라는 겁니다.

엄청나게 기분이 좋았어요. 속으로 굉장히 기분이 좋았어요. 그 후 이런저런 이야기를 하다가 "그건 그렇고, 선원에 한번 가볼래?"하시더군요. 그래서 "무슨 선원인데요?"하고 물었더니 "보림선원이야"하시며 백봉 선생님이야기를 딱 해요.

큰 환희심이 일어났어요. 속으로 "쾌재다"하고 외쳤습니다. 그래서 딱 붙들고 "소개 좀 시켜주십시오"하고 부탁했죠. 그래서 보림선원에 다시 가게 되었습니다. 그게 82년 초, 구정 하루 전날이었어요. 음력으로는 섣달 그믐날이고, 토요일이에요. 그때 보림선원 골목 입구에 다방이 하나 있었는데, 2층에 종다방이라고 있었죠? 거기서 만났어요. 다방에 나갔더니 한 사람이 더 있더군요. 노 거사입니다. 노 거사 알지요?

예. 노규현 거사.

나이는 나와 비슷하게 보였는데 부산시내 청년회의 법사를 했던 것 같아요. 서로 인사를 하고 같이 선원에 갔어요. 노 거사는 이미 백봉 선생님하고 인연이 있는 것 같더라고요. 그 날 《선문염송》 법문을 들었습니다. 그런데 무슨 말인지 정말 못 알아 들었어요. 설법이 끝나고 학인들이 돌아간 후 백봉 선생님한테 인사를 시키더라고요. 삼배하라고 해서 절을 했는데 선생님이 본 척도 안 해요. 그냥 뭐 '받았나?' 이런 식이고, 묻지도 안 해요. 야청 선배가 "나가자"해서 나가려는데, 선생님이 "공양했느냐?"고 야청 선배한테 물어요. "안했습니다." 하니 "그럼, 공양하고 가라"고 하세요.

법당 옆에 부엌이 있잖아요. 거기서 셋이서 공양을 했어요. 반찬은 형편없었는데, 배가 고프니까 맛있게 먹었습니다. 밥을 탁 먹고 나서 제가 야청 선배한테 그랬어요.

"선배님, 저는 지금부터 선배님이 죽으라 카면 죽겠습니다."

그러니까 야청 선배가 ""야, 이 사람아! 와 내 죽으라면 죽나! 선생님이 죽으라면 죽어야지." 하더군요.

그래서 "아! 그렇지요. 선생님이 죽으라면 죽겠습니다."라고 말했습니다.

왜 그렇게 되었는지 모르겠어요. 법문은 한마디도 못 알아들었고 겨우 두 번 만났을 뿐인데. 그러나 '이 분이야 밀로 부처님과 다름없는 분이구나.' 하는 생각이 들었습니다.

그 당시 저는 백봉 선생님에 대한 정보도 전혀 없었어요. 어떻게 공부하셨는지도 몰랐어요. 다방에서도 묻지 않았고 야청 선생이 미리 이야기해 주지도 않았어요. 그런데도 그런 생각이 들은 거예요.

참 이상하죠, 지금 생각해 보면! 뒤에 생각해 보니 '죽으라면 죽겠다'에 사실은 생사문제가 반쯤 해결이 되었어요. 죽겠다 했으니까 말

이죠. 스승이 '너 죽어라!' 하면 죽겠다는 생각이 사실이었거든요. 부
풀린 것이 아니고.

상상할 수도 없는 일입니다.

그건 모르겠어요. 다른 분은 어떻게 했는지 모르겠어요. 하여튼 그
날부터 빠지지 않고 법문을 들었습니다. 그때는 법문을 매일 하셨거
든요. 저녁마다 하셨는데 하루도 빠지지 않았고 지각도 하지 않았습
니다.

영업을 하는 사람이 어떻게 그럴 수 있었습니까?

제가 하는 일은 여름에 바빠요. 겨울에는 일이 없었습니다. 회사에
출근해서 출근부에 사인하고 대여섯 개의 식음료 회사를 한 바퀴 도는
것이 일이었어요. 가서 얼굴만 익히는 겁니다. 그래야 우리 쪽으로 물
건을 주니까. 겨울에는 일이 그랬으니 저녁 7시에 하는 법문을 듣는 데
어려움이 없었습니다. 그런데 법문을 알아들을 수가 없어요.《선문염
송》을 어떻게 알아듣습니까?

하루는 애천이가 컵을 뒤집었다 바로 하니까 백봉 선생님이 바로
"학교 다 때려치워라"하며 좋아하시더군요. 저는 처음부터 완전히 몰
입이 되었던 것 같아요.

1주일인가 열흘인가 지났을 때 마곡과 양수 스님이야기가 나왔는데

백봉 선생님이 문제를 거셨어요. 마곡 스님이 밭을 갈다가 저 뒤에 어떤 스님이 오는 것을 보고는 호미를 내려 놓고, 아니 호미를 들었던가, 방장실로 들어가 문을 잠가 버렸어요. 그래 양수 스님이 방장실 문을 두드렸어요.

그러니 "누구냐?"하고 마곡 스님이 묻습니다.

거기서 양수 스님이 "양수입니다"라고 대답하는데, 그 자리에서 양수 스님이 깨쳤다는 대목이 나와요.

백봉 선생님이 여기서 "마곡 선사는 문을 잠가놓고 '누구냐?' 했다. 나는 문을 열어 놓고 '누구냐?' 하겠네. 대답해 봐라!"하고 문제를 걸었어요. 그런데 아무도 대답을 안 해요. 되게 고수처럼 보이던 분들이 조용해요.

고수처럼 보였다고요?

내가 간지 얼마 안 되었을 때죠. 처음에는 전부가 고수처럼 보이죠. 실제로 고수들도 있었겠죠, 오래 하신 분들 있었으니까. 그런데 아무도 대답을 안 하는 거예요. 그런데 '이러면 안 되나?' 하는 생각이 싹 들어요. 그러나 자신이 없어 나서지 못했어요. 그런데 그날 저녁에 야청 선배와 그 이야기를 하게 됐어요. 무슨 바람이 불었는지 노 거사와 나, 그리고 민 거산가 해서 서너 명이 야청 선배 집에 놀러 갔거든요. 갔더니 야청 선배가 "요즘 선생님 법문 뭐 하시노?"하고 묻더라고요. 그래서 내용을 줄줄 외는 내가 쭈욱 이야기를 했죠. "이래하고 선생님이 이렇게 문제를 내셨습니다."

"오! 그래? 문제를 잘 내셨네."

"아무도 대답을 안 했습니다."

"그래?"

"그런데 나도 모르게 대답이 나왔는데, 왜 대답이 나왔는지는 모르겠습니다."

"대답이 뭐꼬?"

" '백봉!' 이라면 될 건데, 뭐얼, 뭐얼, 뭐얼."

"그래! 답은 맞는데, 와 그렇노?"

거기서 막혔어요.

그렇게 법문을 들으시며 수행을 하셨을 텐데 어떻게 수행하셨습니까?

저는 수행하는 방법을 백봉 선생님에게 한번도 물은 적이 없습니다. 물어야 되는 줄을 몰랐어요. 너무 무식했습니다. 그렇지만 법문만 들어도 아주 재미가 있었어요. 한마디도 못 알아들었지만 그 보다 재미있는 게 없어요.

못 알아들으면 답답한데? 미칠 것처럼 답답한 그런 것이 없었어요?

답답한 거 보다는 재미가 있더라고요. 못 알아들으면서 재미가 있더라고요. 그 참 희한하죠. 답답한 것도 있었겠죠, 못 알아들으니까. 그런데 답답한 마음도 있으면서 재미있었어요. 그냥 듣는 자체가 재미있었어요.

법문을 들은 지 2주일 쯤 됐을 때 노 거사가 저를 보고 "내가 볼 때 이 거사는 불교가 발바닥인 것 같아"라고 하더군요. 나와 이야기를 해 보니까 불교의 기역자도 모르는 것 같다는 겁니다. 그래서 내가 물었어요. "어찌 하면 되겠소?" 그랬더니 자기가 도와주겠답니다. "백봉 선생님께서 지금 《선문염송》을 법문하시는 데 《선문염송》의 원본을 대학노트에 적어줄 테니 그것을 미리 보고 오면 수월하지 않겠나?"는 겁니다. 내가 "그거 참 좋은 일이나, 정말 고맙다"고 인사했습니다. 그 때부터 노 거사가 백봉 선생님 방에서 원본을 베껴 가지고 나한테 주었어요. 《선문염송》을 보면 원본이 있고 다음에 선사들의 이야기가 나오잖아요?

오직 본문만? 강론은 없고요?

예, 본문 만. 백봉 선생님이 원고를 쓰시면서 법문을 하셨기 때문에 강론은 노 거사도 볼 수 없었죠. 책이 나오기 전이었거든요. 원고를 함부로 볼 수 없잖아요. 그러면서 토요일 철야정진을 했는데, 첫날은 생생하게 잘했죠. 누구나 첫날은 잘 하지요?

두 번째 철야정진을 하는데 문제가 있었어요. 밤에 참을 먹는데, 12

시에서 1시 사이에 참을 먹잖아요. 라면을 주데요. 그 때 라면을 좀 배부르게 먹었어요. 1시에 다시 앉으니까, 졸음이 오기 시작하는데, 야! 도저히 졸음을 쫓을 기력이 없어요. 그날 대리점 사장들하고 영업부 직원들하고 축구시합이 있었는데 선수가 없어 저까지 뛰었어요. 축구 끝나고 회식하러 갈 때 빠졌죠. 법문을 들어야 하니까요.

졸음을 참다 참다 노 거사에게 살짝 물어봤지요.

"나 오늘 이래서 잠이 와 못 참겠다, 어떻게 해야 돼요?"

그러니까 노 거사가 "뒤에 인천 보살 방에 가, 살짝 눈 좀 붙이고 오소!" 이러드라고.

그 때가 새벽 2시나 3시쯤 되었을 거예요. 그래서 인천 보살님 방으로 가 문을 살며시 열어보니 인천 보살님은 저 안쪽에 주무시고 문쪽으로 학인 둘이 자고 있더라고요. 방이 조그만 해요. 장골 둘까지 있으니 내가 누울 자리가 없어요. 밀어서 문간에 틈을 만들고 누웠죠. 아마 한 두 시간 지났는가 봐요. 목탁소리가 들려요. 새벽에 목탁 치잖아요, 예불하기 전에? 두 친구들은 일어날 생각을 안 해요. 깨웠죠. 아마 둘이서 한 잔 했나 봐요.

예불시간에 안 나오면 선생님 불호령이 떨어지죠.

나가니 선생님이 서 계셨어요. 철야를 한 사람은 옆이나 앞에서 나오는데 나는 뒤에서 나갔지요. 그것을 보셨나 봅니다. 그 때는 예불하고 나면 바로 선생님 방에 들어가서 선생님한테 삼배를 드렸어요. 철야

한 사람 모두가 빙 둘러서서 삼배를 드려요. 삼배를 드리고 서 있으면 '주우욱' 둘러보시죠.

저는 선원에서 입을 거의 안 열었죠. 뭘 알아야 입을 열죠. 그리고 신참인데 무슨 입을 엽니까? 백봉 선생님이 저한테 뭐라고 하신 적도 한 번도 없었어요. 그런데 이렇게 저를 쳐다보시더니 "이 거사!'"하고 부르셨어요.

"예"

"철야 했는가?"

"예!" 했지만 참 뜰뜨름 하죠.

선생님이 "그것 참 큰 공덕 짓는 거네."하고 말씀하셨는데, 그 때 태어나고 나서 처음으로 머리가 뒤부터 '쭈뼛쭈뼛' 서는 것을 느꼈습니다. 식은 땀까지 났습니다.

'아이구! 선생님이 아셨구나!'

그 때는 선생님이 저를 보신 줄 몰랐습니다. 그냥 '아셨구나! 다 아시는구나, 선생님은! 이제부터는 절대 졸면 안 되겠구나!' 하고 생각했습니다. 사실 그 이후로는 졸지 않았습니다. 신생님 방문을 자고 들어갈 때까지 그 이후 한번도 졸아 본적이 없습니다.

노 거사가 염송 본문을 적어주었는데 공부에 도움이 되었나요?

그럼요! 노 거사는 은인입니다. 정말 저한테 대단한 은인입니다. 야청 선생님도 저한테 대단한 은인이고 노 거사도 대단한 은인이죠. 노 거사가 글을 적어주면 저는 무조건 외웠습니다. 따로 공부할 방법을 모르니까 그냥 외웠어요.

그런 것을 잘 외우셨나 봐요.

아니요! 저 암기력이 별로 안 좋았어요. 그렇지만 외우려고 마음먹는데 안 외워지겠어요? 10번, 100번 하면 안 외워지겠어요? 그걸 잘 외우는 방법은 현장을 생각하는 거예요. 선사들이 문답을 하는 그 현장에 마치 내가 있는 것처럼 말이죠. 그러면서 한 대목, 한 대목을 생각해 보는 거지요. 다 화두거리잖아요.

'왜 이랬을까? 왜 이랬을까?' 그러나 하나도 모르겠어요. 처음 선사가 물은 문제도 모르겠고, 답도 모르겠고, 아는 게 하나도 없어요. 그렇지만 그걸 계속 생각하는 거예요. 선생님은 하나를 가지고 보통 사나흘 이상 법문하셨어요. 선사들의 게송이 많이 붙어있으면 일주일 이상 하기도 하셨어요. 그러면 저는 일주일 동안 똑같은 것을 가지고 있는 거예요. 내가 외운 것을 가지고 선생님이 법문을 하시니 재미있었어요. 못 알아들어도 '아! 요렇게 이야기 하시는구나' 하고 받아들였어요. 그런 식으로 공부를 했어요.

한 대목 끝나면 또 외우는 거예요. 노 거사가 계속 적어 주니까. 외우고 또 생각하는 거예요. 그러니까 결과적으로는 자동적으로 화두가 참구되는 거예요. 화두가 바뀌면, 바뀌는 대로 참구가 되는 거예요. 거래선을 만나러 갈 때 버스를 타면 버스 안에서 처음부터 한 대목, 한 대목씩 생각하고 버스에서 내려 걸어가면서 또 한 대목, 한 대목 생각했습니다.

수위실에서 "누구 좀 만나러 왔습니다."하고는 "잠깐 기다려라." 하면 또 자동적으로 생각이 났어요.

화두가 안 잡히는 시간이 길었던 적은 없었나요?

그런 적은 없었어요. 자동적으로 들렸어요. 처음에 제가 백봉 선생님이 죽으라면 죽겠다는 심정이 되어 버렸는데, 뒤에 생각해 보면 그 때 공부가 반쯤 되었을 것이라고 서두에 말씀 드렸는데, 실제로 참구가 시작되면서 일상에서 회사라든지, 처자라든지, 이런 것들이 안 보이기 시작했어요. 일제 안 보이는 거예요. 눈치를 보아야 할 때가 있어도 그게 안 보이는 거예요. 그럼 상대가 눈치를 주지요. 그럴 때는 그냥 "죄송합니다" 했지요. '이런 것 때문에 회사에서 잘린다면 잘려 주지 뭐.' 하는 심정이었어요.

알겠습니다. 그렇게 백봉 선생님의 법문을 들으실 때에 큰 느낌으로 다가온 것이 있었습니까?

다른 것은 별로 기억이 안 나고, 큰 느낌인지 작은 느낌인지는 모르겠는데, 단지 어느 날 백봉 선생님께서 법문중에

"견성, 그거 쉽다."

고 하신 게 많이 와 닿았어요. 그리 말씀하신 의도는 아마 따로 있겠

죠. 그런데 저는 그 이야기를 들으면서 '아! 그러면, 그게 되는 것이구나' 하고 생각했어요. 그 때까지는 견성을 정말 어려운 것으로 알았죠. 선입문에서는 18단계 정도를 거쳐야 된다고 했어요. 그래서 보통사람들은 그게 안 되는 줄 알았는데, 그 때 '그게 되기는 되는 거구나!' 하고 생각했습니다. 그러나 그 생각도 곧 잊어먹었어요.

몰입하면서 흥미로운 체험도 있었죠?

계속 법문을 들으며 몰입해서 수행하고 있으니까 평소와는 다른, 이상한 일이 일어나기 시작했어요. 나는 참 무식했어요. 그런 증세에 대해 아는 게 없었어요. 어떤 이상한 증세가 나타나면 선생님한테 그걸 질문해야 되는지, 이런 것도 몰랐어요. 가르쳐 준 사람도 없었어요. 진짜 무식했거든요. 선생님께서도 그런 이야기는 안하셨어요.

어느 날 토요정진 때 앉아 있는데, 그 당시 선방 벽지에 야구공처럼 생긴 무늬가, 방울방울 이렇게 있었어요. 아래와 위의 무늬가 달랐어요. 아래에는 야구공처럼 똥글똥글한 무늬가 있었어요.

저는 벽을 주로 보고 앉았어요. 처음에는 바닥을 보고 앉았었는데, 잘 안돼서 돌아서 벽을 쳐다보고 무늬를 응시했어요. 그리고 선생님께서 법문하시는 내용, 선문염송을 하나하나 다시 했어요 제 나름대로. 하루는 이렇게 쳐다보고 있는데 갑자기 커지는 거예요. 어! 손톱만한 무늬가 점점 커지는 거예요. 계속 커지더니 나중에는 벽 전체, 지붕처럼 커지는데, 아! 약간의 두려움이 생겨요. '아! 이게 나를 누를 수 있겠구나!' 그러니 줄어지더라고요.

그런 경험을 했고, 그 다음은 토요 정진중에 생긴 일인데, 방바닥에 부처님 상이 탁 나타났어요. 내 눈앞에. 그 때는 방바닥을 바라보고 앉았어요, 면벽이 아니고 바닥을 쳐다 보고 있었어요. 저는 눈을 반듯이 뜨고 앉았어요. 반쯤 감은 게 아니고요. 잠이 오면 눈을 더 크게 떴죠. 가능하면 눈을 떴어요. 안 그러면 졸음이 올지 모르니까. 그래도 졸음이 오면, 그때 추웠어요, 초봄이었거든요. 그 때는 법당이 춥잖아요?

예, 그렇지요.

토요정진 때는 법당 불을 다 끄잖아요. 혼침이 오면 법당을 몇 바퀴 돌아요. 혼침이 오면 앉았을 필요가 없거든, 앉아봐야 소용이 없으니까. 그래서 혼침이 온다 싶으면 살짝 일어나서 문 열고 나가 법당을 돌고 다시 초롱초롱 하게 되면 들어와 앉았지요. 그런데 그 부처님 모양이 방바닥에 탁 나타났는데, 선생님 말씀이 생각이 났어요. 그때는 선생님이 한번 말씀하셨던 것 같아요.

"'아니다! 아니다!' 라고 해라."

그래서 '이거는 아니다! 아니다!' 하니까 탁 사라졌어요. 그런 경험이 있었고, 그리고는 어느 토요일 밤에 앉았는데 갑자기 몸이 아픈 거예요. 젊은 나이에! 서른둘인가 했으니까 젊죠. 평상시에 몸이 아픈 데도 없었고, 무리하게 쓴 것도 없는데 갑자기 몸이 아프기 시작하는 거예요. 배가 아픈, 그런 것도 아니면서 온몸이 그냥 아파오는데, 도저히 앉아 있기가 힘들더라고. 몸이 비틀어지는 것 같이 아픈데 그때 '사나이로서 뭐 좌선하다가 죽는 것보다 멋진 일이 어디 있나?' 이런 생각이 일어났어요. '네가 죽나, 내가 죽나 한번 해보자!' 이랬어요.

참 대단하셨어요.

막 참았어요. 그냥 참았어요. 괴롭다는 생각도 들었지만 '죽기밖에 더 하겠나?' 하면서 두 시간을 버티니 괜찮아 지더라고요. 그런 것도 있었고.

하루는 본사에서 긴급한 오더가 떨어졌어요. 그것을 해결하려 하다 보니 법문시간이 다 된 거예요. 그래서 법문을 듣고 와서 끝을 맺으려고 일단 보류했죠. 그날 백봉 선생님에게 삼배를 올리니까 "이 거사, 공양했는가?"하고 웃으시면서 물으세요. 평소에는 묻지를 않으셨는데 그날은 물으세요. 나는 결혼을 했으니까 '이 거사'에요. 총각은 나이가 저와 비슷해도 "최 군", "이 군" 그랬지요.

제가 "공양 못했습니다." 했더니 "밥을 굶어가면서 공부를 하는구만. 밥을 굶으면 되나, 이 사람아!" 하셨어요. 법문 전에 공양한 적은 한번도 없었어요. 항상 마치고 나서 밥을 먹었죠.

"저 법문 마치고 나서 공양합니다."했더니

"응, 응, 그래!" 하며, 웃으시더라고요.

인사를 드리고 남은 업무를 처리하려고 다시 영업부로 갔지요. 안락

로타리에 도착해서, 지금은 로타리가 아니죠, 로타리가 이렇게 있는데, 캄캄해요. 주변이 전부 캄캄해요. 저 쪽에 제가 가야 하는 사무실만 불이 켜져 있었어요. 버스에서 내려 걸었어요. 몇 발자국을 걷는데 갑자기 내 몸이, 걸음이 안 걸어지는 거예요. 허공에 뜬 것과 같은 느낌, 그러면서 걸음이 안 걸어져요. '아, 이상하다? 왜 걸음이 안 걸어지지?' 걸으면서도 계속 걸음이 안 걸어지는 거예요. 몇 초간 지속됐어요. 그러다가 다시 발바닥에 감각이 오더라고요.

그 다음에는 낮이었어요. 사무실에 들렀다 퇴근하려고 육교에 발을… 사무실이 육교 건너에 있었거든요. 그래서 육교를 올라가려고 계단에 발을 올리는 순간에 갑자기 웃음이 터져나오는 거예요. 그냥 막, "히히하하하!" 미친 것처럼 말이죠. 사람들이 쳐다보았어요. 아무 생각이 없이 그냥 웃음이 터져 나왔어요. 이유를 모르겠어요.

그러다가 어느 날 꿈을 꾸는데, 새벽녘에 꿈이 깰까 말까 그런 때였을 거예요. 꿈을 꾸는데, 보림선원 앞마당이 나타나고 이렇게 높고 길쭉한 책상 같은 것이 마당에 하나 놓여있어요. 그리고 책상 양쪽으로 걸상이 놓여 있어요. 수염을 기른 승려가 서하고 눌이서 쳐다보고 있었는데 약간 거리가 떨어졌어요. 그 승려가 저보고 물어요.

"너 누구냐?"

저는 그 말이 떨어지자마자

"묻고 있는 너는 누구냐?"

하고 물었어요. 그런데 그 짧은 대화를 듣기 위해서 누군가가 옆에 앉아요. 걸상을 당겨서 앉아요. 집사람하고 중학교 동기인 이춘화 선생이었어요. 이 선생이 이렇게 앉는 걸 보면서 "묻고 있는 너는 누구냐?" 하고 묻는데 갑자기 꿈에서 깼어요. 꿈이 깨면서 가슴에서 이렇게 (춘당 거사는 두 팔을 크게 벌렸다) 광명이 방사상으로, 환하게, 끝없이 나오는 거예요. 깨면서 나왔는지, 그 후였는지는 조금 불분명해요.

참! 신기한 일이군요!

그 느낌이 너무나 상쾌해요. 몸도 가뿐하고, 정말 마음상태도 상쾌하고, 그래서 나도 모르게 벌떡 일어나 백봉 선생님이 계신 쪽을 향해서 삼배를 올렸어요. 나도 모르게 삼배를 올렸어요. 그리고는 '참, 이상하다!' 하면서 회사에 출근해서 일을 했어요. 그날은 참구를 안한 것 같아요. 왜 안했는지 모르겠어요. 저녁에 법문 들으러 갔는데 그날 "만리장공(萬里長空)과 일조풍월(一朝風月)"을 이야기 하셨어요. 법문을 하시며 선생님이 학인들에게 질문을 하셨어요.
"민 군, 이야기해 봐라.", "이 군, 이야기해 봐라."
뭐, 이런 식으로 하잖아요. 그런데 학인들이 대답을 못하는 거예요. 그런데 저에게는 문제가 아주 쉬웠어요. 그날은 다 알아 들었거든요.

그 꿈 이후에는…

그 이후로는 다 알아들었어요. '이리 쉬운 것을, 선생님이 이렇게 알아듣기 쉽게 설명을 하시는 것을 왜 학인들이 대답을 못하지?' 하는 생각이 들었어요. 선생님의 표정을 보니 약간 답답한 것 같은 느낌이, 실제로는 답답하지 않으셨겠지만, 하도 대답을 못하니까 그런 느낌이 들었어요. 선생님이 답답해하시는 거 같아서 나라도 좀 대답을 해야 하겠다는 생각이 들었어요. 그래서 "선생님, 제가 한 말씀 드려도 될까요?"하고 나섰습니다.

처음으로?

그렇죠. 다른 사람도 깜짝 놀랐을 겁니다, 처음으로 입을 열었으니까. 선생님이 "그래, 해봐라."하셔서
"만리장공(萬里長空)과 일조풍월(一朝風月)이 둘이 아니오."
라고 했습니다.
선생님이 "음, 그렇지. 계속해 봐라." 하셔서
"만리장공과 일조풍월이 둘 아님도 아니네."
했습니다. 선생님이 맞장구를 치셨어요.
"음, 그렇지. 모르면 이 말 못하지."
이랬어요. 그래서 제가
"나는 이제 옷을 벗으리오. 늑대야 물어라!"
했습니다. 저는 물릴 데가 없다는 걸 알았거든요. 이미 물릴 데가 없다는 것을 알았기 때문에 늑대가 문다 한들 두려울 게 뭐가 있겠습니까? 그런 심정으로 이야기를 했습니다.
그러니까 선생님이 "됐다!" 하시면서 법문을 계속 하셨어요. 그 때부

터는 제가 참구(參究)를 안한 것 같아요. 선생님이 하시는 말씀을 알아들으면서 그만둔 것 같아요. 그리고 며칠이 지났어요.

당시 이춘화 선생이 선원에 입주해 있었는데 이 선생이 백봉 선생님하고 소곤소곤 얘기를 해요. 그 때는 법문이 끝나 모두 다 돌아간 후였지요. 소곤소곤하는 게 궁금하잖아요. 그래서 바짝 다가갔어요. '만법귀일일귀하처(萬法歸一 一歸何處: 만법은 하나로 돌아가는데, 하나는 어디로 돌아가는가?)' 이 화두를 가지고 이야기를 나누고 계셨어요.

선생님한테 이 선생이 "만법에서 한 법을 찾을 수 있는 거 아닙니까."

그러니까 선생님이 "그렇지. 그렇지." 하셨어요.

다시 이 선생이 "그러면 한 법에서 만법을 찾을 수도 있지 않겠습니까?" 하니,

선생님이 다시 "그렇지. 그렇지." 하시더라고요.

제가 조금 떨어져 있었지만 다 들리더라고요. 그래서 바짝 다가가 선생님을 쳐다보면서 제가 그랬어요.

"한 법, 만법이 둘이 아닌데 도대체 찾기는 어디서 찾습니까?"

그랬더니 선생님이 깜짝 놀라시는 겁니다. 깜짝 놀라더니 입을 꾹 다무셨어요. 조용히 삼배를 드리고 나왔어요.

또 한번은 법회를 마치고 다 가기를 기다렸어요. 그 날도 어떤 법문을 하시며 학인들에게 물었는데 학인들이 대답을 안했어요. 내가 또 대답하면 잘난 척 하는 것 밖에 안 되니까, 나도 조용히 있었습니다. 다 가고 나서 선생님한테 삼배를 드리면서 "선생님, 아까 선생님께서 질

문하신 것, 노파가 절하는 소식 아닙니까?"하니까, "그렇지. 그렇지."
하고 인정을 하시더라고요. 그리고 또 하루 이틀이 지났어요.

예, 그때도《선문염송》법문 하시면 의심이 없으셨나요?

　예, 그냥 알아들었어요. 한 3개월쯤 되었을 땐데, 어느 날 집사람이
자기도 철야정진을 하고 싶다는 겁니다. "잘 생각했다. 같이 가자."고
했죠. 그래서 처음으로 함께 철야를 했습니다. 그 날은 제가 면벽을 안
한 것 같아요. 그 장면을 생각해 보니까 제 옆에 집사람이 있었고, 오른
쪽에 구 거사, 송계가 있었어요. 새벽 무렵이었죠. 아마 4시쯤 이었을
거예요. 전날 저녁에 선생님께서 법문을 하시다가 서울 가서 이렇게
(춘당 거사는 오른팔을 들어 엄지손가락을 세웠다) 법문을 했는데, 사람들이
못 알아듣더라고 하셨어요. 그런데 갑자기 그 생각이 탁 나는 거예요.
그 생각이 나면서 바로 그 자리에서 게송을 썼어요.

　　호미 들고 산삼 캐러 바다로 나간 소식
　　더함 없고 덜함 없는 쇠 마룻대 하나 섰네
　　춘풍이 건듯 불어 머리카락 휘날리니
　　얼씨구나 좋을씨고 어깨춤이 절로 나네.

　이렇게 네 줄을 딱 썼어요. '바다로 나간 소식'은 나중에 '바다로 나
가보니'로 고쳤어요. 쓰고 나서 '최근에 내가 생각한 것이 있으니 더

적어 보자' 하고 네 줄을 더 적었어요.

　찾으려고 애를 쓰나 돌아보면 바로 거기
　크지 않고 작지 않고 길지 않고 짧지 않네
　그냥 그대로 알면 되지 어깨춤은 왠 말이오
　어깨춤을 짊어지고 팔도 유람하러 가세.

이렇게 네 줄을 썼는데 아직 종이에 여유가 있어. 최근에 내가 한 법, 만법 이야기 했으니까,

　한 법에서 만법 찾고 만법에서 한 법 찾고
　한 법 만법 둘 아닌데 어디에서 찾아볼꼬
　지난 겨울 얼었던 눈 냇물 되어 흐르는데
　하늘은 높고 높고 바다는 깊고 깊네.

이렇게 세 연을 썼어요. 쓰는데 불과 5분도 안 걸렸어요. 그냥 썼어요.

생각해서 쓴 것이 아니고?

그냥 쭈욱 썼죠. 집사람이 제가 쓰는 것을 지켜봤어요. 옆에 앉았던 구 거사도 내가 뭐를 써대니 좌선이 잘 안되는지 쳐다보더라고요. 구 거사는 고참이잖아요, 저한테는. 그래서 종이를 구 거사에게 내밀며

"구 거사님, 이거 선생님한테 한 삼백 방망이 맞겠소?"하고 물었더니 "삼십 방망이는 맞겠나?"라고 하더군요.

그 말이 떨어지자마자 바로 종이를 뺏어가지고 선방 문을 열고 나가 맞은 편 선생님 방문을 발로 걷어찼죠. '꽝' 하고 소리가 컸어요.

새벽 4시에?

네. 안에서 "왜 그러는가?"하는 선생님 음성이 들렸습니다. 문을 열고 방안으로 들어가며 외쳤어요.

"선생님! 삼백 방망이 맞으러 왔습니다."

선생님은 책상 앞에 앉아 계셨는데, 저를 쳐다 보시며 말씀하셨어요.

"그래? 앉게!"

그래서 선생님 맞은편에 앉았습니다. 선생님 책상 기억나시죠? 요거 보다 조금 큰 앉은뱅이 책상.

예, 기억합니다.

아, 앞이 아니고, 옆에 앉았네요. 제가 옆에 앉고 맞은편에 이춘화 선생이 앉았어요. 제가 꿈에서 법거량할 때 이춘화 선생이 옆에 앉는 광경을 봤다고 했죠. 신기하게도 이춘화 선생이 그때 옆에 앉아 있었어요. 참선 시간이었는데도 말이죠.

내가 종이를 내밀었어요.

선생님이 "뭐에 대해 썼나?"하고 물으셨습니다.

"여기에 (다시 엄지손가락을 들어 보이며) 대해 썼습니다."

선생님이 첫 줄을 탁 읽어 보시더니, 아니 끝까지 다 읽어 보시고 나서 첫 줄을 다시 읽으셨는지 그건 모르겠는데, 하여튼 첫 줄을 탁 읽으시더니, 저를 이렇게 (고개를 들어 왼쪽을 응시했다) 쳐다보시더라고요. 저도 같이 쳐다보았죠. 눈을 마주 쳤습니다.

선생님은 다시 두 번째 줄을 읽으셨어요. 아마 소리를 내어 읽으셨던 것 같아요. 그리고는 다시 또 나를 쳐다봤어요. 그렇게 열두 번을 쳐다봤어요, 정확하게. 한 줄 읽고 쳐다보고, 한 줄 읽고 쳐다보고, 열두 번을 쳐다봤어요. 저는 가만히 있었죠. 딱 하나만 물으시더군요.

"이 거사, 이거를 쓸 때 누구 도와준 사람이 있나? 흠잡을 곳이 없다."

"도와준 사람 없습니다. 제가 방금 써 왔습니다."

"허참! 허참! 오늘 이런 일이 있을 줄 몰랐다. 거참! 거참!"

'거참' 소리를 몇 번 하셨습니다. 그러는 사이에 방선(放禪)을 했나 봅니다. 방선하기 직전엔가 대원경 보살이 방으로 들어왔어요. 선생님이 읽어보라고 해서 대원경 보살이 게송을 읽어보더니 "뭐라, 뭐라" 하시면서 되게 좋아하시더군요. 그리고는 학인들이 우르르 몰려 들어왔어요. 참선하는데 '꽝!' 소리가 나니까 궁금했겠죠. 백봉 선생님이 "니도 읽어봐라.", "니도 읽어 봐라."하시며 읽기를 권하셨어요.

그러는 사이에 저는 선방으로 가 혼자 앉았습니다. 한 시간쯤 앉아 있었을까요? 화장실에 가려고 밖으로 나가며 보니 칠판에 제 게송이 적혀있었어요. 법당에 있는 칠판에 말이죠. 저는 그게 무슨 일인지 몰랐어요. 게송을 써서 점검을 받아야 되는지도 몰랐어요. 저는 점검을 받을라고 해서 받은 게 아닙니다. 그냥 생각이 나서 글을 쓰고 보여드 린 것뿐이에요. 여기에 대해서 (다시 엄지손가락을 들어 보이며) 생각이 나서 적었고 이왕 적었으니까 한번 보여드려야 하겠다고 해서 보여드렸 지요. 그러나 자신은 있었어요.

공부하신 기간이 짧아서 그런 사례를 모르셨군요. 글 써서 내는 일이 많았습니다.

아, 그렇습니까? 아! 노 거사에게 들은 적이 한번 있네요. 노 거사가 글을 써서 선생님한테 보였는데 선생님이 노 거사한테 "노 거사, 자네 는 머리가 좋아!" 그러셨답니다. 그 이야기를 들었어요. 그래서 생각나 면 적어서 보일 수도 있다는 것을 제가 알았던 것 같아요. 하여튼 거기 칠판에 게송을 적어놨어요.

화장실 갔다 오다가 선생님과 법당에서 마주쳤어요. 제가 이래하니 까(합장을 했다) "아! 거참, 기침" 하셨어요. 그러고 나서 대중법문 시간 이 되었습니다.

일요일 아침 법회군요.

예, 일요일 아침입니다. 그날 따라 이상하게 사람들이 아주 많이 왔 어요. 아마 그 짧은 시간에 소문이 났나 봐요. 굉장히 많이 왔어요. 연화당 보살하고 서운 선생이 앞에 앉고. 처음에《금강경》법문을 약간 하셨던 것 같아요. 그리고는 선생님이 저보고 나와서 삼배하라고 하셔서, 삼배했습니다. 서운 선생과 연화당 보살한테 일 배 하라고 해서 두 사람한테 일 배 했죠. 시킨 대로 했죠.

그 직전에 연화당 보살이 인가를 받으셨죠.

저는 그것은 몰랐어요. 그냥 시키는 대로 일 배하고 그 자리에 서 있었어요. 선생님이 집사람 보고 자리에서 일어나라고 하셨어요. 그리고는 제 칭찬을 조금 하셨어요.

"공부가 너무나 진지했다. 밥을 굶어가면서 했다."

사실은 그게 아닌데 말이죠. 그리고는 춘당(春堂)이라는 법명(法名)을 내렸습니다. 그때가 봄이었죠. 춘당이라는 법명을 내리면서 집사람에게 부촉을 했어요. 집사람이 선생이었기 때문에 '김 선생'이라고 부르셨지요.

"김 선생, 춘당 말은 절대네, 절대 복종하게."

이렇게 부촉을 했어요. 혹시 삐끄러질까 싶어서. 삐끄러질 수도 있잖아요. 왜냐하면 집사람은 그날 철야를 처음 했죠. 그날 현장에 있었지만 그런 것이 무슨 의미인지 잘 모르더라고요. 하긴 저도 몰랐으니까. 그리고는 "앉아라!"하시고는 제 게송을 가지고 법문을 하셨어요. 열두 줄을 가지고 하셨어요.

374

그렇게 인가를 받으셨군요. 저를 포함한 모든 학인들이 그 때 거사님께 삼배를 드렸지요. 그 후에는 어떤 일이 있었습니까?

그러다가 1982년 여름 용맹정진을 했죠. 저는 일주일 철야정진이라는 것을 그 때 처음 해 봤죠. 서울 덕림사에서 했잖아요?

그 때 백봉 선생님이 몸이 안 좋으셨어요. 부산서 몸이 안 좋으신 상태로 올라 가셨는데, 첫날 저녁에 제가 법상에 올랐습니다. 백봉 선생님께서 시키셨는지는 모르겠어요. 서운 선생님이 공부한 경험 같은 것 좀 이야기 해보라고 했어요. 그 때 사람들이 많이 왔어요. 제법 유명한 사람도 오고 그랬어요. 1시에서 2시 사이에 법상에 올랐는데 올라가자마자,

"머리에 양발 쓰고 발에 모자 신었네."

이 한마디 하고 딱 입을 다물었지요. 가만있더라고, 대중이. 잠시 그렇게 있다가 수행 경험을 짤막하게, 이렇게 상세하게는 안하고, 대충대충 이야기를 했어요. 삼사십 분 걸렸던 것 같아요. 다음 날 아침 공양시간에 강혜 스님이 오셔서 악수를 청하더라고요. 그리고 선생님께서도 "춘당! 이제 내 잘 들있네. 수고 했네."하시더라고요. 그걸 들으셨나 봐요. 이후로 용맹정진 할 때마다 저를 법상에 세우더라고요. 선생님이 몸이 좀 안 좋으시니까, 서운 선생하고 저하고, 밤에도 했고 낮에도 했죠. 산청에 가서도 법상에 섰을 때, 선생님께서 뒤에 서서 들으셨어요.

예, 그러셨지요. 백봉 선생님의 인가에 대해서 여러 가지 해석이

있는데 거사님은 이에 어떤 의미를 부여하십니까?

저는 다른 분들의 인가식을 보지 못했어요. 하지만 선생님 인가의 해석은 선생님의 소관이라고 봅니다. 그걸 감히 우리가 뭐라고 할 수 있습니까? 뭐라고 해서는 안됩니다. 그것은 어디까지나 선생님의 소관입니다. 그리고 자신의 공부는 자신이 아는 것 아닙니까? 물론 착각할 수도 있겠죠. 또 일상에서 행은 다 되는데, 본인이 못 느낄 수도 있죠? 그 때 선생님이 인가를 해주시면 자신감을 가질 수 있겠죠. 저는 인가를 받으려고 한 것이 아니었거든요. 문득 글이 떠올라서 그냥 써 보였을 뿐이지, 인가를 받으려고 한 것도 아니고, 억지로 지은 것도 아니었습니다. 그걸 어찌 억지로 하겠습니까? 제가 돌아보니 그 훨씬 이전부터 이미 수행은 되고 있었던 것 같고, 그 날 게송을 쓰기 전에 광명이 나왔을 때, 이미 그 정도 경지가 된 것 같아요.

제가 말씀 듣기에도 그런 것 같습니다.

예, 그 때 이미 그 정도 경지가,《선문염송》을 알아들을 수 있는 경지가 되었죠.《선문염송》을 알아듣는 게 뭐, 어떤 의미인지 사실 따질 것은 없지만, 어쨌든 스승님이 계셨으니까. 그렇게 본인도 느끼지만 인가는 확실히 자신감을 심어주죠.

'아, 과연 그렇구나. 내가 이제 자신이 있구나.'

하는 생각을 갖게 돼요. 이런 자신감을 갖지 못하고 세월을 보내다 보면 지혜가 퇴보할 지도 모르겠어요. 그러나 그것은 제가 경험하지 못한 것이니 제가 이야기해 드릴 수 없어요. 저는 오로지 제가 경험한 것만 말씀드릴 수밖에 없죠.

인가를 받으신 후에도 수행을 계속 하셨을 텐데 어떻게 하셨는지 알고 싶습니다.

저는 특별한 형태를 가지고 수행을 하지 않았어요. '일부러 좌선을 해야 한다'는 생각도 가져 본 적이 없어요. 좌선도 하나의 방편 아닙니까?

그 뒤에 학인들을 가르치며 자료들을 보다 보니 회양 선사하고 마조 스님 사이의 이야기가 있더군요. 회양 스님을 마조 스님이 스승으로 모실 때 마조 스님이 뭐 앉는 것만 자꾸 주장하니까, 회양 스님이 바위에다 기와를 갈았잖아요? 저는 이 이야기를 훨씬 뒤에 알았지만 그 걸 알기 전에도 어떤 특별한 수행을 하려 하지 않았습니다. 일상이 늘 수행이잖습니까?

그냥? 예를 들어, 백봉 선생님의 경우에는 '이 보고 듣고 행동하는, 행주좌와 하는 모든 것이 다 빛깔도 소리도 냄새도 없는 그 자리가 하는 것이다. 그것을 놓치지 않는 것이 수행이다.'라고 말씀하셨단 말이죠.

그거는 본래 그런 것 아닙니까?

그게 안 놓쳐지셨습니까?

'놓쳐졌다, 안 놓쳐졌다.' 하는 생각이 없어요. 그걸 왜 구태여 '내가 놓친다, 안 놓친다.' 하고 따질 이유가 있습니까? 그냥 살면 되는데. 그걸 이미 알았는데, 그걸 이미 알고 있는데. '그것을 내가 놓쳤다, 안 놓쳤다' 하는 것이 어떤 깨달았다는 표현, 또는 그 경지의 표현이라고 합시다. 그 경험에 대한 것을 생각하면 그것은 틀리거든요. 그런데 왜 생각합니까? 수행이라는 것을 자꾸 왜 억지로 생각합니까? '굴린다' 이것은 공부하는 사람 입장에서 '내가 굴린다.' 이렇게 되는 거죠. 그냥 살다가 어떤 부딪치는 일이 생길 때, 그 때 실제로 내가 떨어지는지 안 떨어지는지는 내가 제일 잘 알잖아요? 그 외에는 그런 것 따질 필요가 없잖아요? 그렇잖아요?

그렇다면, 일단 알았다 하면 더 이상은 할 게 없다는 것인가요?

알았는데 뭘 더 합니까? 몰랐을 때 하는 거지. 그렇잖아요? 알기 위해서 하는 것이잖아요? 깨치기 위해서 하잖아요?

그러면 아는 것으로 다 끝이 난다는 말씀이신가요?

그게, 지혜가 발동하느냐, 안 하느냐에 달렸죠. 안다고 생각했는데 화두거리가 막힌다면 그건 모르는 거죠.

378

그럼《선문염송》천칠백 공안에 막힘이 없으면 다 끝났다고 보시는 건가요?

그 공안에 막힘이 없으면 다 끝났다고 봐야지요. 그 무엇으로 확인합니까? 확인할 게 없잖아요? 달리 뭐 확인할 게 있습니까?

예, 알겠습니다. 백봉 선생이 후대에 남길 수 있는 보림선원 하나 마련하는 뜻을 세우셨죠? 그 뜻에 따라서 산청에 선원을 건립했는데요 그 일이 참 큰일이었죠. 춘당 거사님도 그 일에 크게 동참하신 것으로 알고 있는데, 그 일에 대해 좀 말씀해주세요.

아! 네. 크게 동참했다면 크게 동참했죠. 사실은 주축이었죠. 주축이 되고 싶어서 주축이 된 게 아닙니다. 하다 보니 주축이 되었어요. 선생님께서 남천동에 계실 때 그 집 주인이 누군지 알죠? 도반이었죠. 그 당시 전세금이 50만원인가, 30만원이었으니 거의 공짜였거든요. 그런데 주인이 '자기 아들이 의산데, 그 땅에 병원을 지워줘야겠다' 고 뜻을 간접적으로 표시했어요.

선생님은 도를 펴시는 분인데 그런 말을 들으면 당연히 다른 데로 가셔야죠. 그러니까 다른 데로 안 가시면 안되게 됐다는 겁니다, 첫째 이유가. 그래서 송운이 선생님에게 어디로 가고 싶은지를 물어봤습니다. 아마 맨 처음으로 물었을 겁니다. 송운이 불이 붙어 공부할 때 거든요. 그때 송운, 송계, 서운 선생하고 내가 자주 만났었는데 하루는 송운이 "선생님께서 산청에 가시고 싶어한다"고 해요. 그래서 같이 추진해 보기로 했죠. 그런데 돈이 없죠. 말을 꺼낸 송운도 돈이 많은 사람은 아니거든요, 증권회사 지점장이였지만. 자기가 돈 많이 벌게 해준 사람이 있다면서 일단 자기가 알아보겠다고 했습니다. 그런데 돈이, 종자돈이 안모였어요. 송운이 저에게 병풍 글씨를 쓰라고 했습니다. "그냥 돈 내놔라." 하기는 어려우니 제가 쓴 한글 반야심경 글을 인수하는 방식을 택한 겁니다.

나는 당대 일인자한테 한글을 배웠습니다. 서울까지 가서. 한문도 사실은 그렇습니다. 모두 당대 일인자한테 사사를 받았어요. 서울의 꽃들 이미경 선생님이라고 하면 궁체 일인자입니다. 그분에게 사사를 받았기 때문에 제가 한글 반야심경 쓴 것을 돈을 좀 많이 받아도 누될 것은 없어요. 그래서 여덟 폭 병풍으로 5벌인가 10벌을 써 주었어요. 그것으로 돈을 좀 만들었지만 한참 모자랐죠. 그래서 전시회를 열었습니다. 백봉 선생님이 도자기에 글씨 쓰시고, 서운 선생님도 쓰시고, 나는 서예하는 사람이니까 당연히 많이 썼죠. 그리고 제가 집에 소장하고 있던 그림도 내놓았어요. 그리고 저나 다른 학인들이 모두 현금을 내서, 그렇게 종자돈을 만들었어요. 만들어 가지고 땅을 사려 다녔어요.

"땅 보러 가자." 하면 무조건 같이 다녔어요. 서실(書室)은 일단 접어두었습니다. 송운이 지점장이니깐, 지점장 차가 있었는데, 그 차 타고 서운 선생하고 같이 다녔지요. 그렇게 해서 산청에 땅을 샀어요. 그런데 건물을 지으려고 하니깐 돈이 부족해요. 송운이 참 큰일했어요. 현금 조달은 송운이 거의 다 했어요. 전시장에서 작품 판 것, 학인들 현금

모은 것도 있었지만, 크게 부족했어요. 나머지는 송운이 거의 조달했죠. 산청에 가시기 전에 송운 집에서 한번 모였어요. 그 때 많이 오지는 않았어요. 좀 오래된 고참 제자들이나, 중요시 여겨졌던 제자 분들은 아무도 없었어요. 이유는 잘 모르겠습니다.

그러나 스승이 '산청으로 가시겠다'고 하면 저는 100% 따라야 된다고 생각합니다. 이유가 왜 필요합니까? 거기에는 이유가 없습니다. 스승이 가시겠다 하는데 무슨 이유가 필요합니까? 제가 수행을 하기 위해 목숨을 걸었는데 그게 안된다면 앞뒤가 안 맞죠. 스승은 절대인데. (침묵이 이어졌다)

산청선원이 만들어지고 용맹정진이 끝나던 날 선생님이 입적하셨죠. 입적하신 것은 어떻게 아셨어요? 그때 거기에 계셨나요?

저는 옆에 없었습니다. 그때 저는 4박5일 하고 나왔어요. 정진할 때 제가 합죽선 부채를 들고 다녔습니다. 아마 '일체중생 본래불(一切衆生 本來佛)', 이 글이 거기 써있었던 것 같아요.

선원을 나오기 하루 전날, 선생님이 "춘당, 내가 잠시 봄세"하며 제 부채를 달라 하셨습니다.

선생님께 부채를 드리며 "가지십시오." 했더니 들기름인가 무슨 기름을 앞뒤로 다 바르셨어요.

내가 선원에서 나 올라고 하니까 "이거 가져가게"하며 주셨어요. 암시를 주셨던 것 같아요. 기름이 채 안 마른 상태였거든요. '마르거든 가져가게.' 이러신 것 같아요.

근데, 제가 못 알아들었죠. 어리석어서 못 알아들었죠. 연락을 받고 바로 송운 차를 타고 선원으로 갔어요. 선생님 시신이 있는데 그때는 얼굴이 살아계신 모양이더라고요. 그런데 몇 시간 있다가 보니깐 색깔이 변했어요. 선생님 방에 병풍을 치고 병풍너머에서 시신 작업을 했어요. 병풍너머에서 대원경 보살이 저를 불러요. 갔더니 "머리카락을 좀 잘라라.", "손톱을 좀 잘라라." 하고 시켜요. 봉지를 주면서요. 제가 전부 다 했어요, 뒤에 전문가가 염습하는 것 말고는. 그에 별다른 의미를 두지는 않습니다. 하라 하니 그냥 한 것뿐입니다.

이제 다시 부산 얘기로 돌아가 볼까요? 인가 받으시고 직장 그만 두셨죠. 좋은 직장이었는데 왜 그만 두셨어요.

거짓말을 듣고, 거짓말을 해야 하는 것이 싫었어요. 회사에서 거짓말을 자꾸 시키는 거예요. 어떤 제품은 1등도 아닌데, 자꾸 1등이라 하고. 삼성전자를 막 깔아 뭉개는 연극도 했죠.

'이거는 아니다.' 하면서도 연극을 했어요. 그러며 생각했죠. '내가 이런 거대한 톱니바퀴 속에 있으면 내가 톱니가 안될 수 없지 않느냐? 내 힘으로는 이 풍토를 바꿀 수 없다.'

그래서 그만 둔거예요. 그 당시에 돈도 없었죠. 서실을 열 생각이었지만 돌아다니며 보니 서실도 다들 안 되더군요. 그래도 그 외에는 할 줄 아는 것이 없고, 젊은 사람이 뭐 빈둥빈둥 놀 수는 없고, 그래 서실

을 열기로 했어요. 집사람하고 상의했죠. 양가 어른한테 일체 의논을
안했어요. 제가 장남이고 맏사위인데도, 장인 부친 다 살아계셨지만
상의 안했어요. 집사람한테만 딱 물어봤어요.

"우리 밥 못 먹으면, 죽 먹으면 안되겠나?"

그랬더니 "그리 합시다"라는 거예요.

아, 대단하신 분이였네요.

그래서 바로 사표를 냈죠. 그런데 수리를 안 해주더라고요. 그러나
가려는 사람을 어찌 잡겠습니까? 저를 반쯤 또라이로 생각하더라고
요. 매일 불교공부힌다고 일찍 가고 하더니 '조금 이상하게 됐구나.' 이
렇게 보더라고요.

**20년 전에 새말귀선원을 열고 후학들을 지도하고 계신데요. 선원
을 내시게 된 경위에 대해 알고 싶습니다.**

선생님이 산청으로 가시며 '부산은 어찌하나?' 하고 송운하고 의논
했어요. 선생님이 안 계시니 서운 선생이라도 법문을 해야 한다고 보
았습니다. 그래서 서예원에서 설법을 하시게 했습니다. 제가 모두 준
비해서 서예원에서 법회를 했어요. 서운 선생 주관으로. 나중에 백봉
선생님에게 이 이야기를 했더니 선생님이 정말 감격해 하시대요. 제
손을 잡으시면서 눈물을 흘리실 정도로 감격하시더라고. 눈에 눈물이

배웠어요. 그러시다가 서운 선생님이 독립하셨죠. 독립할 때도 제가 좀 도와줬어요. 그렇지만 송운이 거의 다 했죠.

서실을 차려놓고 한 10년쯤 지났는데 낮에 공부하는 젊은 분, 몇 분이 "선생님, 혹시 불교에 관한 교재가 있으면 시간을 좀 내서 가르쳐 주세요." 해요. 사실 서실에 글 쓰는 사람들이 오는데 그 사람들과 이야기를 할라치면 도 닦는 이야기, 마음공부 이야기, 이런 이야기 밖에는 할 게 없어요. 마음을 다스릴 수 있어야 글씨도 되니 서예는 결국 닦는 거랑 관계가 있다는 이야기를 하는 거죠. 그래서 마음공부 이야기를 많이 했는데 몇 명이 이 공부를 하고 싶어한 겁니다. 그래서 제방 소파에 서너 명이 앉아서 《절대성 상대성》 책을 가지고 공부를 시작했어요.

그렇게 한달쯤 했을까요? 저녁에 글 쓰러 오는 젊은 사람들이 항의를 해요.

"선생님, 우리는 왜 내버려 둡니까?"

내버려 두고 싶은 건 아니었죠. 그래서 시간을 바꾸었어요. 저녁 8시에 제 방에 모여 《절대성 상대성》 책을 처음부터 다시 했습니다. 근데 사람이 자꾸 많아지는 거예요. 많아지니깐 자기들끼리 의논을 하더니 '서실 3층에 20평 남짓한 오피스텔이 났는데 그것을 빌려 선원으로 쓰겠다' 고 하더군요. 제방에서 새말귀 이야기를 하고 《절대성 상대성》 이야기를 하면 저녁에 글 쓰러 온 사람들이 그걸 들어요. 소리가 들리잖아요? 기독교 신자들은 좀 듣다가 도망가기도 했거든요. 그러나 그게 문제가 아니잖아요.

비즈니스에도 신경을 좀 쓰셔야지요.

그것은 신경을 쓰지 않았어요. 서실을 하면서 서실의 어떤 장사보다는 불교에 대해 물어 오시는 분들을 우선으로 했어요. 지금도 그렇게 하고 있는데, 그건 당연한 거죠. 기독교 신자 그 사람들이 듣기 싫어 글씨를 쓰러 안 온다 하면 그 사람들은 저랑 인연이 없는 거죠.

그렇게 학인들 몇 명이 돈을 조금 만들어 위에 선원을 내었는데 얼마 후에는 "참선을 하고 싶다" 해요. 그래서 서운 선생 하시는 곳을 소개했죠. "거기서 참선을 하고 서운 선생 법문도 좀 들어라"고 했습니다. 한 열명이 거기에 갔어요. 저도 그 사람들과 함께 토요 철야정진을 하기도 했습니다. 함께 절야하며 법분을 하기도 했어요. 한동안 그렇게 하다가 학인 들이 다시 돌아오게 되었어요. 우여곡절이 좀 있습니다. 하여튼 그렇게 되어서 3층에 새말귀선원 간판을 달게 되었어요.

어떤 연유로 새말귀선원이리고 이름을 지으셨습니까?

새말귀선원이라고 하면 학인 들이 자연히 '새말귀'에 대해서 물어 볼 것이다. 그러면 스승께서 제창하신 새말귀를 설명하고 '새말귀 해 봐라' 하면 좋지 않을까? 생각했습니다. 화두 가지고 참선을 하는 쪽으로 유도를 하면서도 새말귀에 대해 물으면 자연스럽게 그를 설명하는 것이 목적이었습니다.

그러면 여기 학인들은 어떻게 수행을 합니까?

제가 '무엇을 하라, 마라.' 이런 것은 하지 않는데 제가 화두를 했기 때문에 화두 하는 것을 원칙으로 합니다. 원칙으로 하지만 "낮에 만약에 화두가 잘 안 들리면 새말귀를 해라. 그 대신 밤에 철야정진을 할 때는 반드시 화두를 하는 것이 좋을 것이다. 의정(疑情)이 일어나지 않으면 안된다. 의정이 일어나지 않으면, 내 경험에 의하면, 그것은 화두를 할 필요가 없다"라고 말합니다.

백봉 선생님께서는 앉을 때 "밝음도 아니고 어둠도 아닌 바탕을 나투자"라고 하셨는데 저는 거기에 대해서는 이견을 갖고 있어요. 그것도 좋지만 그것은 의정을 일으키는 것보다는 약하다, 집중력이 약하다는 겁니다. 집중력이 좋은 사람은 그것도 괜찮겠지만 말이죠. 의정은 원리상 집중력을 좋게 하죠. 저는 화두를 참구하려고 한 것은 아니었지만 아무것도 모르는 상태에서 외우고 계속 '왜 그랬을까? 왜 그랬을까?' 하게 되었죠. 거기에서 의정이 엄청나게 강해졌지요. 저절로 그렇게 되었지요.

저는 새말귀를 안 했잖아요. 안 했으니깐 '새말귀만 해라.' 이렇게 할 수가 없잖아요. 제 경험을 가지고 해야죠. 그러나 새말귀선원이라고 이름을 붙였으니 새말귀에 대한 이야기를 자연스럽게 할 수 있잖아요.

새말귀선원이 20년이 되었는데, 성과는 어떻습니까?

굉장히 사고가 바뀐 사람들, 완전히 180도로 바뀐 사람들, 그게 뭐 도를 깨쳤다 안 깨쳤다, 이런 차원이 아니더라도 '수행 이외에는 할 일이 없구나' 하는, 이런 사람들은 제법 많이 나왔어요. 그중에는 초창기 멤버인데, 나이도 젊어요. 지금 40대인데 체험도 했죠.

그런데 체험을 했으면 지혜가 나와야 되거든요. 지혜가 어느 정도로 나오느냐에 따라서 크게 체험 했느냐, 만일 깨우쳤다는 표현을 쓴다면 작게 깨우쳤느냐 크게 깨우쳤느냐를 말할 수 있어요. 예를 들어서 수행하다가, 법문을 듣다가 '아! 그렇지. 내가 허공이 맞지.', 이것도 깨친 거거든요.

그러나 크게 깨우친 것과 작게 깨우친 것의 차이는 분명히 있거든요. 그것은 의정을 크게 가졌느냐 작게 가졌느냐 하는 의정의 크기와 관계가 있습니다. 큰 의정을 가지려면 '그래, 죽기 밖에 더 하겠나?' 이렇게 되어야 합니다. 처자가 있어도 처자가 안 보여야 돼요. 만약에 수행을 하겠다고 결심했다면 모든 것을 방하착(放下着) 해야, 놓아야 합니다. 제가

"놓아라, 다 놓아라, 그리하면 누리의 주인공!"

이런 것을 티로 만들어 보급도 했어요. 저는 제 경험만 이야기합니다. 제 경험에 의한 건데 목숨을 걸지 않으면 안됩니다. '그것은 목숨은 건 만큼만 된다.' 그렇게 이야기하고 싶어요.

학인중에 한의사들이 많다고 들었습니다. 왜 그렇지요?

도움이 되기 때문이죠. 한의는 동양학입니다. 마음공부가 바탕이 안 되면 공부가 되겠습니까? 구성비로 보면 한의사들이 제일 많아요. 한의대 교수도 있고. 총각 때 우리 선원에 와서 공부를 했지만 잘 알아듣지 못한 사람이 하나 있는데, 그 사람이 서울 가서 부원장으로 취직해 있다가 내려 왔어요. 어느 날 생각해 보니 사는 게 사는 것 같지 않더랍니다. 장인도 서울의 한의사고 부인도 서울 토박이인데 부산으로 내려와 선원 가까이에서 개원을 했어요. 저한테 묻더라고요.

"선생님, 어떻게 의사를 하면 잘하겠습니까?"

그래서 "환자들의 마음을 편하게 해줘라. 실력은 그 후의 문제다." 그 말 만 해줬어요.

선원운영에 어려운 점도 많았을 것 같아요.

제가 선원에서 고정적으로 받는 봉급이 하나도 없습니다. 그게 있으면 되겠습니까? 제가 일을 안 하는 것도 아니잖아요! 일을 하잖아요, 서예로!

진정한 거사풍은 가르치는 사람도 일을 해야 한다고 보거든요. 그래야 거사풍이죠! 제가 할 일이 뭐가 있겠습니까? 지금 수행을 가르치는 입장에 놓여있는데, 이 일 외에는 제가 할 일이 없잖아요? 서실에서도 벌이가 있지만, 사실 그 것은 다 군더더기죠. 군더더기라고 알고 있는 제자들도 몇이나 되거든요. 지난 20년 동안 토요정진, 여름, 겨울 용맹정진에 단 한번도 안 빠지는 그런 제자도 있거든요. 몇이나 있습니다.

그것은 저를 위한 것이 아니죠. 그 들 자신을 위한 길입니다. 그 사람들은 그것을 알죠.

그렇게 만드신 거 아닙니까?

제가 만든 것은 아닙니다. 저도 백봉 선생님께서 저를 억지로 그렇게 만들었다고 보지는 않거든요. 스승님과 저하고의 인연이었다고 봅니다. 저는 '좋은 인연이었다'고 봅니다.

이제는 좀 다른 각도에서 여쭤보겠습니다. 불교는 무엇이죠? 석가모니 부처님은 우리에게 어떤 의미가 있습니까?

부처님께서 중생에게 가르쳐주신 것이 무엇이겠습니까?
'너희들이랑 나랑 똑같다. 그것을 알아라. 확신해라.'
그거잖아요. 또 그것을 스스로 깨달을 수 있도록 인연을 맺어준 스승이 석가모니 부처님이죠. 저희들의 스승이죠. 그 다음 스승이 그렇게 인연이 된, 또 인연을 만들어 주신 백봉 선생님입니다. 우리는 '백봉 대종사 선생님'이라고 말합니다. 저는 '대종사께서…' 이렇게 이야기 합니다. 그만큼 큰 스승이니까요.

거사님에게 금생의 의미는 무엇입니까?

과거, 현재, 미래가 전혀 다르지 않죠. 삼생이 다르지 않은데 구태여 금생이라고 이렇게 말할 것은 없죠, 사실은. 그러나 금생의 의미를 두자면 부처님과 스승의 인연으로 인해서 내 사고방식이 180도로 바뀌었습니다. '생사 문제가 해결 됐다. 해결 안 됐다.' 이 말을 내가 할 수는 없지만, 생사에 내가 매(昧: 어두움)하지 않을 정도는 됐습니다. 죽는 것은 이미 겁이 안 났죠, 백봉 선생님 처음 만났을 때부터.

백봉 선생님은 거사님에게 어떤 존재이십니까?

그렇게 될 수 있도록, 대 전환을 일으키게 된 인연을 맺어주신 대 스승! 그러니까 백봉 대종사 스승께서 안 계셨다면 혹시 모르죠, 다른 분을 만났을지. 그것은 알 수 없죠. 그러나 그 이전에 백봉 선생님을 만나기 전까지 정말 멍텅구리였던 것을 보면 '과연 백봉 선생님의 가르침은 탁월한 게 아닌가? 백봉 선생님의 법력이 탁월한 게 아닌가' 하는, 그런 생각을 당연하게 하게 되는 거죠.

견성은, 깨달음은 무엇인가요?

어떠한 것도, 어떠한 모습도 구함 없는 상태가 되는 것이라 생각합니다. (침묵) 어떠한 모습도 구함 없는 상태, 그게 삼매죠.

그러면 깨달음은 삼매로 가는 하나의 관문이라고 봐야 하나요?

깨달음은 삼매로 들어가는 관문이죠. 사실은 지금 다 깨달아 있지 않습니까? 여러분들도 저도 다 깨달아 있지 않습니까? 그런데 삼매가 안 됐다면 깨달아 있다는 사실을 느끼지 못하죠. 그걸 느끼느냐, 못 느끼느냐는 그것을 느끼는 어떤 체험을 했느냐, 못했느냐에 달려있어요. 체험이 아니면 자신이 없어요. 자신감이 떨어져요.

어떤 체험적 과정 없이 그냥 어느 순간에 '뜻을 알았다', 그렇게 해서 아는 분들도 굉장히 많단 말이죠. 그것을 어떻게 생각하세요?

힘이 약하겠죠. 아마도 안 죽어 봐서 모르고 있겠지만, 죽을 때 장담할 수 없을 겁니다. 만일 자신을 한나면 무슨 체험이던 체험이 있었을 겁니다.

'오매일여 몽중일여' 이런 삼매를 말하는 사람도 있는데요. 거사님의 삼매는 어떠십니까?

저는 30년 동안 서실을 안 옮겼습니다. 이게 답입니다.

누군가 거사님에게 "견성 하셨습니까?"라고 묻는다면 어떻게 대답하시겠습니까?

"호미 들고 산삼 캐러 바다로 나가 보니 더함 없고 덜함 없는 쇠 마룻대 하나 섰네."

저는 이렇게 대답하겠습니다.

한국불교는 대승불교라고 합니다. 무엇이 대승입니까?

대승(大乘)이 결국 일승(一乘)이자, 최상승이죠. 대승이 보살승(菩薩乘)이죠? 저는 교학적인 걸 잘 몰라요. 불교신문 같은 것을 보면 대승은 어떻고 소승은 어떻고, 내가 깨치면서 다 같이 깨치자, 뭐 이런 식으로 설명하는데, 저는 대승이라는 것은 목적이 무상(無相)에 있다고 봅니다. 목적이 허공에 있으면 대승이자, 일승이자, 최상승이 되는 것이고, 비록 대승을 표방했으나 목적이 조금이라도 유상(有相)에 있다면 대승이 아니라고 봅니다.

백봉 선생님께 인가 받은 학인이 한 30명 가까이 된다고 얘기하는데, 선원을 열고 후학을 지도하는 분은 별로 없거든요. 왜 그렇죠?

누가 선원을 열었는지 저는 잘 모릅니다. 옛날 선사들중에도 대매 선사 같은 분도 계시잖아요. 마조 선사의 제자인가요? 대매 선사가 도를 깨치고 나서 산속으로 들어가 송화 가루만 먹고 살았거든요. 스승인 마조 스님이 사람을 보냈어요.

"가서 알아봐라, 어찌하고 있는지?"

그 사람이 가서 인사를 드리니까 "요즘 스승께서는 뭐라고 법문 하시노?"하고 물어요.

그러니까 "요즘은 비심비불(非心非佛), 마음도 아니고 부처도 아니라고 법문 하십니다."해요. 대매 선사는 '심즉시불(心卽是佛)'에서 깨쳤거든요. '마음이 곧 부처다'라는 거죠.

그러니까 "그래? 그럼 스승께서는 그래 하시라고 해라. 나는 그래도 '마음이 곧 부처다'."

돌아가서 마조 스님께 이 이야기를 하니까 '아이고! 매실이 익었구나' 하고 인가를 다시 하셨죠.

대매 선사는 산중에만 계셨어요. 그분은 법문을 안 하셨어요. 그것은 인연이라고 봅니다. 물론 인연도, 글쎄요, 사실은 후학이나 저나 다르다고 생각하지 않거든요. 단지, 어떤 지혜를 나타낼 수 있는 인연을 스스로 만들었느냐 안 만들었느냐, 그런 것이죠. 어떻게 부처님이 높고 중생이 낮겠습니까? 스승이 높고, 학인이 낮다면 그건 말이 안 되는 거죠. 비록 제가 여기서 스승께 배운 대로, 제가 가르침을 받은 대로, 학인들을 지도하려고 애를 쓰지만 그것을 특별하게 두지 않습니다. 단지 인연이 될 뿐입니다. 인연 심어 주는 일 외에는 성발 할 일이 없습니다. 다른 건 전부 군더더기니까 '나보다 조금 지혜가 약한 분에게 내가 도움이 되는 것, 내가 그런 도움을 주는 매개체가 되는 것, 그 일 외에는 내가 할 일이 없지 않겠나?' 하는, 그런 생각을 쭉 해왔거든요.

초창기에는, 새말귀선원 간판 달기 전에는 이런 얘기를 했어요.

"여러분들이 수행을 지어 가는데, 여러분들이 도를 깨닫는데, 어떤 인연이 벌어져서 내 목숨이 필요하다면, 내 기꺼이 내 놓겠다."

그런 얘기를 했어요. 계획적으로 이야기한 것은 아니었어요. 그건 학인들의 신심을 위해서입니다. 신심이 크지 않으면, 대신(大信)하지 않으면 그건 공부가 안되거든요.

초발심 낸 사람이 공부하는 법을 묻는다면 어떻게 말씀해 주시겠습니까?

저는 이렇게 얘기를 해주죠.

"첫째는, 목숨을 바칠만한 스승을 찾아라. 그런 스승을 못 찾았다면, 목숨을 바칠 만한 스승이 지금 육신으로 안 계시다면 백봉 대종사님을, 육신은 안 계시지만 내가 목숨을 바칠만한 스승이라고 생각해라."

당연히 그래야죠. 그렇게 안 하면 공부가 안된다고 보거든요.

"목숨을 바칠만한 스승을 찾았으면 저절로 다 방하착이 될 때까지 스승과의 인연을 끊지 마라."

그렇게 얘기를 해주죠. 우리 선원에 오신 분들에게 저는 "딴 생각하지 말고 6개월쯤 법문을 들어보라"고 말해요.

"잘 알아듣지 못하실 겁니다. 저도 옛날에 못 알아들었습니다. 6개월쯤 들어서도 도대체 못 알아듣겠으면 안 나오셔도 됩니다. 못 알아듣지만 법문은 더 듣고 싶다 하시면 계속하시고."

'새말귀선원이 잘 운영되어서 많은 사람들이 여기서 이익을 얻었으면 좋겠다.' 그런 생각은 갖고 있지 않으십니까?

그런 생각은 전혀 안 해봤습니다. 그래하면 한 생각이 들어가거든요. 그것이 벌써 삿된 생각입니다. 선원에 사람들이 많이 오길 왜 바랍니까? 저는 그렇게 바란 적이 없습니다. 물론 적게 오기를 바란 적도 없죠. 그런 생각을 왜 합니까?

수행의 목표는 무엇이 되어야 합니까?

수행 체험을 통해 어떠한 것도 구함이 없는 상태가 되어서 생사문제를 해결하는 거죠. 그런데 생사문제가 해결된다 하니까 막연하게 생각하는 분들이 많아요. 죽어보지도 않고 어찌 생사문제가 해결된 것을 알죠? 그건 죽어봐야 알거든요. 죽어보기 전까지는 아무도 모릅니다. 어떤 스님이 그랬다 합니다. 선사였다는데, 죽는 마당에

"아이고! 속았다."

고 했답니다. 그래서 말로는 생사문제를 해결한다 하지만 그것은 막연한 말 같고, 실제 현실에서 구함이 없는 상태가 되는 것, 그러나 이것도 어려운 말이거든요. 필요한 것을 구해서 잘 쓰는 것, 분별없이 잘 쓰는 것, 그러나 이런 상태도 그냥 안되거든요. 체험을 통해서 지혜가 무한히 발동되는 수준이 안되면 그게 안될 겁니다, 아마.

그 수행의 목표를 달성하기 위해서 수행자가 해야 할 가장 중요한 것은 무엇입니까?

우리 선원에서는 이렇게 이야기 합니다.

"첫째, 부처님 법을 믿어라. 두 번째, 스승을 믿어라."

설사 학인이 스승보다 났더라도 스승을 믿어야 합니다. 나중에 훨씬 나을 수도 있죠, 지혜 변재(辯才: 말 잘하는 재주)가. 선사들중에는 스승보다 지혜 변재가 나은 제자들도 있잖아요? 그 다음에는

"목숨 걸어 놓고 수행해라."

언젠가 불교신문에 우리 선원이 나왔는데 그 기사를 보고 우리 선원이 공부를 많이 시키는 것으로 알고 겁이 나서 못 오는 분이 있었어요. 그런데 저는 그것이 관문이라고 봅니다. '아이고, 거기 가면 좀 겁난다' 하는 그런 분은 인연이 안 되는 거죠. 신심이 부족한 겁니다. 친구 따라 왔더라도 이런 분은 공부가 안되겠죠. 물론 이런 이야기를 듣고, 목숨 걸어 놓고 수행을 하는 것이 맞다고 해도, 그렇게 안되는 학인들도 많죠. 제가 다 알잖아요. 그러나 안되는 학인도 그렇게 되어야 되겠다는 생각을 가지고, 그렇게 되도록 하려고 공부하니까 귀여운 거죠.

오늘 인터뷰를 통해 많은 사람들이 도움을 받을 것으로 생각합니다. 고맙습니다.

지금 백봉 선생님 법문 테이프를 많이 듣잖아요. 아주 좋습니다. 그러나 그냥 막연하게 듣지 말고, 백봉 선생님의 육신은 안 계시더라도

"정말 내가 목숨을 걸만한 스승이구나."

이런 생각을 하며 들어야 합니다. 그래야 선생님의 법문이 들어가요.

그런 생각을 안하고 막연하게 그냥 들으면 어느 정도까지는 될런지 몰라도 진전이 잘 안될 겁니다. 그건 틀림없다고 봅니다. 마지막으로 제가 그 말씀을 해드리고 싶습니다.

정선주 · 영주 자매

1958년 부산에서 쌍둥이로 출생했다. 27세(1984)에 함께 하계 철야정진에 참석하여 5일만에 제법 실상의 이치를 깨닫고 백봉 선생으로부터 인가를 받았다. 언니 선주는 중국에서 한의사로, 동생 영주는 부산에서 공무원으로 일하고 있다. yjj310@moel.go.kr

인터뷰 일시 | 2011년 2월 2일 오후 2시 ~ 5시 30분
인터뷰 장소 | 길상사(서울 성북동)

※ 인터뷰에서는 주로 언니인 선주(사진 왼쪽)씨가 대답을 했다. 영주 씨는 1주일 전에 있었던 사전 인터뷰에서 모든 것을 밝혔기 때문에 본 인터뷰에서는 언니에게 양보하는 기색이 역력했다. 사실 두 사람은 하나였다. 몸만 달랐지 깨달음도, 가치관도, 지혜도 다르지 않았다. '하나도 아니고 둘도 아니라' 는 표현이 딱 들어맞는 사람들이었다.

모든 것이 진리이자 절대긍정이다

먼저 백봉 선생님을 만나게 된 이야기를 듣고 싶네요. 돌아가신 큰 오빠께서 모든 가족을 백봉 선생님한테 이끌었다죠?

[선주] 큰 오빠가 사법고시 공부를 할 때 백봉 선생님을 만났지요. 선생님이 동래에 있을 땝니다. 백봉 선생님에게 끌리게 한 동기는 야청 선생님이시고요. 아마 사법고시 준비하면서 힘든 마음을 거기 가 참선을 하면서 풀었던 거 같아요. 큰 오빠는 야청 선생님을 만나기 이전부터 불교에 관심을 갖고 있었어요.

[영주] 기복불교라는 개념에서 탈피해서, 자기를 수행하는 불교라는 개념을 갖게 된 것은 박세일 박사님과의 인연이었던 것 같아요. 오빠와 동창이거든요. 박세일 박사를 통해서 불교에 대한 개념적인 지식을 갖

게 되고 그분이 인도해서 서울대 불교학생회를 찾아갔어요. 거기서 백봉 선생님을 알게 된 거예요. 그 당시에 백봉 선생님은 스타였대요. 서울대 불교학생회에 유명했답니다. 그렇게 해서 오빠가 사직동으로 선생님을 찾아가게 된 겁니다. 거기서 야청 선생님을 만나셨고, 그곳의 모든 에너지와 정보와 시·공간의 단어들이 제 가족들에게 전파가 된 거죠.

어떻게 전파가 됐어요?

[선주] 저희 아버지가 작은 사업을 하게 됐어요. 제가 고등학교 3학년 때였습니다. 아버지는 사업을 할 타입이 아니에요. 그래 돈을 다 잃어버린 거죠. 자식들을 대학에 보내야 하는 상황이었는데 그랬으니, 아버지는 절망에 빠져있었어요. 그 때 오빠가 구원책으로 보림선원에 가서 철야정진을 하게 만들었죠. 미리 돈을 냈어요. 그리고 아버지에게 "그 어려운 돈을 다 해놨으니까 거기 가셔서 철야정진을 하라"고 했어요.

아버지는 그때 담배꽁초도 하나 살수 없는 상황이었어요. 돈이 전혀 없었어요. 그런 상황에 오빠가 그 돈을 내놓으니깐, 그 돈이 아까워서 가게 됐어요. 그래서 갔는데, 완전히 사이비 종교, 완전히 말이 안되는 분위기였답니다. '우리 아들이 크게 잘못 되었구나' 하고 생각 했대요. 그런데 1주일을 지나고 나니깐 뭔가가 이렇게, 아버지 말씀대로 '느낌'이 오더래요. '세상을 이렇게 사는 게 아니었구나!' 하는 생각이 드셨답니다. 거기서 아버지가 신선한 바람을 한번 마신 거예요.

그랬군요. 그 다음에 어머니와 다른 오빠들, 그리고 두 분한테까지
확장되었지요?

[선주] 우리에겐 오빠가 무서운 존재였어요. 뺨을 맞아가지고 코피가
막 터지고… 오빠 세 명이 무서운 존재였어요. 굉장히 폼을 잡는 존재
였어요.

[영주] 우리 자매는 칠삭둥이가 되어가지고 약간 열등생 버전, 열등
생의 DNA 구조가 많았던 것 같아요.

[선주] 별명이 미쟁이거든요. 맨날 성적표에 '미, 미, 미, 미' 해가지
고. 그런데 오빠들은 모두 '수, 수, 수'였지요.

[영주] 저희들 어릴 때 아버지와 오빠들이 "어이, 미쟁이! 미장이!"
이러더라고요.

그래 "미쟁이가 뭔데?" 하고 물은 적이 있어요, 평생을 통신표에 한
번도 '우'를 받아본 적이 없고 '미, 미, 미, 미' 이래됐는데, 집을 한번
고치는데, 어떤 미쟁이가 '막' 이래고 있어요. 그래 내가 아버지한테
"내가 저 미장이야?" 하고 물었지요.

하하하! 하여튼 미쟁이었는데, 어떻게 공부를 하시게 됐어요?

[선주] 집안 분위기가 다그러니까, 그런데 그거에 대한 반발도 심했
어요. '저거는 뭐 하는 집단이고?' 뭐 그렇게 생각도 했어요. 아무튼 제
가 대학교 때, 오빠가 현대건설 다녔는데, 그때 《육조단경》하고 《임제

록》을 집에 놔두고 왔으니깐, 나를 보고 회사로 가져오라고 하더라고요. 그래서 내가 "학교 가야 되는데!" 이러니깐, 그게 더 중요하데요.

그 때 성산동에서 같이 자취를 했었어요. 그래서 오전 수업을 빼먹고 그것을 전해주러 가면서 차 안에서 《임제록》을 본적이 있었어요. 《임제록》을 보니깐 방망이로 두드리고, 맞고 하는 거예요. '이게 뭐 하는 책이야? 이런 책을 학교 가는 동생보고 가져오라 하나?' 하는 생각이 들었거든요. 우리는 거기에 신경 쓰지 않았어요. 그것은 고상한 오빠들의 취미생활이라고 봤죠. 똑똑한 사람들은 저런 걸하고, 우리 둘은 그런 거하고는 아무 상관이 없다고.

그랬는데 아마 2, 3학년 때였을 거예요. 1학년 때는 대학 기숙사에 있었거든요. 우연히 라즈니쉬의 《마하무드라의 노래》라는 책을 보게 됐어요. 오빠가 그 책을 우리에게 주었어요. 그런 책들은 우리의 공유물이 아니에요. 또 오빠는 자기 물건을 건드리는 거 싫어했었어요. 책을 어디 남한테 빌려준다는 것은 있을 수 없는 일이에요. 우리는 손도 못댔어요. 그런데, 기말고사 때였는 데 표지에 만다라 그림이 있는 그 책을 도서관에서 시험공부도 안 하고 봤어요. 거짓말 안 보태고 아침부터 저녁까지 다 봤어요. 보면서 공중으로 '붕' 나르는 기분이었어요. 너무너무 재미있어 가지고. 그때 친구들은 컨닝 페이퍼 만드느라 분주했는데 '나 그런 거 안한다. 빵점 맞는다.' 하고 말이죠. 하하하! 그때부터 힘이 나오기 시작했어! 그러니까, 그때부터 인도철학을 접하게 됐는데요. 그 인도철학을 접하게 된 동기가 간단해요. 쉽잖아요? 대장경이나 《임제록》이라든가 《육조단경》, 뭐 성철 스님 꺼는 불교의 지식이 있어야만 접할 수 있는데, 이거는 강물이 흘러가듯이 그냥 '쓰으윽' 보면 되는 거잖아요. 그 때 생각 했어요. '아! 이게, 우리 오빠들의 전유물이 아니고 나도 볼 수 있는 거구나!'

[영쥬] 그때부터 우리 둘이 그런 책을 샀어요.

[선쥬] 여자대학이지만 우리는 조금 밀리는 분위기였거든요. 옷을 잘 안 입고, 못 꾸미고 그러니. 쌈빡한 애였으면, 맨날 미팅 나가고 남자를 만나고, 이런 분위기였을 텐데, 우리는 그게 안 되니깐 애프터 신청도 안 들어오고. 쉽게 말해서 서점을 가면 이쁜 사람들은 앞으로 가요. 근데, 못난 사람은 뒤로 가거든요. 복잡한 거,《짜라투스투라》이런 거 볼려고. 서점 주인이 얼굴 딱 보면 '저건 뒤로 간다' 하고 맞춘다 더라고요. 우린 뒤쪽이거든요.

인도 철학책은 어떤 것을 보셨어요?

[선쥬] 《마하무드라의 노래》, 크리슈나무르티의 《자유로부터의 해방》, 마하리쉬의 《나는 누구인가》, 그저 닥치는대로 읽었어요. 그중에서 마하리쉬의 《나는 누구인가?》 이 책이 가장 좋았어요. 그게 마음의 양식이었어요.

[영쥬] 둘 사이는 전혀 벽이 없어요. 100%가 호환이 되는 사람이었어요, 둘이가. 얘가 만약에 마하무드라를 읽고 '붕~' 뜨면 그 다음 내 보고 읽으라 하거든요. 그럼 내는 그 자리에서 읽을 수 있는 사람이 되고, 바로 읽고 다시 공유가 되면 둘이 같이 '붕~' 뜰 수 있는, 그게 참

신비스러울 정도로 좋았어요. 그래서 그때부터 부모한테 되게 감사한 마음이 들기 시작했어요. '아! 쌍둥이를 키우기 참 어려웠을 텐데. 어떻게 우리 둘이가 이렇게 태어나서.' 우리 둘이는 외로움을 몰랐어요. 결혼을 안한 것도 거기서 나온 것 같아요.

[선주] 정말정말 사이가 좋았어요, 평생을. 그래서 결혼을 안했어요.

인도 여러 성인들의 책을 보시고, 그러다가 백봉 선생님을 만나러 보림선원을 찾아 가신 거죠?

[선주] 그런데도 보림선원은 안 갔어요. 그런데 현실하고 갭이 많잖아요. 그런 책을 보지만 현실의 나는 번뇌에 싸이고, 괴롭고, 고통스럽고, 안돼 있고, 덜 돼가 있고. 이 갭 속에서 우울증에 빠지기 시작했어요. 점차 대인기피증까지 있었어요. 그런 반면에 욕심은 좀 많았거든요. '더 날씬해야 된다.' 이러다 보니깐….

[영주] 여자대학의 심리상으로 그 현실에 만족할 수는 없었거든요. 그 어떤 새 버전의 감각으로 가려고 둘이 노력을 많이 했어요. 그런데 그게 안되니깐, 거기서 좌절을 느꼈지요. 둘이서 단식을 했어요. 단식이 굉장한 기폭제가 됐던 것 같아요. 그 단식이 극에 달한 행동이거든요. 그 어린 나이에.

얼마나 단식을 했는데요?

[영주] 15일 단식, 20일 단식을 거의 10년을 했어요.

[선주] 굶으면 1주일에 6kg도 빠지고, 그런데 먹는 게 더 빨라요, 살찌는 게. 거짓말 안 보태고 3일에 8kg까지 쪘어요. 이런 극단적인 걸 굉장히 즐겼어요. 많이 즐겼어요.

[영주] 둘이서! 형제는 용감했죠. 혼자서는 겁이 나서 못했을 거예요. 이러다 죽을 수도 있다는 생각을 하면서도 서로가 눈빛으로 통한 거예요.

[선주] 그건 너무 추상적인 거고! 굶으면 먹는 꿈을 꿔요, 계속. 그렇게 굶다가 한 순간에 무너져요. 그 매운 냉면 국물을 다 마시고 나서 아침에 퉁퉁 붓고. 이러니깐, 그 사이에서 내가 없는 거라요. 내가 없어! 그거로 인해서 대인기피증이 생기는 거지. 내가 없기 때문에 남한테 당당하게 나설 수가 없는 거라. 그러니깐, '덜덜덜' 떨어요, 저는 사람 앞에만 나가면.

[영주] 양극을 오가면서 자기를 챙겼어야 하는데. 양극으로 너무나도 많이 움직이다 보니깐, 자아를 챙기지 못한 겁니다. 파장의 폭이 너무 심하다 보니깐, 그만 놓쳐버린 기예요. 그러다 둘이 같이 대인기피증이 오면서 몸은 몸대로 이렇게 되지, 또 실제로 당하는 것은 여자대학의 화려한 공간이지, 그 갭 속에서 둘이 엄청 고생을 했어요.

대학을 졸업한 뒤에도 계속해서?

[선주] 선생님을 만난 게 스물 입곱살 때였거든요. 여름철야정진에서.

대학 때에도 만나지 않았나요?

[선주] 대학 3학년 때 휴학하고 간 거는 쑈였어요. 생쑈로 한 거고.

그건 무슨 쑈였어요?

[선주] 솔직히 말해서, "거기서 잠을 안자면 살이 더 빠진다"고 해서 갔어요. 하하하!

[영주] 그 당시, 휴학할 때 되게 이뻤거든요. 사람들이 다 이쁘다고 하니깐.

[선주] 마르면 더 이쁠 줄 알고 한 거죠. 실제 잠 안자니까 살이 '속, 속, 속, 속' 빠지더라고요. 그때 제일 뺐어요. 하하하!

그러면 살을 빼기 위한 목적으로 철야정진에 참석을 했지 사실 뭐 얻은 것도 없고?

[선주] 예, 그거는 아무 상관이 없어요.

[영주] 오빠들이 그 공간을 너무나도 고상하게 즐기고 있으니깐 가족 일원으로서, 나도 한번 참여해야 된다고 생각했죠. 그래야 말빨이 서잖아요. "우리도 거기 갔다!" 이렇게. 그때는 그랬었어요.

[선주] 졸업하고 나서 직장도 없었고, 몸은 몸대로 뚱뚱해지고. 직장이 없으면 사람이 의욕을 잃잖아요. 그러다가 만화책을 보기 시작했어

요. 캔디부터 시작해가지고 만화란 만화는 다 보게 되고. 밤에 일어나 살았어요, 사람들 눈을 피해서. 지금 생각하면 엄마 아버지가 딸 둘을 그리 봐줬다는 게 대단했던 것 같아요.

[영주] 오빠도 뭐라 하지 않았어요.

[선주] 단식을 집에서 하기도 하고 밖에서 하기도 했는데, 기도원에서 한 적도 있어요. 거기는 돈이 안 들거든요. 하하하! 기도원에 쳐박혀 단식하고 있을 때 큰 오빠가 보러 왔어요. 절에 쳐박혀있을 때는 아버지가 보러 오고. 참 가족들이 우리 둘을 좋아했어요. 오빠, 아버지가 우리를 너무 좋아해가지고, 그대로 믿어주고, 그대로 가만히 내버려두기 때문에 이리 됐다고 얘기를 해요. 그런데 끝내는 남을 못 쳐다봤어요. 사람 눈을 비로 볼 수가 없있어요, 대인기피승이 심해가지고. 말이 안 나오고, 정신과 질환이라고 할 만큼 되게 심했었어요.

[영주] 자존(自尊)이 없으니까, 그렇게 떨리드라고요.

[선주] 왜냐하면 대학교 때 그런 책들을 봤잖아요. 그런 책들을 보았지만 현실은 이렇고. 나는 어디 있는지 모르겠고. 전부 구름처럼 '붕, 붕, 붕' 떠가지고 있더라고. 현실의 '나', 이린 게 있나는 설 지식으로 아는 '나', 이렇게 따로 놀며… 또 본능이라는 게 있잖아요. 먹는 거를 절제했을 때 일어나는 본능이 먹는 거예요. 그 본능은 이루 말할 수가 없어! 나는 원초적인 본능이 먹는 거라고 생각하거든요. '욕(慾)'이라는 게 있잖아요. 그거는 머리보다 먼저기 때문에 그것을 자제할 수 없는 '나', 이런 것으로 인해서 자신을 믿을 수 없게 되는 거예요. 나를 믿을 수가 없었어요. 언제, 어떻게 가서 훔쳐먹을지 모르는 거죠.

자기를 못 믿는 거군요.

[영주] 자기를 못 믿는 거 참 슬퍼요.

[선주] 지식으로는, 나는 저리 가는 고상한 사람인데, 또 현실은 먹는 것도 해결을 못하고, 여기서 오는 괴리감이… 십 년을 그리 산 것 같아요. 대학교 들어가자 마자 스무 살부터 십 년을 그렇게 살았던 것 같아요. 예를 들자면, 가족 사진에 우리 둘이가 없어요. 사진 안 찍을려고 하기 때문에. 오빠 결혼식에도 '나 안 갈 거다' 하고 싸웠지요. 그러다가 우연하게….

[영주] 마지막에 '이래 가지고 죽겠다' 싶을 정도 돼가지고 거기에 다시 가게 됐어요. 극에 달했던 것 같아요. 죽겠다 싶더라고, 아니면 미치든지.

[선주] 처음 갈 때는 날씬 했다 했지요? 다음 갈 때는 이래돼 가지고 (두 손으로 뚱뚱한 모습을 보였다) 갔어요. 안 가려 했는데 아버지가 돈을 냈다고 하더라고. 그래도 "나 안 간다. 내가 왜 그기를 가나?"고 대들었죠. 그런데 아버지가 몽둥이를 가져오더라고. 길거리에서 두드려 패려고 달려들더라고. 그래 어쩔 수없이 기어갔는데….

[영주] 가는 조건으로 "우리가 아버지 딸이 아니다. 오빠와 아버지, 엄마의 가족이 아니다, 이렇게 모른 체 해주면 간다"고 했어요. 아버지가 그 조건을 받아드리더라고요. 그래 갔어요, 둘이서.

[선주] 전혀 모르는 사람처럼 했어요. 아는 체를 안 했어요. 하하하! 거기 갈 때 하여튼 복잡했어요. 심지어는 바보 상을 썼어요. 이런 상 있

잖아요. (입을 벌리고 멍청한 모습을 보였다) 생각이 너무 많이 일어나니깐, 생각이 자제가 안되니깐, 그냥 멍청한 이런 상황에서 갔을 꺼에요.

가려는 마음도 있고, 가기 싫은 마음도 있고 그랬는데 아버지의 강압으로 할 수 없이 갔단 말이죠. 가서는 어땠어요?

[선주] 남들이 다 앉아 있으니깐 '에라, 모르겠다' 하고 '탁' 앉았죠. 참선하라고 해서 둘이서 그냥 앉았죠. 그동안 책만 많이 봤지 한번도 앉아본 적은 없었죠. 그러다 앉으니깐 이상한 느낌이 있었어요. 자기도 모르게 멍해지더라고요. 백봉 선생님하고는 눈도 마주치려 하지 않았어요. "누구 자식이고?" 이럴까 봐. 그래 한쪽에 숨어있었고 밥도 젤 꽁지에서 먹었어요.

그런데 사흘 나흘쯤 지나서, 아! 수요일이니까 5일째군요, 새벽에 일심행 언니가 옆에서 누군가와 얘기하는 데.. 그 전에 일심행 언니가 우리 집에서 목욕을 한 적이 있어요. 우리 집이 선원 가까운 곳에 있었거든요. 거기서도 뭐라고 얘기를 하더라고. 그래 내가 일심행 언니한테 "그럼, 그래 말하는 내는 누군데?" '딱' 이래 말했어요.

아! 그런 질문을 했어요?

[선주] 네, 그런 질문을 했어요. 그랬더니 일심행 언니가 암말도 없이 이리 쳐다보다가,

"니가 알아라!"

그러드라고요. 그래서 뭐 '내가 아는가 싶다' 하고 올라왔죠. 수요일 새벽에 일심행 보살님이 누군가와 공부 방법에 대해서 얘기하고 있었는데…

[영쥐] 머리가 끝이 나더라고. 머리가, 생각이, 작동이 끝이 나기 시작했어, 그 순간.

[선쥐] 그때 그냥 퍼뜩 백봉 선생님 말귀라든가, 뭐 이런 게, 그냥, '아!' 이런 감탄사를 한번 했었어요. '아! 이거네!' 이런 느낌이 딱 들더라고요. 나도 몰라요, 그게 왜 내한테 올라왔는지 그건 모르겠어요. '아! 어, 이거네!'

[영쥐] 그동안 들었던 정보와 지식이 모두 내포되어 있다가 머리에 생각이 다 끊어지면서 그게 '타다닥' 꿰매어지더라고.

[선쥐] 그 사이에는 길을 가도 차 소리가 안 들렸어요. 차 소리가 안 들리고, 사람소리도 하나도 안 들리더라고. 다 듣고 하는데도.

[영쥐] 참 이상했던 것 같애요

영주씨도 그랬어요?

[영쥐] 네.

[선쥐] 아무리 차 소리를 들으려 해도 차 소리가 안 들리고….

[영쥐] 지극히 뚝 떨어져 나와 가지고 걸어도 걷는 느낌이 없고, 들어도 듣는 느낌이 없고, 그게 한 이틀 갔었던 것 같아요.

[선주] 네. 그래요. 걷는 거에서 좀 '스윽' 떨어져 나오고, 먹는 거에서 좀 뚝 떨어져 나오는 느낌, 얘기를 듣는데 좀 떨어져 나오는 느낌, 모든 이런 감각에서 '내'라는 게 이만큼 (두 손이 점점 멀어졌다) 떨어져 나오는 거를 느꼈어. 그러니까, 무한히 계속 간 거예요. 그리 가다가 새벽이었는데 '탁!' 그래.

"어! 영주야!" (부르며 고개를 돌려 동생을 쳐다 보았다) 했더니,

영주도 "어!" 이러더라고요. "야!

[영주] "야!"

들이서 동시에?

[선주] 예. "이거다, 야!" 이리 '탁' 말했어요. "그래, 일심행 언니가 이거를 가지고 이야기 했나?" 이랬어요. 그때부터 사람들이 제대로 보이기 시작하더라고. 그전에는 사람도 안보였어요. '멍' 했기 때문에.

[영주] 그냥 스크린이 움직일 뿐이었죠.

그런데 사람이 제대로 보였다는 말은 어떤 것?

[선주] 그러고 나서 딱 보니까요. '주관과 객관이 하나다'라는 느낌이 있잖아요? 모든 게 어느 정도 떨어져 있다가 제자리로 돌아가는 느낌, 그런 게 있잖아요.

[영주] 360도로 확 도는 느낌이 들더라고.

[선주] 제자리로 돌아가면서 그렇게 우러러 보던 백봉 선생님도 그 자리에 있는 사람이었어요. 모든 게 각자의 자리에 있고, 나도 내 자리에 있더라고. 옛날에는 대인기피증이 있었잖아요. 모든 게, 내가 내 자리에 없었기 때문에 모든 게 전부 도망을 가는… 계속 도망을 갔죠. 그 순간을 지나고 나니깐, 숨이 바로 쉬어지더라고요.

[영주] 숨이 바로 쉬어졌죠.

그전에도 숨을 쉬었는데?

[영주] 그건 숨이 아니었던 것 같고.

[선주] 이게 숨을 바로 쉬는 거드라고. 삼각형의 중심이 2대 1에요. 여기 딱 중심에 있어야 하는 데, 2대 1의 중심에 있어야 하는 데, 거기 안 있고.

[영주] 3대 2다, 바보야!

[선주] 응. 그래! 3대 2로 딱 있어야 하는데 그때서야 이렇게 땅을 짚는 느낌, 숨을 쉬는 느낌이 들고, 그러면서 나도 모르게 호흡이 됐어요. 그때부터….

호흡이 됐다는 건 어떻게 됐다는 거예요?

[선주] 깊이 들이 쉬고, 길게 들이 쉬고 그러면서 몸에 단전이 생기더라고. 뜨거워지고, 돌고, 움직이고, 이런 느낌들 있잖아요. 그때부터 그

게 생기기 시작했어요. 단학이나 수련에 의해서 생긴 게 아니고요, 우리 같은 경우에는. 극과 극으로 가다가, 자기도 모르게 숨을 제대로 쉬다 보니깐, '아! 숨은 이래 쉬는 거구나' 느끼게 됐죠.

[영주] 흉식호흡을 해서 중심이 너무 위에 있어가지고, 엄청난 번뇌 속에 있었어요. 자기 본 모습이 복식호흡이었던 같더라고요. 숨을 밑에서 쉬어줘야, 바로 보고, 자기 자존을 느낄 수 있는데, 살아오면서 흉식호흡을 하면서 내를 잊어 버렸더라고요. 그 때 수화기제(水火旣濟)가 될 수 있는, 이런 숨이 됐던 것 같아요.

선생님의 설법은 어땠어요? 이해가 되셨어요?

[선주] 처음에는 이해가 하나도 안 됐어요. 워낙 집안 분위기가 그렇기 때문에 그걸 지식으로는 다 듣고 있었어요.

[영주] 지식이 지혜가 되더라고요.

[선주] 그래요. 지식이 지혜가 되더라고. 어느 순간에 그거를 한번 딱 겪고 나니깐, 그 설법이 다 들리기 시작하더라고요. 어느 순산에 이해가 되면서 《벽오동》도 이해가 되는 느낌이고, 《임제록》도 이해가 되는 느낌이고, '뭐 이런 게 다 있느냐!' 그런 느낌이 들었거든요. 근데, 그거는 정말로 아무것도 아니에요. 한번 신선한, 맛있는 것을 맛 본 느낌, 그런 것에 불과하죠.

[영주] 완벽하게 자기화가 된 건 아니죠. 고통을 당하다가 그 찰나에 선주, 영주가 딱 '아! 이거였구나!' 했지만, 그게 계속해서, 24시간 오

매일여가 되는 건 아니고요.

[선주] '아! 이래서 백봉 선생님이 이 설법을 하시는구나!' 그걸 알았다는 거죠. '이걸 몰라서, 이래 설명하고, 저래 설명 하는구나!' 그러니깐 《금강경》도 읽는 거구나. 이런 거를 알은 거죠. '관(觀)'이죠, 한문으로. 그걸 알았죠. 그러나 오욕락에 그대로 헤매고 있죠. 습(習)이 있잖아요? 괴리가 있잖아요? 그렇기 때문에 그걸 지금까지 계속하고 있는 건데….

그때, 그 찰나에 실상(實相)을 아셨지요. 실상을 아시고 나서 어떻게 하셨습니까?

[영주] 그리고 나서 '알았다는 이 느낌은 백봉 선생님한테 점검을 받아야 된다. 그러나 많은 대중이 있는 곳에서 하기에는 뭔가 후유증이 있을 수 있다. 모든 사람이 다 가고 나서 하자'고 둘이서 결정했어요.

철야를 끝마칠 때 "'한 소식' 한 사람은 발표를 하라" 이러더라고요. 우리는 조용히 있었어요. 나서면 원숭이 되겠다 싶더라고요. 또 우리는 옳은 숨을 쉴 수 있는 사람이 됐다는 거뿐이죠. '이게 되면 파장이 커지겠다' 하는 거까지는 생각을 했어요. 오빠들하고, 아버지, 엄마한테 아무 말 안 했고요. 토요일에 끝나고 다 헤어지잖아요. 우리도 집에 갔어요.

그리고 며칠 지나 다시 찾아 갔어요. 둘이서 그저 "아버지, 어디 갔다 올께요" 이러고 갔지요. 점심공양을 하고 나면 사람이 없을 거라 싶어 그때 갔는데 정말 백봉 선생님 혼자 계시더라고요. 대뜸 둘이 들어갔죠.

[선주] 따지고 보면 그 건 대인공포증을 가진 사람이 할 수 있는 행동

414

은 아니었죠. 엄청난 일인데….

[영주] 그 위대한 백봉 선생님을 둘이서 단독 미팅을 하겠다고 간 거
니깐. 아버지하고 오빠들이 들었으면 '돌았나?' 싶었을 거예요.

그래서 어떻게 됐어요?

[선주] 무슨 말 끝에 "아니, 선생님은 쉽게 말하면 될 것을 뭐 그리 어
렵게 말씀하십니까? 그 쉬운 걸 뭘 그래 칠판에다 쓰고 그래 쌌습니
까?" 했어요. 나도 모르게 그런 말이 나왔어요. 지금 생각하면 그렇게
할 것도 없었는데.

그랬더니 백봉 선생님이 어떻게 하셨어요? 화두를 들고 뜻을 설
명하라 하지 않았나요?

[선주] 그랬죠. 그때 영주가 부채를 가지고 있었는데,
그 부채를 흔들며 "이거, 아닙니까?" 이렇게 밀했어요.
그러니깐, 백봉 선생님이 "맞다" 하셨어요.

백봉 선생님이 무슨 질문을 하셨고, 영주씨가 '이겁니다' 라고 했
죠. 질문은 뭐였나요?

[영주] 모르겠어요. 우린 그걸 중요하게 생각 안 했어요. 그냥 대화로

생각했기 때문에 까먹었어요. 그게 또 이렇게 일파만파로 생길 줄은 몰랐던 거예요. 조용히 세 명이 이야기하고, 이제 선방 문고리를 잡았으니깐, 숨을 쉴 수 있으니깐, 나는 이제 공부할….

선방 문고리는 뭐죠?

　[선주] 그니까, 이게 돼야 참선을 할 수 있다는 거죠.

그게 돼야?

　[선주] 예, 억지가 아니고. 우리가 느꼈던 이 느낌이 있어야 좌선을 할 수 있다는 느낌이 들었어요.
　[영주] 억지가 아니고, 하는 행위가 없이, 행동이 있을 뿐인 거죠.

적어도 이렇게 되어야 제대로 참선을 할 수 있다?

　[영주] 힘으로써, 의지를 가지고 좌복에 앉아서 '오늘은 한 시간을 앉아야지', '오늘은 참선을 세 시간 해야지' 할 수도 있죠. 그거는 참선을 하는 내가 있는 거고, 행위가 있는 거죠. 그전까지 저는 한번도 앉아본 적이 없었어요. 그런데 그걸 느끼고 나니깐, 저절로 참선이 되는 몸이 됐다는 거죠.
　그래서 제가 백봉 선생님한테 "선방에 들어 올 수 있는 자격이 생겼습니다.” 그렇게 말을 했었어요. 그러면서 “그렇게 어렵게 선생님이 말씀하시는 게, 이거 아닙니까?” 하며 부채를 부치니까 선생님께서 “맞다” 하더라고요.

“그걸 어떻게 알았나?”하시기에,

“저절로 알았다” 했거든요.

그리고 나는 “이제 옳은 숨을 쉴 수 있습니다. 그동안 고생을 했기 때문에 많이 힘들었습니다” 했는데 그 때 눈물이 좀 나오더라고요. 왜냐하면 그전까지 대인 공포증에, 여자대학을 나와 마담뚜 리스트에 올라가야 하는 존재가, 이렇게까지 파묻혀 가지고 고생을 다하다가 숨을 쉴 수 있을 때 오는, 그 자유스러운 행복감이 있더라고요. 거기서 처음으로 이렇게 자유를 좀 느꼈던 것 같아요.

자유를 느꼈다?

[영주] 아! 이게 자유고, 이게 인간의 본실이고, 인간의 삶이구나!

[선주] 추구해야 할 무언가가 없어요. 가치관이 바뀐 거죠. 그 계기를 통해서 바뀌었어요. 그러다 보니깐, 몸을 바라 볼 수 있게 된 거죠. 좌선을 한다는 게 몸을 바라보는 거잖아요? 몸을 바라보다 보면 생각을 바라보게 되고, 생각을 바라보다 보면 마음을 바라보게 되고, 마음을 바라보다 보면 기를 바라보게 되고, 기를 바라보게 되면 그 너머, 그 너머, 또 그 너머를 계속 보고 있는 ‘나’ 가 이제 있게 되는, 하나의 수행의 과정을 밟아가는 거죠. 좌복에서도 그걸 밟아갈 수 있고, 생활 속에서도

밟아갈 수 있는데, 그때는 좌복에서 밟아갈 수 있다고 생각했던 게 또 하나의 시행착오였어요.

백봉 선생님한테 그렇게 말씀드리고, 그때 인가를 받으셨죠?

[영주] 아니요! 우리가 수요일 찾아갔는데, 일요일 정기설법이 있었 잖아요. 백봉 선생님이 무슨 일이 있어도 그날 좀 나와 달라고 하더라 고요. 그래서 우리는 "나오고 싶지 않다"고 하니깐, 제발 좀 나와 달라 고… 그래서 우리가 할 수 없이 갔던 기억이 나요. 일요일 모두 다 오잖 아요. 열 시부터 하는데. 그때서 아버지, 엄마가 안 거예요. 그때까지 말 안 했거든요. 오빠들도 그때까지 몰랐어요.

[선주] '백봉 선생님이 노망이 나서 인가를 해줬다' 하는 사람도 참 많았었어요. "이건 장난도 아니고 뭐 저런 쑈를 다하나?"라고도 했어 요. 그런데 우리는 그런 말에 대해서도 아무런 개념이 없었어요. '공부 하는 느낌이 이런 거구나' 하고 알은 거 밖에 없었고, 그게 큰 가치가 없었습니다.

[영주] 그랬는데 백봉 선생님이 우리를 사람들 앞에 세우고 우리한테 절을 하라고 하니 우리는 뻥 찐 거예요, 우리 둘이는!

그때 아버지나 오빠들도 자리에 계셨겠지요?

[선주] 네, 절을 하셨어요.

미쟁이 막내가 용이 되는 순간이었군요.

[선주] 예, 예.

시원하고 통쾌하셨어요?

[선주] 시원하고 통쾌한 건 없었는데, 이제 '사람이다' 하는 느낌을
받았어요. 대우를 해줬어요, 사람 대우를. 하하하! 그전까지는 지극히
귀여운 무슨 동물이나 식물이었는데, 모자라는 동생이거든, 평생을. 여
러 가지 면에서 오빠들보다 모자라 그런 대우를 받았는데 어느 날 갑
자기 큰오빠가 "니는 어찌 생각하노?"하고 물어 보니까 다들 뻥 찌는
거죠. 하하하!

그때 인가받을 때 법명도 받지 않았나요?

[선주] 법명은 없었습니다. 백봉 신생님이 "선주, 영수가 좋다"고 따
로 법명 하지 마라 하셨어요. 심산, 혜전은 무위당 선생님이 준 겁니다.
[영주] 우리는 졸지에 특이한 존재가 됐어요. 완전히 개천에서 용이
난 거예요. 그런데 우린 전혀 아니거든요. 그래서 보림선원에 안 나간
거예요. '사람들이 우리를 이상하게 보는데 모든 오작동은 백봉 선생
님이 했다. 우리는 있는 그대로 이야기했을 뿐인데, 갑자기 사람들한
테 인사를 시키고 인가라는…'

인가받아야 할 상황이 아니라고 보신 거예요? 왜?

[선주] 그게 원래 진리인데! '인가'고 뭐고, 그게 왜 있어요? 나는 그게 이해가 안됐어요. 그거는 하는 게 아니거든요! 이제 숨을 쉰다는 건데, 그게 뭐 무슨《임제록》에 나오는 그런 것도 아닌 거고.

그런데 백봉 선생님의 말씀도 이해가 됐고,《임제록》도 다 이해가 되는 상황이었잖아요?

[영주] 그게 인간의 본 모습인 것 같았어요 우리는 이때까지는 인간이 아니라고 생각했어요.

[선주] 저는 그게 행위라 생각해요. 어떤 과정을 가는 과정에서 'ㄱ, ㄴ, ㄷ, ㄹ'를 겨우 깨달은 건데, 그걸 가지고 인가를 한다는 것이 이해가 좀 안됐어요.

'사람들은 인가를 하나의 완성의 개념으로 보는 데 나는 이제 입문수준이다. 이제 참선을 할 수 있는 수준 밖에 안 된다. 나는 그렇게 인정받을 수가 없다.' 그래서 발을 끊으셨다고?

[영주] 예, 그래서 안 갔어요. 보는 시각이 틀려지면 제대로 보지 못하거든요. 상대방에게 오류를 범하게 하는 거죠. 그래서 안 갔어요.

그 후 보림선원을 더 이상 안 나가셨지만 두 분은 선 수행을 계속 하셨죠? 그 얘기 좀 들려주시죠?

[선주] 예, 그러고부터는 저절로 잘 앉아지니깐 엄마한테 돈을 얻어 가지고 하안거, 동안거 찾아 다녔죠. 해운정사, 인천 용화사, 조계사 앞에 있는 수선회, 그런 데를 돌아다녔어요. 선방만 있다 하면 무조건 다 들어갔죠. 앉는 것, 그지없이 제일 좋은 게 그거였어요. 돈을 안 벌어도 '나는 참선한다' 하고, 하나의 직업 비슷하게. 하하하! 노는 거는 아니 잖아요? 그러니까 도피를 한 거죠, 따지고 보면. 그게 재미있었어요. 세상에 없이 재미있었어요.

[선주] 앉아있으면 세상에 그런 낙원이 없잖아요. 그러니까.

[영주] 스무 시간 앉아있어도 다리가 안 아퍼요.

안 아팠어요? 상기병도 일어나고 그러잖아요?

[영주] 그 때 우리가 느꼈던 게 생각이 끊어섰기 때문에⋯ 생각이 별로 없어요. 그냥 숨을 쉴 뿐이죠. '그냥', '저절로' 인 거예요. 액션을 취하진 않아요. 그게 잘 돼요. 그게, 어떤 하나의 액션을 하는 것을 행(行)이라고 하잖아요. 힘이, 포스(force)가 들어가잖아요. 우리 둘은 포스를 별로 사용 안 해요. 그러니까 말을 할 때 저절로, 저절로, 나는 모른다는 말이⋯ 그냥 앉고, 그냥 보고, 그냥 느낄 뿐이지, 이게 별로 작동을 안 해요(영주 씨는 머리를 가르켰다).

선주 씨가 좀 더 쉽게 설명해주시죠.

[선주] 간단히 말해, '발 저리는 내'가 있을 뿐이거든요. 발 저리는 내를 이렇게 보고 있고, 엉덩이가 아프면 엉덩이 아픈 내를 이렇게. 그처럼 쉬운 게 없어요.

무심의 상태에서 뭔가 느낌이 일어나면 느낌이 일어나는 가운데?

[선주] 느낌이 있는 그걸 그대로 봐요. 배에서 물소리가 나면 물소리를 보죠. 거기서 관찰할게 이루 말할 수 없이 많아요. 몸을 관찰할게 많거든요. '세상에서 돈 벌어라' 안 하면, 이것처럼 좋은 게 없어요.

그럼 다리가 저리고 할 때 '다리가 저리는 구나' 이렇게 아는 그게 있다고?

[선주] 다리가 저리다는 느낌은요, 초록색이라는 거죠. 다리가 편안한 게 분홍색이면, 다리가 저리다는 건 초록색이라는 거고.

그때 '다리가 안 저렸으면 좋겠다', 이런 생각은 전혀?

[선주] 그냥 그대로, 있는 그대로의 초록색을 보는 거고, 있는 그대로의 분홍색을 보는 거죠. 그런 느낌으로 하다 보면, 만약에 기운이라는

게, 임맥(任脈)이라든가 독맥(督脈)이라는 게 그대로, 하나의, '이런 보라색이다', 이런 식으로 이렇게 하다 보면, 그렇게 앉아 있는 게 참 제일 평온 하죠. 세상에서 그렇게 평온할 수 없어요. 행복감과 희열감, 이 우주가 모두 다 '내'라는 느낌, 내가 우주고, 우주가 내인 그 느낌에서, 세상에서 제일 행복한 게 그거잖아요, 그게 어찌 보면 도취거든요. 근데 거기에는 '마(魔)'가 있어요.

'마'라고 하는 거는 무엇인지?

[선주] 그게 '마(魔)'라는 거죠. 우주가 내고, 내가 우주구나 하는 그 느낌에, 달콤함에 빠지게 되요. 부산 해운정사에 갈 때는 진제 스님을 찾아갔어요. 참선할 때 너무너무 좋죠, 그 속에 있다 보면. 그 해운정사에서 나오면 냄새가 틀려! 썩은 냄새가 나, 사람들한테!

그 어떤 사람의 냄새는, 냄새가 틀려요. 이상한, 암모니아 냄새가 독하게 많이 나거든요. 거기서 수행을 하다 보면, 먹는 거 다 절제가 되잖아요. 육체의 독들이 빠져나가는 느낌들도 들어와요. 근데, 그것도 하나의 행위라는 생각이 들었어요. 그 좋은 걸 취하는데 빠진 거죠.

사람은 언제까지나 거기 있을 수 없죠. 이 지구상의 법칙은, 사람은 돈을 벌고 살아야 한다는 거죠. 세상에 나가 울고 웃고 해야 하는 거죠. 그러나 십 년을 그렇게 들어가 살았어요. 우리는 자꾸 좌복만 찾았어요. 하나의 행위를 한 거죠. 캘빈크라인 장사를 하면서도 나는 밤이 되면 선방에 가 철야정진을 했어요. 3년을 계속 했어요.

철야정진을 3년 하셨다고요?

[선주] 잠을 안 잔 거는 아니죠. 한 두 시간씩 자도 되고, 뭐 어쩔 때는 모자랄 경우에는, 시간 있으면 열 시간도 잘 수도 있고. 하지만 잠을 안 자도 괴롭다는 느낌은 없어요. 잠은 쉽게 말해서 에너지 충전이거든요. 그래 자도 금방 충전해 버리면 되는 거죠. 한 두 시간 자고 명상을 하면 또 충전이 되니깐.

[영주] 잠이란 게 뭐냐 면, 생각을 지우는 거예요. 사람들은 생각을 많이 하죠. 그러면 피곤해 지잖아요? 그 생각을 지우기 위해서 잠을 자야 하는데, 우린 생각이 별로 없거든요.

생각이 끊어져 버리면 잠자는 것하고 똑같아지나요?

[선주] 명상이 잠의 위 단계죠. 잠의 파장이 알파파라면 명상의 파장은 그보다 높은 베타, 세터의 파장이죠. 그렇기 때문에 명상을 하면 잠은 필요가 없는 거거든요.

잠을 안 자고도 살수 있다고 저는 생각해요. 누워있으면서도 깨어 있는 '나' 는 있는 거거든요. 숙면보다 더 파장이 높은 게 명상이라는 거죠. 그 명상이라는 그 단계도 넘어야 되는데.

그러면 좌복에 앉았을 때, 그때는 무심의 상태, 생각이 안 일어나는 상태가 되는 건가요?

[선주] 무심의 상태가 아닌, 무심의 상태라기보다, 무심과 유심의 구별이 없죠.

그냥 깨어있는, 생각이 일어나지 않는?

[선주] 생각이 일어나도 되죠. 안 일어나도 되고….

심심하다는 생각은 일어나지 않나요? 지루하다거나,

[영주] 심심하면 또 일으키죠. 재미있는 것도 상상하죠. '좀 놀까?'

우리는 흔히 참선을 하고 있을 때는, 생각을 하면 안된다고 생각하거든요

[선주] 저는 절대 즐겨요. 즐기는 거지요. 왜 하늘에 구름이 없어야 해요? 구름이 있는 자체가 하늘인데, 왜 구름을 없애야 되는데요? 구름 자체를 보고 있는 내가 있으면 되는 거지, 하늘이 있고, 구름이 있고, 태양이 있는 그게 우주인데… 왜 구름이 없어야 되며, 왜 태양이 없어야 되요? 구름이 만약에 망상이라면 그 망상은 너무나도 아름다운 경치라는 거죠.

[영주] 그 망상을 진심으로 즐겨야 망상이 없어져요. 망상을 부정적으로 하면 망상이 꼬리를 물죠.

두 분은 실상을 아시잖아요. 실상을 아시는 상태에서 망상을 부리는 거 하고, 참선 초보자가 실상을 모르는 상태에서 딱 앉아서 어제 스테이크 먹던 생각하고, 오늘 아침에 야단맞던 생각하고 하는 것과는 어떤 차이가 있을까요?

[선주] 저는 '그것은 안된다'는 관념에 빠져버리면 영원히 안되는 거 같아요.

[영주] 지극히 긍정의 힘이죠. 자기 자신에 대한….

[선주] 절대 긍정. 모든 것은 절대 긍정입니다. 대부분이 참선은 조용히 해야 된다고 생각하잖아요. 저는 극진히 생각도 많이 하게 되요. 어떨 때는 어릴 때 꿈을 꾼 것까지 생각이 나기도 해요. 생각이 나는 걸 어째요? 하하하! 망상이라는 거는 내 존재죠. 내 색깔이고, 내 옷이죠. 지금 이 옷을 입고 있는 데 이 옷을 어떻게 벗을 수가 있어요? 그처럼 내 존재를 느끼는 것이죠. 망상은 그냥 있는 거고, 망상너머에 있는 것도 아니고, 망상과 같이 존재하는 거고, 그리고 또 웃는 나도 같이 존재하는 거고, 그런 속에서 있다 보면, 그 어떤 이상한 그런 자기 존재감 있잖아요? 그 속에서 이렇게 스물 네 시간을 유유하게 살아간다는 거죠. 별 재미는 없죠. 어찌 보면 밥맛인 거죠. 무(無) 맛, 무미(無味)의 맛이에요.

그래도 또 '저거 이쁘다' 하면 이쁜 거고, 뭐 그렇지요. 나이가 들면서 엄마가 돌아가시고, 아버지가 돌아가시고, 오빠가 돌아가시고 하면서 그런 게 조금씩 끊어지는 거지, 끊어야 된다고 해서 끊어지는 것은 아니라고 생각하거든요. 그러니깐, 저는 세포가 인식을 안 할 때까지 이렇게 살아간다 이거죠.

세포가 인식을 안 한다?

[선주] 인과의 법칙 있잖아요? 어떤 경계가, 생각자체가 안 일어난다는 거는 인과가 없어짐으로써 그게 없어지는 거죠. 따라서 인과가 존재하는 한 그건 존재해요. 세월이 지나며 어떤 인과는 색이 옅어지기 시작하죠. 옅어지지만 옅어진 대로 그 색깔은 있는 거죠. 나는 그게 '닦음'이라는 생각이 들어요. 나이가 들면서 어떤 경험을 통해, '아! 이건 진짜 필요 없는 거구나' 하는 거를 느끼고 뭐, 이렇게 하는 거구.

지금 언니가 말씀을 주로 하시고 동생 분은 옆에서 '그렇다', '그렇다' 하시네요. 똑같은 것은 없는 법인데 두 분은 똑같으신가요?

[영주] 예. 제 가치관과 선주의 가치관은 똑같아요. 궁극에 있어서는 생사의 근원을 정확하게 아는 기기든요. '사(死)'를 느끼고 사의 공포에서, 무지에서 벗어나는 거예요. 선주는 몸이 아프면 공포가 심해지니깐, 그 몸을 다스릴 수 있는 사람이 되기 위해 공부를 한 거예요. 저 같은 경우는 그 공포의 근원을 정확하게 깨달아, 그거를 아는 지자(智者)가 되는 거예요. 그 때 우리가 다시 만날 거예요. 그게 지금 우리가 따로따로 살아가는 가치관이에요. 말은 안 해도 둘의 가치관이 일치하기 때문에 이 공간을 잘 버티고 있는 것 같아요.

선주, 영주가 하나인 것 같더라고요. 얘가 음이고, 내가 양이거든요. 어찌 보면 내가 음이고, 이쪽이 양이에요. 음양의 조화 속에 있죠. 선주와 나의 안은 똑 같아요. 부모한테 감사하죠. 둘이가 심심하지 않게 어찌 이렇게 했나 싶어요.

아까 말씀하신 '마(魔)'에 대해서 여쭤보고 싶은데요. 평화나 행복함, 깊은 황홀함, 그런 것이 좋아서 앉는 것, 그것을 '마' 라고 하면 '마'가 아닌 것은 어떤 것이에요?

[선주] 쏠림이 없는 거죠. 어떤 즐김 속에 있다가 문득 '내가 쏠렸구나' 하는 거를 깨닫게 되거든요. 예를 들어, 피자를 먹고 싶을 때 계속 '피자를 먹고 싶다'는 생각이 나기도 하죠. 쏠린 거죠. 그러나 그때는 몰라요. 이 길을 걸으며 보니 제일 욕심이 많은 사람이 '도'를 공부하는 사람 같아요. 세상에서 제일 아상이 세고, 제일 독종이고, 욕심 많은 사람이 도를 공부하는 사람이라 생각해요. 우주를 다 먹으려고 하잖아요? 하다 보면 이렇게 그 속에 빠져버려요.

신통이라는 그 마도 참 무서운 것 같아요. '이렇게 하면 모든 게 다 열릴 것 같아' 하는, 이런 느낌이 있잖아요. 그 '열릴 것 같다'는 느낌은 열림과 안 열림이 같은데, 열린다 하면 색다른 나의 모습이거든요. 그게 하나의 휘둘림이거든요. 쏠림이거든요. 그런데도 계룡산에 앉아 있는 사람들을 보면 뭔가 이렇게, 또 다른 나를 발견하고 싶은 성취욕구가 있잖아요?

그게 있어야 공부가 되니까!

[선주] 예, 그렇기도 하지만. 저는 그리 생각해요. 현실도 똑같이 공부하는 방, 공부하는 장소인데, 선방에 앉아가지고 달콤함을 즐기는 것은 잘못되었구나….

[영주] 그래서 저는 공무원이 되어가지고 민원을 보면서 엄청 깨졌어요. 먹고 사는 게 '도' 더라니까요!

[선주] 실제 선방에서 하는 것 보다 나와서 살아가는 것이 진정한 공부에요. 앉아있을 때는 감정의 개입이 없어요. 감정을 자제할 필요가 없어요. 그러나 나가면 감정하고의 싸움이거든요.

두 분도 감정이 일어나나요?

[선주] 당연히 감정이 일어나죠. 안됐기 때문에, 몸 자체가. 예를 들자면 당장 내보고 뭐 '돌팔이'라 하면 화가 막 올라오잖아요. 하하하! 나가면 인간관계는 감정의 어떤 카테고리 속에 들어있잖아요. 쇠를 막 두드려야 좋은 칼이 나오듯이 불에만 가만이 있어서는안 된다는….

10년 동안 선방에 가서 하안거, 동안거 다했지만 세상에 딱 나와 보니깐?

[선주] 10년 공부 나무아미타불이다. 이거 뭐, "바지 기장이 짧습니

까, 깁니까?” 이러면서 쪼그려 가지고 하니깐, 자존심이 상하죠. “손님, 이거 사이즈가 28”, 거짓말도 막 나오더라고요, 30사이즈 들고 말이죠. “아니, 30이고만!” “아! 그냥 입어보세요.” 이래 나오거든요. 현실은 그렇더라고요. 선방에서 하는 수행은 정말 힘이 없었어요.

[영주] 저 같은 경우는 공무원 생활을 하는데 민원업무가 정말 무섭거든요. 또 공무원이라는 게 말에 책임을 져야 되잖아요. 다른 담당자가 한 걸, 내가 다 덮어쓰기도 해요. 다른 담당자가 한 걸로 “사이버 민원 올리지!”, “니 뭐야!” 이렇게 욕을 먹을 때, 그 감정 다스림에 비하면, 선방에서 숨을 깊이 들이쉬면서 아무 생각이 안 일어나는 거, 그거는 아무것도 아니었다는 거죠.

정말로 아상(我相)이, 나름대로 아상이 엄청 심했던 것 같아요. 권태훈 할아버지나 무위당 선생님을 통해서 나름대로 아상이 생겼는데 거기에 또 선객(禪客)의 아상이 붙었어요. 선객의 아상은 이루 말할 수가 없어요. 좌복에 많이 앉아있으면 그 칼바람 나는 선객의 아상이 나오더라고! 9급 공무원으로 가서 그게 '확' 깨어졌죠. 거기서 엄청난 민원들 속에서 깨어있는 나를 쌓아나가는 거죠.

그런 상태에서도 화가 나면 화가 나는 나를 보았고, 그걸 보면서 자꾸 깎여 나갔다?

[영주] 예. '내가 왜 이 공간에 들어왔을까?' 생각해 보니깐, 선객의 아상이 그렇게 다 죽었던 같아요. 선객의 아상이, 지가 지도 모르는 사

이에 선객의 아상이 있었어요.

근데, 선주씨는 9급 공무원처럼 민원인으로부터 시달리는 일을 경험하지 않았죠. 지금도 선객의 아상이 강하게 남아 있겠네요?

[선주] 저는 지금부터 시작이잖아요? 잠을 못 자죠. '약을 하나 쓰고 안 쓰고'가 다 틀려지기 때문에… 예를 들면, 비행장에 있는데 전화가 와요. "약 먹고 설사하고 있는데, 어째서 이럽니까?" 그럼 '내가 약을 잘못 썼나?' 이렇게 아상적인 면이 많이 깎여나갑니다. 환자의 고통을 안아야 되는 게 의사더라고요. 의사는 아무나 하는 게 아니더라고요. 그의 고통이 내 고통이 되어야만 내가 더 깨어있을 수 있고 더 정확한 처방이 나올 수 있어요.

'저 사람의 고통이 나의 고통이다', 그 연민과 동일시하는 것이 어떤 노력을 하지 않아도 저절로 일어나나요?

[선주] 그게 저절로! 그러니까 천직이라고 생각해요. 저절로 최선을 다해요. 실력이 모자라면 마음을, 이렇게 마음을 주는 거죠. '이럴 땐 이렇게 하라. 저럴 땐 저렇게 하라' 하면서 진심으로 환자를 대하는 마음 있잖아요.

저는 솔직히 돈하고는 상관이 없어요. 오로지 진심으로 환자에게 다 하는 그거를 거기서 배워요. 돈이라는 게 진짜 무서워요. 돈을 받으면 책임을 다해야 합니다. 그만큼 받았기 때문에 철저하게 다해야 되는 거거든요. 다시 새로운 수행이 시작되더라고요. 춥고 힘들고 고생스럽죠. 다들 고생을 한다고 하는데 그래도 이건 내가 좋아서 하는 것 같아요. 집과 근무처뿐이에요. 집이 교도소 같아요. 교도소에서 나와 환자 만나고 다시 교도소로 돌아와 환자 차트 보며 가만히 환자에 대해서 생각하죠. 아주 단순한 일을 하고 있어요. 전화 오는 걸 제일 두려워하죠, 잘 되면 참 좋은데.

두려움은 있나요?

[선주] 두렵죠. 전화가 오고 '내 전화'라는 것을 알게 되면 얼굴이 벌개지기 시작하죠, 이걸 어쩌나 싶어가지고. 다시 마음을 잡고 '어디서 이 약이 틀렸나?' 하면, 참 이상한 게요, 그때는 안 보였는데 환자 전화가 오면 보이기 시작해요. '아! 잘못됐네. 작약을 8그램 썼어야 되는데 10그램 썼구나.' 이게 보이거든요.

그러니깐, 이런 환자 저런 환자 보면서 많이 두들겨 맞아야만 노하우가 생기는 거죠. 그리고 주경야독을 해요. 밤에는 공부를 하고 낮에는 간호사도 없거든요. 직접 조제하고 끓여요. 그러며 기도를 해요. '환자를 낳게 해달라!'고 부처님한테 계속 기도를 해요. 그러면 잘 낫는 사람도 있어요. 소 발에 쥐 잡기죠. 그럼 왜 잘 나았는가를 알려고 또 공부를 해요. 중국은 보약 개념이 아니고, 치료개념이에요. 그래서 엄청 어려운 환자들이 많이 와요. 대부분은 조선 교포들이에요. 여기 와서 엄청난 소외 받고 정신적으로, 육체적으로 만신창이가 되어 돌아와요. 그 사람들을 제가 보듬는 것이 좋더라고요.

관세음보살이시군요!

[선주] 관세음보살이 아니고, 제 직업이 그렇습니다. 하소연을 다 들어줘야 돼요. 저 같은 경우에는 환자 한 사람 보는데, 한 두 시간 걸려요. 먹고만 살면 된다는 거죠. 전 자식이 없잖아요? 결혼 안 한 것 감사히 생각해요.

두 분은 이 세상에 같은 날 오셨고, 같은 날 깨달았단 말이에요. 이젠 같은 날 몸을 버리는 것을 원하실 것 같은 데 어떠실 것 같아요?

[선주] 그게 참 공부 인되면 끝장인 서죠.
[영주] 거기에 대한 믿음은 있죠.
[선주] 같이 갈 것이다. 그러기 위해서 지금 이렇게 하는 게 다 수행이죠. 항상 거기로 깨어있다 보니깐, 그쪽으로 모든 게 포커스 되고 있죠. 단순하게 산다고 할까요? 이 모자란 모습에 대해 한탄도 안 해요. 그래도 '퍼터지게 살아왔는데 내보고 어쩌라고?' 이래 생각이 들면서 그냥 계속 살아보는 거죠. 이 순간 이 모습으로 그냥 살아가는 거죠. ING일 뿐이지 결과는 저도 모르겠어요.

지금은 어떻게 수행하고 계세요?

　[선주] 그게 열심히 사는 거예요.
　[영주] 열심히 살아야 의식주가 해결이 되니깐.
　[선주] 밤에는 앉으려고 노력을 해요. 2시간 참선 조금 하다가….

화두 잡으세요?

　[선주] 우리 그냥 앉아있으면 편안하고 좋으니깐.

마에 빠지는 것을 경계하시면서?

　[선주] 쏠리면 마에 빠지는 거죠. 그러나 쏠림이 아니고, 그거를 '관' 할 수 있는 꺼리가 있으면 그냥 그대로 지켜보는 '내'가 있을 꺼 아니 겠어요? 그걸 좋아하지도 않으면서 그냥 어느 정도 느낌을 가지고 그 대로 갈 수 있으면 그대로 가죠. '오늘 앉아야 되겠다', 이렇게 안 해요, 우리는. 그냥 '오늘 앉아지겠다' 죠. 그럼 앉아지는 거고, '오늘 자야 된 다', 이러면 자는 거고.
　[영주] 계획이 없어요.

완전한 깨달음이 아니기 때문에 인가받을 이유가 없다고 하셨지 만, 어쨌든 26년 전에 백봉 선생님의 인가를 받으셨어요. 그때하고 지금을 비교해보면 어떤 차이가 있는 것 같아요?

[선주] 아무런 차이가 없어요. 단지, 그때는 무슨 정신병자처럼 살았는데 지금은 사회에 잘 적응을 할 수 있게 됐다는 거, 그게 많이 바뀌어진 거죠. 지진아로 있다가, 이제 가족의 틀에서 벗어나 내 힘으로 산다는 거, 그 정도죠.

지진아에서 벗어나기도 하셨지만 세상을 살면서 욕망과 분노 같은 건 많이 가라앉았다 얘기할 수 있지 않을까요?

[영주] 예, 그런 가치관의 변화는 완전히 엄청난 거죠. 일반사람들 살아가는 패턴하고는 사고부터 다르죠.

두 분의 삼매는 어떻습니까? 오매일여나 몽중일여를 얘기하는 사람이 있는데요?

[선주] 그런 거는 아닙니다. 될 때도 있고, 안 될 때도 있고. 될 때는 '아! 이런 가보다' 이러면서, 어느 정도 현실하고 연결이 잘 될 때도 있고….

될 때라는 건, 오매일여 몽중일여가 되고?

[선주] 예. 24시간, 365일 여여하게 계속되는 건 아니에요. 그런 단계

는 좀 특별한 단계일겁니다. 우리는 그게 아니기 때문에 안됐다 하는 거죠.

[영주] 24시간, 365일, 세세생생 그렇게 돼야 깨달은 거구요. 그렇지 않고 '됐다, 안 됐다' 하는 것은 내 습이 남아 있기 때문이죠. 잘 될 때는 꿈도 없고, 잠도 잘 안 자도 되고, 그렇게 될 때도 있지만, 사건에 휘말릴 때는 완전히 엉망진창이 되기도 합니다. 그 갭을 메꿔 나가는 것이 지금 공부입니다.

[선주] 그게 거의 다 된 분들이 많이 있을 겁니다. 그러나 우리는 그렇지 못해요. 그래서 여기(인터뷰 장소에) 오는 걸 굉장히 싫어했어요. 이해가 안된다고 생각한 거고, 정말로 그렇습니다. 빨리 여기 이 장(場)을 모면하고 싶습니다. 하하하!

지금 돌이켜보면 백봉 선생님은 두 분에게 어떤 존재세요?

[선주] 백봉 선생님은 우리한테 어떤 돌을 던져줬죠. 돌을 던져 그걸 '탁' 바라보게 만들어주셨죠. 연못에 돌을 던져가지고 '어!' 하고 보게끔 만들어주셨어요. 눈을 뜨게 해주신 분이시죠. 그 순간에 이렇게 바뀌었지만 바뀌어 이렇게 살고 있는 이 존재도 아무것도 아니지만, 이 지구에서 백봉 선생님을 만났기 때문에 가치관이 바뀌면서 이렇게 숨을 잘 쉬고 살아갈 수 있게 되었죠. 그러고 '이렇게 사는 게 맞는 거구나' 하는 신념을 심어준 분이죠.

과연 견성은 무엇이죠? 깨달음은 뭐죠?

[영주] 견성은 성품을 보는 거고, 깨달음은 부처가 되는 거죠. 붓다가 돼야 깨달음이에요.

[선주] 그러니깐, 견성은 한번 성품을 본 거고 깨달음이라는 그 자체는 우주가 내가 되는 것 아니겠어요? 그게 말로 되는 것이 아니고, 부처님이 보리수 밑에서 깨달으신 것이 진정한 깨달음이라 생각해요.

근데, 두 분은 내가 우주라는 것을 아시잖아요?

[선주] 그건 지견이지요. 우물에 있다가 태평양을 본 것처럼 그걸 한 번 본 거거든요.

[영주] 몸이 부처가 돼야 되죠. 그래서 우리가 말을 안 하는 거예요. 몸 전체가 다 부처가 되어야 그게 깨달음이에요. 세포 세포가 다 부처가 돼야 되는 거죠.

[선주] 왜 부처님 주위에 원광이 나타나겠어요?

[영주] 세포 하나하나가 모두 부처가 되기 전까지는 깨달음이 아니에요. 거기서 끝이 나야 돼요. 돈오돈수(頓悟頓修)가 맞아요. 우리는 그리 생각하기 때문에 말을 안 하죠.

두 분이 지금 추구하시는 게 있으신가요?

[영주] 추구하는 게 있죠, 둘이가 다. '무지에서 깨어났으면 좋겠다.'
진리가 있는데, 종교 이전에 진리인데, 그거에 대해서 무지하죠. 제일
무지한 거는 '생'과 '사'에서 사의 개념을 모르는 거예요. 거기서 생
사를, 영원히 죽지 않는 진리의 법칙을 스스로 깨닫고 싶어요. 정말 나
의 원이에요. 제 원이고, 선주의 원인데….

결국 그걸 행하는 것은 하루하루를 열심히 사는 거다?

[영주] 예, 예, 하루하루를 열심히 사는 거다.

[선주] 욕심이 많다고 했잖아요. 그것을 던져놓고, 막 바라보고 사는
건 아니죠. 성취동기, 이런 건 아니에요. 단지 던져놓고, 둘이가 묵묵하
게 그냥 하루하루 살아가는 겁니다.

인연이 있어서 하는 거다 생각하죠. 애가 공무원 하는 것도 인연이
고, 모든 인연법에 의해서 이 모습으로, 이대로 살아가고 있다는 거죠.
(오른손 검지로 두 지점을 짚으며)내 번지수가 여기지만, 내 목표는 여기잖
아요? 내 목표를, 뭐 지금 비행기 타고 갈 수도 없는 거고, 그러니깐, 그
냥 이렇게, 이렇게 가는 거죠. 목표는 내 몫이 아니라는 거죠. 그냥 갈
뿐인 거죠. 내가 진정한 마음으로 원은 그렇게 세웠지만, 이거는 내가
해줄 수 있는 게 아니에요. 내가 할 수 있는 건, 이렇게 가는 거라는 거,
그 외에는 모르겠어요.